法藏知津

九 編

杜潔祥 主編

第45冊

《四分律刪繁補闕行事鈔》集釋
（第十一冊）

王建光 著

花木蘭文化事業有限公司

國家圖書館出版品預行編目資料

《四分律刪繁補闕行事鈔》集釋（第十一冊）／王建光 著 --
初版 -- 新北市：花木蘭文化事業有限公司，2023〔民112〕
目 4+156 面；19×26 公分
（法藏知津九編 第 45 冊）
ISBN 978-626-344-516-1（精裝）
1.CST：四分律 2.CST：律宗 3.CST：注釋
011.08 112010540

ISBN-978-626-344-516-1

法藏知津九編
第四五冊   ISBN：978-626-344-516-1

《四分律刪繁補闕行事鈔》集釋（第十一冊）

編　　者　王建光
主　　編　杜潔祥
副總編輯　楊嘉樂
編輯主任　許郁翎
編　　輯　張雅淋、潘玟靜　美術編輯　陳逸婷
出　　版　花木蘭文化事業有限公司
發 行 人　高小娟
聯絡地址　235 新北市中和區中安街七二號十三樓
　　　　　電話：02-2923-1455／傳真：02-2923-1452
網　　址　http://www.huamulan.tw 信箱 service@huamulans.com
印　　刷　普羅文化出版廣告事業
初　　版　2023 年 9 月
定　　價　九編 52 冊（精裝）新台幣 120,000 元

《四分律刪繁補闕行事鈔》集釋
（第十一冊）

王建光　著

目

次

卷下之二

唐京兆崇義寺沙門釋道宣撰述

四藥受淨〔一〕篇第十八

報命支持，勿過於藥〔二〕。藥名乃通，要分為四〔三〕：言「時藥〔四〕」者，從旦至中，聖教聽服，事順法應，不生罪累；言「非時藥〔五〕」者，諸雜漿等，對病而設，時外開服，限分無違〔六〕；「七日藥」者，約能就法，盡其分齊，從以日限，用療深益〔七〕；「盡壽藥」者，勢力既微，故聽久服，方能除患〔八〕。

形有三種：一、盡藥形，二、盡病形，三、盡報形。明了論云〔九〕：有身必有病。雖少差損，後必重發，加其口法，任終而受。

【題解】

簡正卷一六：「玄云：夫道假身修，身藉緣立。醜形須障，先辨二衣，段食無飲，後明四藥。故次辨也。」（九三五頁上）鈔批卷二五：「上雖衣足蓋形，但資於外；復假食以充口，得資於內。內外緣備，方能進業。故次衣後，即明藥法。」（一○○○頁上）【案】本篇分二：初，「報命」下；次，「就此」下。

【校釋】

〔一〕四藥受淨　資持卷下二：「四藥者，攝盡一切所食之物，對治新故二種之病，通名為藥。受兼手口，俱該四藥。但時藥手口互塞，餘三並通。淨謂說淨，唯局七日。若論護淨，作淨則通四藥，『受淨』二字，從法為名。」（三七七頁下）簡正卷一六：「時等體殊名『四』，療病除災名『藥』，手承心領四（【案】『四』疑『曰』。）『受』，（九三五頁上）離過除愆曰『淨』，軌模楷式稱『法』。」（九三五頁下）鈔批卷二五：「藥有四別，謂：時、非、七、盡，故稱為『四』。

－2535－

四種雖殊，俱能濟飢療病，故齊稱『藥』。加法畜服，故曰『受淨』。文中廣明手、口二受，領納之軌，故言『法』也。羯磨疏云：有待之形，假資方立。無衣障形，四大交損，何能修道？是以，前明『二衣』，以障形苦。上雖外形支立，然則內有飢虛，無由進業，故約『內資』，以明四藥。……礪云：上篇衣為外資，此辨藥為內充。充軀雖眾，約體就時，不過有四，故曰『四』也。即此四藥，能療飢疾，故目為『藥』。作法畜納，名之為『受』。畜若有法，便成助道。若畜疵聖教，多生愆咎，垢纏行人，故為不淨。故佛令人作法，事順應儀，不生罪業，離前罪垢，目之為『淨』。作淨有軌，故名為『法』。故曰『四藥受淨法』也。」（一〇〇頁上）

〔二〕**報命支持，勿過於藥** 資持卷下二：「二句敘功。命之延促，宿因所招，故云『報命』。資養存活，即是『支持』。『支』謂相支拄也。」（三七七頁下）簡正卷一六：「有人云：初兩句是總意，從『藥名乃通』下，是釋四藥之名也。『報』謂是報，即酬往因，因有善惡，果亦差別，亦名異熟。即因與果別，異時而熟故。因通善惡，果唯無記。『命』者，命根，壽、暖、識三為體。此『報』與『命』，由昔因成，能招今果。欲令住世，須假支濟，任持長養根種，接氣充虛故，勿過藥也。（有人云『支持有取，身上曰支』，恐不然也。）」（九三五頁下）

〔三〕**藥名乃通，要分為四** 資持卷下二：「對病據體，不出此四。」（三七七頁下）簡正卷一六：「凡療患之功，總名為藥，故云通也。約時限不同，故云要分為四。」（九三五頁下）

〔四〕**時藥** 簡正卷一六：「鈔准多論許也。事順法應者，俗人作食時，求乞易得，不生譏慳，名事順。中前而食，應三世佛處中之法，依教聽服，名法應也。」（九三五頁下）鈔批卷二五：「礪羯磨疏中破此解也。彼云如昔解云：事順應法，不生罪累，名為時者。義通一切，但使無罪應法，皆名為時。此釋者，四藥皆名為『時』，並應法故，如似時中無過。午後有罪，即名『非時』。七日過服，盡形無病。如斯等類，名曰『非時』。通（【案】『通』前疑脫『時』字。）反說，故知四藥並有時、非時義也。今正解者，約十二時辨，午前名時，過則非時，如非時戒說也。謂約午前名『時』，過則『非時』。毗羅三昧經：佛為慧法菩薩說食時有四種：旦，天食時；午，法食時；暮，畜食時；夜，鬼食時。後之二食，多生疾病，其出家人，應於前二天食、法食之時，故曰『時食』。過午已後，非二食之時，故曰『非時』。辨藥，但有二：一者時藥，二非時藥。時藥據體立。下之三藥，總是非時。今言四者，於非時中加非時漿，對他時家

之非時而聽服者，名曰『非時』。餘之二藥，出於時家，非時規圓，故從受法日限長短，（七日是短，盡形是長。）故須立二，逐此離分，得有四藥。然此四名，時與非時相對名，後之兩種，約法受稱，有長短故也。言事順法，應不生罪者，立謂：藥事如法，無煮宿等過，事不違教，名曰事順。事應於法，名為法應也。」（一〇〇頁下）資持卷下二：「『言』下釋名，並從時立。時藥中，云『事順』對上，從且（【案】『且』疑『旦』。）至中，是食時故，法應對上聖教聽服，不違教故。」（三七七頁下）

〔五〕非時藥　簡正卷一六：「謂午後其明漸劣，名曰『非時』。」（九三五頁下）

〔六〕對病而設，時外開服，限分無違　簡正卷一六：「甘蔗等八釋（【案】『釋』疑『種』。），午後許服，名『時外』。未過明相，名為『限分』也。」（九三五頁下）資持卷下二：「『時外』即中後，此示非時義也。」（三七七頁下）扶桑記：「初二藥治病故，後二藥治新病。」（三一六頁上）

〔七〕約能就法，盡其分齊，從以日限，用療深益　資持卷下二：「『能』謂功能。以藥之力至七日故。」（三七七頁下）鈔批卷二五：「謂此藥有七日之功能。故成實云：服之七日，堅病得消。今約此能故，立七日說淨之法，故曰約能就法也。以七日是藥體功能之限，故曰盡其分齊也。」（一〇〇一頁上）簡正卷一六：「准成論，服之七日，堅病得消，今約此藥消病之功，能就其教法受服，開至七日，以為分限，用療諸疾，利益深故。」（九三五頁下）

〔八〕勢力既微，故聽久服，方能除患　簡正卷一六：「皆是苦澀之物，若比前三，此力稍微，久服方能除患。」（九三五頁下）資持卷下二：「聽久服者，即盡形也。」（三七七頁下）

〔九〕明了論云　簡正卷一六：「『明了論』下，證盡形義也。」（九三六頁上）

就此四中，五分明之〔一〕：一、明藥體，二、明淨地處所，三、護淨不同，四、淨法差別，五、二受有別。

【校釋】

〔一〕就此四中，五分明之　資持卷下二：「初示四體，不得相濫；二、即安藥之處；三、明進噉離過；四、淨生相；第五、可知時。」（三七七頁下）【案】「四」，指上述四種藥：時藥、非時藥、七日藥以及盡壽藥。

初中

明藥有四。

一、就四藥明者

時藥有二〔一〕。四分中，有五種蒲闍尼〔二〕，此云「正食」。謂麨、飯、乾飯、魚、肉也；五種佉闍尼〔三〕，此云「不正」。謂枝、葉、華、果、細末磨食。如隨相中。僧祇：「時食」者，蔓菁根〔四〕、蔥根、藕根、蘿蔔根、治毒草根；即齊苨根是。「時漿」者，一切米汁、粉汁〔五〕、乳酪漿是。

諸律竝明魚、肉為時食，此是廢前教〔六〕。涅槃云：從今日後，不聽弟子食肉；觀察如子肉想〔七〕。夫食肉者，斷大慈種，水、陸、空行有命者怨，故不令食〔八〕。廣如彼說。經云：前令食肉，謂非四生之肉，但現化耳，為度眾生〔九〕。楞伽云，有無量因緣，不應食肉，略說十種〔一〇〕：一者，一切眾生無始已來，常為六親，以親想故，不應食肉〔一一〕；二、狐狗人馬，屠者雜賣〔一二〕故；三、不淨氣分，所生長〔一三〕故；四、眾生聞氣，悉生怖〔一四〕故；五、令修行者，慈心不生〔一五〕故；六、凡愚所習，臭穢不淨，無善名稱〔一六〕故；七、令呪術不成就〔一七〕故；八、以食肉，見形起識，以染味著〔一八〕故；九、諸天所棄，多惡夢，虎狼聞香〔一九〕故；十、由食種種肉，遂噉人肉〔二〇〕故。如斑足王經說〔二一〕。今有凡愚，多嗜諸肉，罪中之大，勿過於此〔二二〕。故屠者販賣，但為食肉之人。必無食者，亦不屠殺。故知，食者同屠造業，沾殺生分，可不誡乎〔二三〕！

僧祇云：若為比丘殺者，一切七眾不應食；乃至為優婆夷殺，七眾不食亦爾〔二四〕。今學戒者，多不食之，與中國大乘僧同例〔二五〕。有學大乘語者，用酒、肉為行解，則大小二教不收，自入屠兒行內〔二六〕。天魔外道，尚不食酒肉，此乃閻羅之將、吏〔二七〕耳。四分云：若此殺者行十惡業，為我故殺，乃至大祀處肉，不得食之〔二八〕。以辦具來者，心無定主故。今屠者通殺，則依教無肉可食，正斷食肉〔二九〕也。毘尼母大同〔三〇〕。律云：若持十善，彼終不為我故，斷眾生命，如此應食〔三一〕。準此，何由得肉而噉？唯自死者、鳥殘，猶獲罪〔三二〕也。

楞伽云：酒、肉、蔥、蒜、韭、薤之屬，悉不嘗之〔三三〕。

俗中尚云「沽酒市脯不食〔三四〕」，況出道高僧？以酒肉為意旨，所懷亦可見〔三五〕也。

摩得伽云〔三六〕：若以酒煮時、非時、七日藥得服者，謂無酒性得服。今時藥酒，令昏醉悶，氣味具足，為貪服之。必加苦毒，亦不附口。以此二途，驗知情性，去道全遠〔三七〕。

「非時漿〔三八〕」者

僧祇：一切豆、穀、麥，煮之頭不卓破者之汁〔三九〕；若酥、油、蜜、石蜜〔四〇〕。十四種果漿生果汁〔四一〕，要以水作淨；若器底殘水、被雨濺等，亦名淨〔四二〕。

十誦：若蒲萄不以火淨，汁中不以水淨，及互不淨，不應飲〔四三〕；俱淨得飲。準此，通四藥，為壞味除貪〔四四〕故。

善見：舍樓伽漿；謂蓮華根〔四五〕擣取汁，澄清者。一切木果；一切葉，除菜；一切花；一切草果，除甜瓠子、冬瓜、甜瓜、椰子果已外〔四六〕——得非時服。毗尼母：得種種果多，食不盡者，破取汁飲〔四七〕。若不至初夜，變成苦酒者，不得飲，以酒兩已成〔四八〕故。明了論：炒米令焦黑〔四九〕，餘藥投中，釀以為漿，亦名「非時漿〔五〇〕」。四分：八種漿〔五一〕，古昔無欲仙人所飲，梨、酸棗〔五二〕、甘蔗〔五三〕、蕤果〔五四〕、蒲萄、舍樓伽〔五五〕等漿也。若醉人，不應飲，飲則如法治〔五六〕。

伽論：要須漉除滓，澄清如水〔五七〕。若有濁汁，與時食雜，若咽咽飲，隨犯波逸提。

「七日藥」者

四分：酥、油、生酥、蜜、石蜜等五種，世人所識，當食當藥〔五八〕，如食飯、乾飯，不令麤現。伽論：糖漿亦得七日受，乃至未捨自性〔五九〕。僧祇加「脂」一種〔六〇〕。四分：舍利弗風病〔六一〕，醫教服五種脂，熊、羆、猪、驢、魚等也。

僧祇：此藥清淨，無時食氣，一時受，七日服〔六二〕。有四百四病〔六三〕：「風大」百一，用油脂治；「火大」熟病，用酥治之；「水」病，蜜治；雜病，用上三藥治之〔六四〕。

五分：見作石蜜，擣米著中，佛言：「作法應爾。若合藥法如此者，聽非時服〔六五〕。」

十誦：石蜜不得輒噉〔六六〕——除五種人：遠行人、病人、食少不足人、不得食人；若施水處，和水飲之〔六七〕。五分：飢渴二時，以水和飲〔六八〕。

僧祇〔六九〕：食上多得酪，食不盡者，動作生酥，七日受服〔七〇〕。若長〔七一〕，煎作熟酥，七日受。驗知酥、油各受，作法，得多七日，不名重受〔七二〕。若乞食時，多得酥者，貧病比丘，以細緻㲲淨漉取酥，得七日

受〔七三〕；若有緣事，不得中前作者，當對一比丘記識言〔七四〕：「此中淨物生，我當作七日藥受。」若忘惧，不受〔七五〕、不作淨，過時，是名不淨。若得多油，如酥中說〔七六〕。得胡麻，食殘不盡，即煮取油，七日受之。若事緣不得作，如酥中說〔七七〕。若熊、猪等脂，如上進不〔七八〕。得甘蔗及果，並如上〔七九〕。善見：受酪，記酪中酥為七日。至第七日鑽〔八〇〕，得即日服；八日，犯捨〔八一〕。油、蜜亦爾。摩得伽：非時受甘蔗，作法不成〔八二〕。時內竝成〔八三〕。

然蜜味美重〔八四〕，凡聖常言：「長貪壞行，勿先於此。」兼得，必彊力劫掠辦之〔八五〕。自非極病，難用進口。故僧祇：佛受獼猴、無蜂熟蜜等〔八六〕。云云。

「盡形體」者

僧祇：胡椒、蓽茇、呵梨勒〔八七〕等。此藥無時食氣，頓受〔八八〕；病比丘終身服。四分云：不任為食〔八九〕者，一切鹹、苦、辛、甘等，不任為食，名「盡形藥體」。善見〔九〇〕：一切樹木及草，根、莖、枝、葉，為食不任者，盡形服之。又，樹木、草，無問根莖，竝是時藥〔九一〕；或根是時藥，莖是盡形。互有、俱是，不可名示。但令堪食，時藥所攝〔九二〕；不任者，盡形藥。

明了論疏云：若病，服七日藥，隨病為量〔九三〕。若差，須捨。若無病，復不飢，非時食者，得非時食罪〔九四〕。油、蜜、膏亦爾，故論中舉酥等〔九五〕。終身藥則不爾〔九六〕：有身必有病，佛許服此藥，防護一期果報身。若無客病〔九七〕，又不飢、渴，非時不得服。

十誦：淨苦酒，無酒氣、無糟者，過中得飲〔九八〕。

上來辨者，一切經律，隨事辨體〔九九〕。同此宗〔一〇〇〕者，具列如上。今有愚夫，非時妄嗽〔一〇一〕。謂杏子湯〔一〇二〕、乾棗汁、果漿、含澤藕根、米汁、乾地黃、茯苓末、諸藥酒煎，非鹹苦格口〔一〇三〕者，非時嗽之。竝出在自心，妄憑聖教〔一〇四〕。不如嗽飯，未必長惡〔一〇五〕。引誤後生，罪流長世〔一〇六〕。

次二，六味定〔一〇七〕者

明了論云：五種量〔一〇八〕，乃至大開，攝一切物皆盡。

疏云：藥有五種〔一〇九〕。甘味物中〔一一〇〕，除甘草、蜜、沙糖、酥、油，餘甘味是時量。酸味中〔一一一〕，除阿摩勒果汁等，餘酸味是時

量。辛味中〔一一二〕，除薑、椒、蓽茇、呵梨勒，餘辛味是時量。一切苦
澀物非食，作終身藥〔一一三〕。七日藥外，一切可食物，名依「時量」食
〔一一四〕。從平旦至正中為「時」，過此不得食〔一一五〕。

一切漿、甘蔗等，名依「更量〔一一六〕」。日夜各分五時〔一一七〕。從平
旦受，至二更，過則不得服〔一一八〕。如是輪轉，乃至五更〔一一九〕。此間
漬飯為漿，屬時量〔一二〇〕。

酥、油、蜜、沙糖等，名依七日量。

甘草等，名依一期量。從受戒後，臨一期報終，名一期也。於此時
中，無問晝夜，恒得服之。

灰、土、水、屎、尿，此五名依大開量〔一二一〕，不須受，隨意取服。
是世間所棄，非所惜故。四分：須受灰、土等〔一二二〕。此據有人處，必無
人，準用〔一二三〕。

三、明轉變〔一二四〕者

中論云〔一二五〕：如蒲萄漿，持戒者應飲。若變作酒，不應飲。若變
為苦酒，還復得飲〔一二六〕。

十誦〔一二七〕：甘蔗是時藥，清汁是非時，分作石蜜是七日，燒作灰
是盡形。肉是時藥，煎取脂是七日，燒作灰是盡形。胡麻同肉法〔一二八〕。
酪是時藥，清汁如水是非時，作酥是七日，燒為灰名盡形〔一二九〕。

四、相和〔一三〇〕者

薩婆多：四藥相和，從彊而服〔一三一〕。若以時藥、終身藥，助成七
日藥，作七日服〔一三二〕。由七日藥勢力多故，又助成故。如以酥煮肉，
此酥肉汁，得作七日服。若以時藥、七日藥，助成終身藥，作終身服；
如以酥、乳和葶藶子作丸者是〔一三三〕；又如附子、烏〔一三四〕頭，等諸毒
藥，浸豆、麥等，名盡形藥；若以終身、七日助成時藥者，時中服之。
如䴸食用酥、油、薑、椒等。

若分數俱等、勢力相似者，隨以藥首一名標目〔一三五〕。餘者，「藥分」
稱之〔一三六〕。如石英、鍾乳、黃耆、白术，丸、散、湯、膏、煎等，竝
例知用之。

【校釋】

〔一〕時藥有二　簡正卷一六：「有二者，只（【案】『只』疑『正』。）、不正也。」
（九三六頁上）資持卷下二：「四分列正、不正。粥通二食，稠稀分之，米粉

糜糜，並歸不正，細末所收。」（三七七頁下）【案】「時藥」文分為二：初，「四分」下，通示藥體；二、「諸律」下別簡，分五。

〔二〕**五種蒲闍尼** 簡正卷一六：「戒疏云：此之五種名食，一、口是、足是、正是，皆是別也。」（九三六頁上）

〔三〕**五種佉闍尼** 簡正卷一六：「此不正食也。亦如文列。戒疏云：反上，非足、非正、非皆別也。」（九三六頁上）標釋卷一三：「去闍尼，此云不正食，亦云嚼食。謂根、枝、葉、華、果也。按藥犍度中，油及胡麻、石蜜，烝食，皆是佉闍尼屬，如下三十九戒。又，以油、石蜜等為奢耶尼食，故此油等雖非正食，而不當嚼義，是以餘律多不收也。或云佉陀尼，此翻可食物。……淨法師云『半者珂但尼』。半者，謂五也。珂但尼，即是齧嚼義也。應譯為五嚼食，謂一根，二莖，三葉，四華，五果。善見律云：一切果，是名佉闍尼。」（五九七頁下）【案】四分卷一四，六六〇頁中。

〔四〕**蔓菁根** 簡正卷一六：「寶云：北地種，即有根，狀如胡羅蔔根。江浙種之，唯長苗，無根，但名菘菜。舉例，如江將淮（【案】『江將』疑倒。）薑芋向北地種，亦但有菜無根也。」（九三六頁上）資持卷下二：「蔓菁，亦名蕪菁，即溫菘之類。又云：北人名蔓菁，（『井星』。）、薺（『但禮』。）、苨（『奴禮』。），甘菜也。酒、醋等，並時漿攝。」（三七七頁下）標釋卷一三：「（蔓菁，即蕪菁，或名蕪根，又名風菘，又名大芥菔，其名非一。有云：蕪菁梗短葉大，連地上生。濶葉紅色者，是蔓菁。諸葛亮出征駐營，每令兵士栽種，以充糧食。故今三蜀、江陵之人呼為『諸葛菜』。若夏時枯，復種之，謂之雞毛菜。採擷之餘，取子為油。其餘功用如藥犍度中釋。）」（五九八頁下）

〔五〕**粉汁** 簡正卷一六：「此謂舂粉了，多著水浸。北地大官，飯後多飲之。今比丘中，後（【案】『後』疑『復』）不合也。」（九三六頁上）【案】僧祇卷二八，四五七頁中。

〔六〕**諸律竝明魚、肉為時食，此是廢前教** 鈔科卷下一：「『諸』下，別簡魚肉。」（一一二頁中～下）簡正卷一六：「破魚肉之非也。廢前教者，律在前，涅槃經在後。經是能廢在後，律是所廢在前，故云廢前也。」（九三六頁上）

〔七〕**從今日後，不聽弟子食肉，觀察如子肉想** 資持卷下二：「『涅槃』下，次引後制斷。爾前雖斷如楞伽等，但通指其過。涅槃終窮，正為開會，故特引之。出如來性品。初引廢前文，初二句立制，次一句教觀厭。經云：如夫妻二人，共攜一子，同行曠野，險難根盡，殺子而食，垂淚而餐，不得滋味。比丘亦爾。

（三七七頁下）今若觀一切眾生肉如子之肉，作是想時，必不貪食。」（三七八頁上）【案】北本涅槃卷四，三八六頁上、中。

〔八〕**斷大慈種，水、陸、空行有命者怨，故不令食**　資持卷下二：「『夫』下，顯過患。大慈是佛心，即於己他，斷佛種故。水、除（【案】『除』疑『陸』。）、空行者，舉處攝物，沈潛飛走，無所不收。今食肉者，由害彼命，即彼怨讎。」（三七八頁上）簡正卷一六：「疏云：大慈是佛因，故諮少慈為大之種。又云：殺傷大慈，噉傷少慈，因少得大，故少為大種。又云：果為大慈，因為少慈，因亡則果絕，故諮因為種。能斷佛種，故不聽食。三種淨肉，離見、聞、疑，為三淨也。況非三淨，而故噉耶？謂非四生之肉者，謂非胎、卵、濕、化之肉也。夫肉皆是四生所攝，四生外更無別肉。既不許食四生肉，當知即是現斷肉義。又復：肉非自然生，皆由殺命得，若人不斷肉，真誠劫命賊。遠疏云：地上為慈，據漸滿說，地前為種，約種性論。直至佛果，方得名大。今并初發心，救度眾生，求於佛果。若食肉者，如此地位，並皆絕分故，向前諸律文皆許食肉。縱依初緣，已曾食竟，（九三六頁上）莫非有罪否？抄引經科云：前全食肉，謂非四生，但現化耳。謂不是胎、卵、濕、化之實報四生。但是菩薩慈悲，接機化現，為度凡小眾生。故經云：為度眾生，而現食肉，雖現食之，其實不食等。」（九三六頁下）

〔九〕**前令食肉，謂非四生之肉，但現化耳，為度眾生**　資持卷下二：「『經』下，次引決前文。欲彰前教，無諸過故。四生胎、卵、濕、化。經云：為度眾生故，示現食肉，而實不食。」（三七八頁上）【案】楞嚴經卷六，三八六頁中。

〔一〇〕**有無量因緣，不應食肉，略說十種**　鈔科卷下一：「引楞伽示過。」（一一二頁下）鈔批卷二五：「案楞伽第八卷中有遮食肉品云，佛告大慧菩薩：『我觀眾生，輪迴六道，迭為父母、兄弟、姊妹、六親眷屬。我觀眾生，更相噉肉，無非親者，由貪肉味，迭互相噉，常生害心，增長苦辛，流轉生死，不得出離。』佛說是時，有諸惡羅剎，在佛邊聞已，悉捨惡心，止不食肉，迭相觀發慈悲之心，悲泣流淚，而白佛言：『我從今日斷食肉。如來弟子有不食者，我當晝夜親近擁護。若食肉者，我當與作大不饒益。』佛告大慧：羅剎、惡鬼，常食肉者聞我所說，當發慈心，捨不食肉。況我弟子行善法者，而當食肉？若有食者，當知即是眾生大怨。若若（原注：『若』字疑衍。）我弟子，聞我所說，猶食肉者，當知即是旃陀羅種，非我弟子，我非其師。』」（一〇〇一頁下）資持卷下二：「次，楞伽中十過，最須觀察。」（三七八頁上）【案】入楞伽經卷

八，五六一頁。

〔一一〕一切眾生無始已來，常為六親，以親想故，不應食肉　簡正卷一六：「常為六親者，父母、兄弟、姊妹眷屬，輪迴六道，展轉互生，不相記故。今觀食肉，皆是親眷，但作親想，自然不食也。」（九三六頁下）資持卷下二：「初，恐食噉父母成惡逆。故梵網經云：一切男女，皆是我父母，我生生無不從之受生。而殺而食者，即殺我父母是也。」（三七八頁上）

〔一二〕狐狗人馬，屠者雜賣　資持卷下二：「恐食其同類，非仁心也。」（三七八頁上）

〔一三〕不淨氣分，所生長　簡正卷一六：「父每（【案】『每』疑『母』。）赤白不淨，和合而生。」（九三六頁下）鈔批卷二五：「案楞伽云，復次應觀：一切肉皆依父母濃血不淨，赤白和合，生不淨身。觀肉不淨，不應食肉。復次應觀：諸肉如人死屍，眼不欲見，不用聞氣，何況可嗅而着口中？一切諸肉，亦復如是。云何於中，有食不食。」（一○○一頁下）資持卷下二：「謂禽畜交合，精血所成，腥臊穢物，自內於口，深可惡也。」（三七八頁上）

〔一四〕眾生聞氣，悉生怖　資持卷下二：「由多噉肉，易其血氣，眾生聞之，知是殺者。」（三七八頁上）鈔批卷二五：「彼經云：復次，食肉之人，眾生聞氣，悉皆驚怖，逃走遠離，而起疑念：『我於今者，為死為活？』如是惡人，不修慈心。（一○○一頁下）亦如豺狼，遊行世間，常覓肉食；如牛噉草，蜣蜋逐糞，不知飽足。我身是因，正是其食，不應遙見，即捨逃走，離之遠去，故名眾生大怨。復次，有諸眾生，過去曾修無量因緣，有微善根，得聞我法，信心出家。在家（原注：『家』疑『衣』。）法中，過去曾作羅剎眷屬，虎狼、師子、貓狸中生。雖在我法，食肉餘習，見食肉者，歡喜親近。入諸城邑，飲酒食肉，猶如羅剎，諍噉死屍，等無有異。雖服袈裟，剃除鬚髮，有命者見，心生恐怖，如畏羅剎。是故若以我為師者，一切肉不應食也。」（一○○二頁上）

〔一五〕令修行者，慈心不生　資持卷下二：「即涅槃所謂斷大慈種也。」（三七八頁上）

〔一六〕凡愚所習，臭穢不淨，無善名稱　簡正卷一六：「反顯三乘有智之人不食也。醒羶即臭穢。奪命而得，即非善名。」（九三六頁下）鈔批卷二五：「彼經云：復次，食肉者，貪心難滿，食不知量，不然消化，增益四大，口氣腥臊。腹中多有無量惡虫，多瘡癬、惡癩、疾病，種種不淨，人不憙見。何況未來求身無病、香潔等相如是！一切蔥、菲（【案】『菲』疑『韮』。）、蒜、薤，臭穢不淨。

此障聖道，亦障世間人天淨處，何況諸佛淨土佛果報！」（一○○二頁上）資
持卷下二：「由是愚癡不淨者所為，故有食噉無善名稱。」（三七八頁上）

〔一七〕令呪術不成就　資持卷下二：「謂或持咒術，必須精潔，尚誡葷辛，何況血肉！」
（三七八頁上）鈔批卷二五：「彼經云：復次，世間邪法，呪術諸師。若其食
肉，呪術不成。為成邪術，尚不食肉，況我弟子，為求無上聖道，出世解脫，
修大慈悲！精勤苦行，猶恐不得，何處當為如是解脫！為彼痴人食肉者得。」
（一○○二頁上）

〔一八〕以食肉見形起識，以染味著　資持卷下二：「謂凡遇畜形，即思其味故。」（三
七八頁上）簡正卷一六：「由受食肉故，見獐、虎、猪、雞等形，便起識心，擬
屠煞也。」（九三六頁下）鈔批卷二五：「私云：若食肉者，但見眾生，即起殺
心，味著其肉；若逢飛鳥走獸，思以炮廚，謂起意識心也。」（一○○二頁下）

〔一九〕諸天所棄、多惡夢，虎狼聞香　簡正卷一六：「天龍不護，惡鬼所嬈故。反顯
持戒不食肉人，常得善夢。虎狼聞香者，身有肉氣，多為虎狼湌。」（九三六
頁下）鈔批卷二五：「彼經云：又食肉者，諸天遠離，何況聖人？食肉之人，
常得惡夢，驚怖毛豎，心常不安，無慈心故之謂善力。若獨處空閑，非人伺其
便，虎狼師子，求欲食其肉。言虎狼聞香者，私云：虎狼聞食肉人有肉血香
氣，便來相害也。」（一○○二頁下）資持卷下二：「三過：天報清淨，所以捨
棄；不習善法，故多惡夢；身同畜氣故，為虎狼所食。」（三七八頁上）

〔二○〕由食種種肉，遂噉人肉　資持卷下二：「謂由此相因，遂噉同類。」（三七八頁
上）【案】楞伽卷四，五一三頁下。

〔二一〕斑足王經說　簡正卷一六：「諸記之中，多引賢愚經說。彼云：昔波羅奈國王，
名摩羅達目，猶遊獵至山，憩自（【案】『自』疑『息』。）時。有一牸師子，
欲心近王，遂乃有通，生子人形足斑。其師子送上王，王知已收養，名為斑
足。後紹王位，此王常供養一仙人，日日食時，飛來王宮，後因有患，斷食不
來。有一天祀神，詐作仙人，來覓肉食，語廚者言：（九三六頁下）『自後日日
須如此。』後本仙人未還，將肉與食。仙人云：『何故相輕？』王言：『昨日食
肉，今又不食，何得虛誑，無有實錄。』仙人云：『吾昨有患不來，誰就汝覓
肉？』仙人呪云：『令汝於後十二年中，常噉人肉。』言訖乃去，永不來也。
於後廚人辨（【案】『辨』疑『辦』。）饌闕肉，求得自死小兒，以死（【案】『死』
疑『食』。）王食。王覺味殊，乃向（【案】『向』疑『問』。）廚者。彼不敢諱，
具述前緣。王因勅云：『每日常須此肉。』後煞害漸多，國人怨恨，眾欲煞王。

王立誓曰：『不由修善，今得為王。所有供養仙人功德，迴令今日變作非行。』羅剎言說而變，由此十二年中，常食人肉。（緣起甚廣，今略引云云。）為證前來食肉之失也。」（九三七頁上）鈔批卷二五：「楞伽文中略指斑足王食肉緣，仍不委具。鈔主傍此言故，的指別經，意欲令人別守，其緣廣如賢愚經第十三卷抄。」（一〇〇二頁下）

〔二二〕今有凡愚，多嗜諸肉，罪中之大，勿過於此　鈔科卷下一：「『今』下，伸誡。」（一一二頁下）簡正卷一六：「反顯聖人有智，終不食也。此戒約之意。」（九三七頁上）資持卷下二：「初明過重，如向列故。」（三七八頁上）

〔二三〕食者同屠造業，沾殺生分，可不誡乎　資持卷下二：「『故』下，次明業深，同屠殺故。」（三七八頁上）鈔批卷二五：「謂屠為食者，屠在業難，求異果也。言沾殺生分者，古人言：食肉之人，十方殺命，並皆有分。何以故？如婬一女人，遍緣諸色境；如盜一家財，貪心遍法界；食一眾生身，盡緣含識命。」（一〇〇二頁下）

〔二四〕一切七眾不應食；乃至為優婆夷殺，七眾不食亦爾　鈔科卷下一：「『僧』下，引小急制。」（一一二頁中～下）資持卷下二：「引小中。初科，為一眾殺而制七眾者，以同沾佛戒，意所通故。彼律得食三種淨肉，謂不見、不聞、不疑為我故殺者。是知，雖云得食，還同禁斷。」（三七八頁上）【案】僧祇卷三二，四八六頁上。

〔二五〕今學戒者，多不食之，與中國大乘僧同例　鈔科卷下一：「『今』下，斥學罔時。」（一一二頁下）資持卷下二：「初明學戒。多不食者，此指祖師之世奉持者耳。若今學戒，食肉飲酒，猶為細行，（三七八頁上）更行麤惡，不足言之。中國學大乘者，皆依梵網、楞伽、涅槃等制。既修大行，慈濟為先，安有大乘方行殺戮！皇唐之世，華竺交通，或梵眾東來，或此僧西邁，彼方風化，可得傳聞。且如此土，稟大高僧，至有身不服於繒綿，足不履於皮革，葷辛乳蜜，多不沾嘗，蚤虱蚊虻，從之咂齧。斯之學大，豈非大乎？」（三七八頁中）簡正卷一六：「玄云：欲出此方學大乘語人喫酒肉之過非，謂中國學小乘人，猶食魚肉之類。」（九三七頁上）

〔二六〕有學大乘語者，用酒、肉為行解，則大小二教不收，自入屠兒行內　資持卷下二：「『有』下，指斥。『行』謂為之無恥，『解』謂執之不疑。二教不收者，以大小俱制，反不依行，教所不被故。教既不被，非佛弟子。無慈好殺，宜入屠行，天魔報勝，淨因所克，外道苦行，餐風自餓等。故知噉肉比丘未及魔

外。」（三七八頁中）簡正卷一六：「用酒肉為行解者，云不是大乘人。不食酒肉，內無分別、無執礙，是大乘行。既未達性空，口中所談，是學大乘之語，撿其行解：大不收，以未喫證故；小不攝，以違戒故。二途既不收之，則入屠兒行內也。」（九三七頁上）鈔批卷二五：「用酒肉為行解者，指我是大行人，於境無分別，食酒肉者，是大乘行。作此解者，以為得意，故曰酒肉為行解。不悟喫者，翻是小乘，斷酒肉者，是大乘行。今人多是，順煩惱故喫，強云無貪，此乃心口相違，自招來禍。（一〇〇二頁下）古人云：口是千家之墓門，腹是萬家之古冢。」（一〇〇三頁上）

〔二七〕閻羅之將、吏　鈔批卷二五：「謂生頭阿傍，即獄卒是也，以常在地獄煮炙罪人。今比丘自煮、自炙，何異彼也！又，解其惡業既多，死作閻羅獄卒，故曰也。以其生則為佛之賊，死則為鬼之因（原注：『因』疑『囹』）是也。」（一〇〇三頁上）資持卷下二：「閻羅將吏，信是同倫，具云『閻摩羅』，此云『雙王』，苦樂並受故。又云：兄治男事，妹治女事，故云『雙王』。『將吏』謂夜叉、鬼卒之類。」（三七八頁中）

〔二八〕若此殺者行十惡業，為我故殺，乃至大祀處肉，不得食之　鈔科卷下一：「『四』下，顯四分密斷。」（一一二頁下）資持卷下二：「四分初明制斷，為我大祀，二皆不淨。」（三七八頁中）簡正卷一六：「『四分』下，准律，見、聞、疑為我煞，不應食。謂此人長作十惡業，此家有肉不得食。若持十善，彼必不為我斷眾生命，有肉應食。大祀處者，如國家拜郊大禮，此辨於肉意。雖不專為我一人，今既屠煞，亦普為一切。食肉之者，若食自亦是他所為之一數，故不許也。」（九三七頁下）鈔批卷二五：「大祀處肉者，如國家拜南郊等，名大祀也。」（一〇〇三頁上）【案】四分卷四二，八七二頁中。

〔二九〕今屠者通殺，則依教無肉可食，正斷食肉　資持卷下二：「『今』下，顯意。」（三七八頁中）簡正卷一六：「謂依上律，教無聞疑，三種淨肉，方許食者。此肉既希，即漸漸制斷，故云正斷食肉也。」（九三七頁下）

〔三〇〕毘尼母大同　簡正卷一六：「彼云：若人欲祀天時，作意其有來者，應與食，無分別心。所煞眾生，待一切來者，比丘若知如此肉，不應食也。」（九三七頁下）

〔三一〕若持十善，彼終不為我故斷眾生命，如此應食　資持卷下二：「次，明開食。前與肉者，須行十善。豈有行十善者而有肉耶！故云『何由得肉』等。」（三七八頁中）

〔三二〕**唯自死者、鳥殘，猶獲罪**　簡正卷一六：「謂律通明一切鳥獸殘，取得吉，以不斷後望故。唯師子殘得取，無犯以斷望也。准此，須是親自見死，方得食之。以決定知不是鳥獸殘故。若收得殘者，猶未免疑，知是何獸殘也。」（九三七頁下）資持卷下二：「鳥殘，多論犯吉。」（三七八頁中）

〔三三〕**酒、肉、蔥、蒜、韭、薤之屬，悉不嘗**　簡正卷一六：「謂五辛之類尚不許嘗之，豈況進噉？亦是舉緩以況急。」（九三七頁下）鈔批卷二五：「案祇云：比丘若病時，醫言『若服決差，不服更無方治』者，開服。服已，應七日行隨順法，住一少邊房，不得臥僧床蓐，不得上僧大小行處，不得入僧溫室、講堂、食屋，不得受僧次差會，不得入僧中食，不得入禪房中及說法、布薩僧中，一切僧集處不得往，不應遶塔。若塔在露地者，得在下風遙禮。過七日已，至八日，澡浴、浣衣，動（【案】『動』祇作『熏』。）已，得入眾中。不病噉者，吉羅。」（一〇〇三頁上）資持卷下二：「通禁中。酒肉兼五辛。文缺與（【案】『與』疑『興』。）渠，或謂『阿魏』，或云：自有興渠，根如蘿蔔。蒜，音『算』；韭，音『久』；薤，『胡介』反。並葷菜也。梵網云一切食中不得食。楞嚴云：熟食發婬，生噉增恚。如是世界食辛之人，縱能宣說十二部經，十方天仙，嫌其臭穢，咸皆遠離。諸餓鬼等，因彼食次，舐其脣吻，常與鬼住。福德日消，長無利益等。」（三七八頁中）【案】僧祇卷三一，四八三頁下。入楞伽經卷八，大正藏第一六冊，五六四頁上。

〔三四〕**沽酒市脯不食**　鈔科卷下一：「『俗』下，舉俗況道。」（一一二頁中）簡正卷一六：「書曰：酤酒市脯，不祭先祖，以不專心為先靈故。又，恐於身有患，故俗護色身尚然，豈況出家之人！法身慧命，不可不護。以食肉之比丘，（九三七頁下）情壞足可見也。」（九三八頁上）資持卷下二：「論語鄉黨說孔子凡祭祀，預齊（【案】『齊』疑『齋』。）不飲沽來之酒，不食市得之脯。」（三七八頁中）

〔三五〕**以酒肉為意旨，所懷亦可見**　資持卷下二：「為僧嗜此，希貪口腹，情無遠趣，故云所懷可見。」（三七八頁中）

〔三六〕**摩得伽云**　鈔科卷下一：「『摩』下，引斥倚濫。」（一一二頁中）【案】伽論卷三，五七八頁下。

〔三七〕**以此二途，驗知情性，去道全遠**　資持卷下二：「『二途』即上貪美棄惡。凡庸之情，故可知也。」（三七八頁中）簡正卷一六：「二途者，若不附口，美則貪飡。驗知非消治病，去無漏道全遠也。」（九三八頁上）扶桑記：「會正：二

途，即氣味具足，則貪；若毒酸澁，則惡。」（三一七頁下）

〔三八〕**非時漿** 鈔批卷二五：「羯磨疏云，初緣中云『若不醉人，聽非時飲』，故知醉者，即時藥也。今有用諸草木合釀為酒，具色香味，如酒不異。但不醉者，佛令屏處飲之，必非酒色香味；若飲醉者，如法治罪。」（一〇〇三頁上）

〔三九〕**煮之頭不卓破者之汁** 鈔科卷下一：「初，明藥體。」（一一二頁中）資持卷下二：「破即『時漿』，（三七八頁中）非時不得飲。」（三七八頁下）簡正卷一六：「不卓破者，說文云：卓謂高也。艮（【案】『艮』疑『即』。）煮麥時，兩頭起㪺（『延皃』反。），不得令破。況有時食氣故！」（九三八頁上）扶桑記：「據祇本文，『卓』正作『折』。『恥角』切，聞也。今則借音耳。」（三一七頁下）

〔四〇〕**石蜜** 簡正卷一六：「西土甘蔗汁，搗米着中，合成黑色，狀砂糖。今此方五（【案】『五』疑『也』。）有作者，如越地進貢等。」（九三八頁上）標釋卷一〇：「是甘蔗汁所成，如片糖、氷糖也。善見云此是甘蔗糖，堅強如石，是名石蜜。僧祇云……有黑白二種。白者味純甘，黑者味帶苦。本草云：一名乳糖，又名白雪糖，即白糖，出益州及西戎。用水牛乳汁、米粉和沙糖，煎煉作餅塊，黃白色而堅重。川、浙者佳。主心腹熱脹，潤肺氣，助五藏津，治目中熱膜，口乾渴可止，目昏闇能明。」（五四五頁下）扶桑記：「按穌油等是七日藥，今可和水復得為非時漿。」（三一七頁下）

〔四一〕**十四種果漿生果汁** 鈔批卷二五：「案祇云：一、菴羅漿，二、拘梨漿，三、安石留漿，四、顛哆梨漿，五、蒲挑漿，六、婆樓沙漿，七、犍犍籌漿，八、芭蕉果漿，九、罽伽是（【案】『是』疑『提』。），十、劫頗羅漿，十一、婆籠渠漿，十二、甘蔗漿、亦云石蜜漿；十三、呵梨陀漿，十四、咈婆梨漿。（出第三卷，并二十九卷。此十四種，澄清一切聽飲。若變為酒色香味，一切不聽飲也。）」（一〇〇三頁下）資持卷下二：「（上多列梵言，未見翻譯，並果名耳。）要水淨等壞好味故。」（三七八頁下）扶桑記引名義釋「菴羅」：「此云柰。……此果樹之名，其果似桃，或云似柰。」（三一七頁下）【案】僧祇卷二九，四六四頁上。

〔四二〕**若器底殘水、被雨濺等，亦名淨** 鈔批卷二五：「羯磨疏云：此水渧（【案】『渧』疑『濺』。）淨者，為淨味故。文雖在漿，義通四藥。如衣，須揲、須點為壞色故；如食，須水渧之為壞味故；如屣，須人著之為壞好故。如是一切無非壞我方便也。」（一〇〇三頁下）【案】僧祇卷二八，四五七頁中。

〔四三〕若蒲萄不以火淨，汁中不以水淨，及互不淨，不應飲　鈔科卷下一：「『十』下，示淨法。」（一一二頁中）資持卷下二：「火淨壞種，水淨壞味。」（三七八頁下）簡正卷一六：「不壞種也。汁不以水淨者，不壞味也。互不淨者，但火淨不水淨，但水（【案】『水』後疑脫『火』字。）不火淨，並不許服。先火淨後水淨，故云但淨得飲。」（九三八頁上）【案】十誦卷二六，一九二頁下。

〔四四〕準此，通四藥，為壞味除貪　資持卷下二：「『準』下，例通。」（三七八頁下）簡正卷一六：「業疏云：文雖在漿，義通四藥。如衣，須揲為壞色故；草履，令淨人著，為壞好故；食須水淨，為壞味故。」（九三八頁上）

〔四五〕蓮華根　資持卷下二：「蓮華根，即藕漿也。」（三七八頁下）

〔四六〕一切葉除菜，一切花，一切草果除甜瓠子、冬瓜、甜瓜、椰子果已外　資持卷下二：「葉中，除菜草果、除瓜瓠等，並時漿故。椰子列在草果，即今瓠子之類。古云南海樹生者，此乃木果，不在簡除。」（三七八頁下）扶桑記引行宗：「菜瓜二物，必不能清，所以除之。（有云瓜菜並時藥故，今日豆穀藕果，豈非時藥耶。）」（三一八頁上）

〔四七〕破取汁飲　資持卷下二：「即壓碎」（三七八頁下）

〔四八〕若不至初夜，變成苦酒者，不得飲，以酒兩已成　簡正卷一六：「謂無記識其體，既變失本受法。酒雨（【案】『雨』疑『兩』。次同。）已成者，此是時俗，方言不同。此人呼味為『兩』。若嘗酒有氣味，即言有酒雨。今上既體變失受，若服便飲酒，故不合也。」（九三八頁上）鈔批卷二五：「上言苦酒者，酢者也。案母論云：於一時中，諸比丘大得種種果，但人少果多，食不可盡，殘者不知何用。佛言：『聽捼破取汁，至初夜得飲。若不至初夜，汁味有異，成苦酢者，不得飲也。何以故？此酒兩已成故。』（文齊此述。）私云：謂作『酒味』、『酒香』兩成也。又云具『酒色』、『酒味』，故言兩成。（未詳。）渣云：此人時俗中喚『味』曰『兩』。如見酒氣味，即言有酒兩也。見喫酒竟，人有酒氣，亦云汝似有酒兩也。」（一〇〇三頁下）資持卷下二：「『兩』即味也。北人呼酒味為兩。」（三七八頁下）【案】毗尼母卷三，八一七頁中。

〔四九〕焦黑　簡正卷一六：「董白（【案】『董白』疑『黑色』。），猶是時藥收故。」（九三八頁下）

〔五〇〕非時漿　資持卷下二：「了論：米藥釀合，據是時漿。而名非時者，必取清冷，無酒氣味故。」（三七八頁下）

〔五一〕八種漿　鈔批卷二五：「案律中：一、梨漿，二、閻浮漿，三、酸棗漿，四、

甘蔗漿，五、微菓漿，六、舍樓伽漿，七、婆樓師漿，八、蒲桃漿。皆是一切木菓，故得作『非時漿』。謂是施樓婆羅門，將施諸比丘，比丘不敢受。佛言：『若不醉人，應飲；若醉人，不應飲。』……言婆樓師者，礪云：此似菴羅果也。」（一〇〇四頁上）資持卷下二：「『無欲仙人』謂不多欲。梨、棗等即列八漿。文略二種，即閻浮漿、波樓師漿。」（三七八頁下）標釋卷二八：「七、婆榮師漿，（或云破樓尸，或作頗留沙，正言鉢嚕灑。其果狀如蔞薁子，此方無也。善見云似菴羅果。）……十誦、根本、母經，皆有蕉子漿，梵云茂梨，或云無提，又云毛者。此譯為芭蕉子。言以沙胡椒安在果上，手極挼之，皆變成水，是為蕉子漿。除上八漿已，若有橘、柚、櫻梅、石榴等，亦得作漿。然此等諸漿，皆須淨洗手，淨器濾之。以水滴淨，受已然後得飲。」（八三三頁上）【案】四分卷四二，八七三頁下。

〔五二〕酸棗　鈔批卷二五：「北地多有，樹高五六尺，其子赤小味酸，非今時乾棗也。」（一〇〇四頁上）標釋卷二八：「梵云拘羅，此云棗。婆婆羅羅，此云酸棗。今按，此中非酸棗也。原西國一類果，狀似酸棗，名孤落迦果，可以壓漿也。」（八三三頁上）

〔五三〕甘蔗　標釋卷二八：「蔗有大小二種，大者常食，小者為糖。言蔗能下氣、和中、消痰、止渴，補助脾氣而利大腸，除心煩熱而下氣痢。」（八三三頁上）

〔五四〕蕤果　鈔批卷二五：「（『汝誰』反）。郭璞曰：小木叢生，有刺，實紫赤，可食也。」（一〇〇四頁上）資持卷下二：「蕤，『儒佳』反，其果味甘，出北方，果漿醉人，即同酒判。」（三七八頁下）

〔五五〕舍樓伽　鈔批卷二五：「見論云是優鉢羅、拘勿頭花等根，舂取汁淳清，名舍樓伽漿也。前文引見論解謂蓮華根者，即是其義也。」（一〇〇四頁上）標釋卷二八：「舍樓伽者，藕根也。善見云此是優鉢羅，拘物頭華根。舂取汁，澄使清，是名舍樓伽漿。優鉢羅，此云青蓮華。拘物頭，此云白蓮華。」（八三三頁上）

〔五六〕若醉人，不應飲，飲則如法治　簡正卷一六：「次引四分證開眼（【案】『眼』疑『飲』。）。昔有人欲禮覲佛，自作念云：『不可空往，今有八種漿，是古昔死欲仙人所飲，可持上佛。』佛得已，為說法，又將施僧，僧不敢受，佛聽受。若能醉人，良不許飲。鈔闕『閻浮』及『婆樓伽』二種，以此土無故。」（九三八頁下）【案】四分卷四二，八七三頁。

〔五七〕要須漉除滓、澄清如水　鈔科卷下一：「『伽』下，明澄漉。」（一一二頁中）

資持卷下二：「伽論水色，即是別相。」（三七八頁下）簡正卷一六：「伽論下總明。上來諸漿須澄清，不雜時食也。」（九三八頁下）【案】伽論卷三，五八一頁上。

〔五八〕當食當藥　鈔科卷下一：「初，示藥體。」（一一二頁下）資持卷下二：「『當』字去呼，資益故當食，除患故當藥，簡餘三藥，各專一用。如食飯等者，明其當食也。不令麤者，誡其多貪也。」（三七八頁下）簡正卷一六：「當藥者，准律藥法中云：佛在舍衛國，諸比丘秋月得病，顏色燋悴。佛言：『我今當聽諸比丘食何等藥？』遂作念云：『有五種藥是世間用者，是人皆識，所謂蘇、油、生蘇、蜜、石蜜，令諸比丘服之。當食當藥，如食飯乾飯，不令麤現。』（已上律文。）玄云：有資益義，故當食也；有療患之切，故當藥也。不得滿鉢而飱，故云如食等；少少而喫，故云不令麤現。」（九三八頁下）鈔批卷二五：「礪云：藥有療病之功，故曰當藥；復有充軀之用，名為當食。而無非時之愆，不招譏醜，故曰不令麤現。又云：不犯時食之過，故言不令麤現。和上云：謂上五種，世人皆識知是非時藥，知比丘非時得服。然此七日藥，亦如飯及乾性，能當食，復當藥。言不令麤現者，向若世人不識，為世識呵，是名麤現。今既世人知是非時藥，比丘得服，故不麤者也。言『麤』者，立有二解，一解同上。（一〇〇四頁上）次解，此非時藥相同乾飯，比丘今若服，可隱處服，勿令俗見，恐彼譏呵，故言不令麤現。」（一〇〇四頁下）【案】「七日藥」文分為二：初，「四分酥」下；次，「然蜜味」下。初又分五。

〔五九〕糖漿亦得七日受，乃至未捨自性　簡正卷一六：「糖漿者，此是甘蔗糖也。未捨自性，受法既失，故不許服。必未失體性，即許服也。」（九三八頁下）資持卷下二：「伽論糖漿，今時謂水糖是也。未捨自性，謂未轉變也。」（三七八頁下）鈔批卷二五：「伽論文云，問：『糖漿得七日受不？』答：『得飲。』『幾時飲？』『乃至未捨自性也。』」（一〇〇四頁下）【案】伽論卷七，六〇五頁上。

〔六〇〕加「脂」一種　簡正卷一六：「謂祇七日藥中，許服脂一種也。」（九三八頁下）資持卷下二：「僧祇加脂，則有六種。兼上糖漿，則有七矣。」（三七八頁下）鈔批卷二五：「按祇云：蘇、油、蜜、脂、生蘇、熟蘇，此諸藥清淨，無時食氣，一時頓受，七日服，故曰七日藥。今鈔文先引祇、後引四分者，釋疑故爾。古人有言：脂是時藥，以脂從肉生故也。今故示僧祇文，引脂在七日藥中也。」（一〇〇四頁下）【案】僧祇卷三，二四四頁下。

〔六一〕**舍利弗風病**　簡正卷一六：「准舍利弗患風，醫教服五種脂。如文所列，諸比
　　丘不噉，遂白佛，佛聽聽（【案】次『聽』疑剩。）之。故文云：『時受、時漉、
　　時煮，如『油法』服。（九三八頁下）若非時受、非時漉、非時煮，不應服，
　　若服如法治。』謂肉是時食，非時受，不成故。古師見律『非時受不成，非時
　　漉煮得罪』，便言脂一種是時藥收，不開七日服。今引祇正文，七日藥中，加
　　脂一種也。」（九三九頁上）鈔批卷二五：「筞云，願律師解云：若不加口法，
　　非時不得服，要加口法，得七日服。油亦如是，要加口法，得七日服。若不加
　　法，是時食攝。今諸師不許此義，謂諸部有文，咸云縱不加法，非時亦得服。」
　　（一〇〇四頁下）【案】簡言之，時藥、時食，即是一在定條件可以飲、食的
　　東西。如生病等。如果沒有這種條件，要件不具，而擅自因貪欲飲食，則是非
　　時食，需要依法治之。

〔六二〕**此藥清淨，無時食氣，一時受，七日服**　鈔科卷下一：「『僧』下，配諸病。」
　　（一一二頁下）資持卷下二：「初二句顯體。無時食氣，離肉分也。次二句示
　　法。」（三七八頁下）簡正卷一六：「觀文勢，似證前七日藥也。」（九三九頁
　　上）【案】僧祇卷一〇，三一六頁下。

〔六三〕**有四百四病**　資持卷下二：「『有』下，明功。『三大』各有百一。『雜病』即等
　　分，亦百一，合數可見。」（三七八頁下）簡正卷一六：「經云：一大不調，百
　　一病惱，四大成身，故有四百四病。」（九三九頁上）鈔批卷二五：「謂一大有
　　百一病，四大故有四百四病也。廣如五王經明之。」（一〇〇四頁下）

〔六四〕**雜病，用上三藥治之**　簡正卷一六：「雜病者，三病相兼也。用上三藥治者，
　　謂將上來三藥，相雜治之。」（九三九頁上）鈔批卷二五：「『雜』謂水、火、
　　風合病也，略無『地大』之病。」（一〇〇四頁下）

〔六五〕**若合藥法如此者，聽非時服**　鈔科卷下一：「『五』下，含時食。」（一一二頁
　　下）鈔批卷二五：「案五分云：時有離婆多比丘，非時食石蜜。阿那律語云：
　　『莫非時食，我見作石蜜時，搗米著中。』彼即生疑。白佛。佛集諸比丘，問
　　阿那律：『汝見作石蜜時，（一〇〇四頁下）搗米著中，彼何故爾？』答云：
　　『作法應爾。』佛言：『從今聽非時服也。』」（一〇〇五頁上）資持卷下二：
　　「米是時藥，彼因那律疑故，問佛，故為決之。若合藥等，準類盡形。」（三
　　七八頁下）

〔六六〕**石蜜不得輒噉，除五種人**　鈔科卷下一：「『十』下，有緣開。」（一一二頁下）
　　資持卷下二：「四中，獨簡石蜜。五人得者，若論非時，唯開有病。自餘時中，

不許輒噉。」（三七八頁下）鈔批卷二五：「案十誦云：憍薩羅國諸居士，道中無水處，以水施并施石蜜。六群比丘遊行到此處，但噉石蜜，不飲水。居士言：『何不飲水，獨噉石蜜？』六群報言：『我嗜石蜜，不憙飲水。』居士譏嫌之，諸比丘聞，白佛。佛言：『從今，五時聽噉石蜜。其五是何：一、遠行來，二、若病，三、食少，四、若不得食，五、若施小處。是五時，聽噉石蜜。從今，若不飲水，不聽噉石蜜。若噉，得吉羅。』」（一〇〇五頁上）【案】十誦卷六一，四六二頁上。

〔六七〕若施水處，和水飲之　簡正卷一六：「前四如鈔，今此句當第五故。」（九三九頁上）

〔六八〕飢渴二時，以水和飲　鈔批卷二五：「若准五分，飢時聽食，渴時聽以水和飲也。」（一〇〇五頁上）【案】五分卷二二，一四九頁中。

〔六九〕僧祇　鈔科卷下一：「『僧』下，變造法。」（一一二頁下）簡正卷一六：「此約轉變明之。」（九三九頁上）資持卷下二：「僧祇初明展轉加受。」（三七八頁下）

〔七〇〕食上多得酪，食不盡者，動作生酥，七日受服　鈔批卷二五：「濟云：若有器盛，則得鑽作其蘇（【案】『蘇』疑『酥』。次同。）。若無器盛，即須皮袋盛之，搖作其蘇。搖即是動也。或可只鑽，亦得名動也。」（一〇〇五頁上）簡正卷一六：「動作，即攢作也。」（九三九頁上）資持卷下二：「動，猶轉也。」（三七八頁下）

〔七一〕若長　資持卷下二：「若長，謂猶有餘者。」（三七八頁下）

〔七二〕驗知酥、油，各受，作法，得多七日，不名重受　鈔批卷二五：「立謂：此明雖俱是七日藥，以味別故，名前後得七日，同一味不開重受，由所被無益故。」（一〇〇五頁上）資持卷下二：「古師謂七日（三七八頁下）不開重受。準上體變，得更加受，則知體別，不名重矣。餘如第五門說。」（三七九頁上）

〔七三〕若乞食時，多得酥者，貧病比丘，以細緻氎淨漉取酥，得七日受　資持卷下二：「『若』下，造受差別。初明酥法。須氎漉者，恐雜時食故。」（三七九頁上）鈔批卷二五：「立謂：此是因中彰果之名，非謂食時乞得蘇也，但是食時得酪耳。（一〇〇五頁上）食既不盡，故須時中加記識。擬變為蘇，得七日服。若中前不加記識，過中雖變為蘇，不得復噉，即名不淨。」（一〇〇五頁下）

〔七四〕當對一比丘記識言　資持卷下二：「記識法者，恐忘故，令憶而知之。」（三七九頁上）簡正卷一六：「文云：此時食中，有非時七日藥，淨物生我當受。若

中前加不記識過中，雖變為蘇（【案】『蘇』疑『酥』。）不許服，即名不淨。」
（九三九頁上）扶桑記：「記識法，今且任名言如是釋之，而實逸二過：一過
午失，二轉變失。如鈔不受食戒，第五轉變門中。」（三一九頁下）

〔七五〕若忘悞，不受　簡正卷一六：「謂雖記識，後得淨蘇，忌不對人加受，及不說
淨，亦名不淨。故知記識後得蘇，須加受法，非時受。」（九三九頁上）

〔七六〕若得多油，如酥中說　資持卷下二：「『若得』下，次明油法。如酥說者，即同
漉淨加記等。」（三七九頁上）鈔批卷二五：「立謂：如上蘇（【案】『蘇』疑
『酥』。）中明記識，念當轉作七日油也。此亦因中彰果。還是乞食時，多得
麻，食不盡，加記後轉作油，得七日服。夫言油為七日藥者，皆謂生油，謂將
生麻，押取汁也。今時常用者，炒麻作者，盡屬時食。（濟說。）」（一〇〇五
頁下）

〔七七〕若事緣不得作，如酥中說　鈔批卷二五：「立謂：若不得加『記識』，同上蘇中
云：若過時，是名不淨，更不得服用。」（一〇〇五頁下）

〔七八〕若熊、猪等脂，如上進不　資持卷下二：「『若熊』下，三、明脂法。亦先漉治，
或中前加受，或有緣『記識』，故並指如上。」（三七九頁上）【案】僧祇卷一
〇，三一八頁上。

〔七九〕得甘蔗及果，並如上　資持卷下二：「蔗通非時，七日果局非時。」（三七九頁
上）扶桑記引行宗：「甘蔗通四，以本是時藥。若取清汁，得非時服。若作石
蜜，得七日服。若燒作炭，各終身服。」（三一九頁下）

〔八〇〕鑽　資持卷下二：「鑽即煎也。」（三七九頁上）

〔八一〕八日，犯捨　資持卷下二：「此明記識，即入法限。……問：『前作『記識』及
後成藥，用加受否？』答：『前但憶持，不言藥病。詞中通泛，理必更加。』
『若爾，中間藥成為得幾日？』答：『準上善見，自可明之。』」（三七九頁上）

〔八二〕非時受甘蔗，作法不成　資持卷下二：「伽論作法之言，則通受持記識，二並
不成。」（三七九頁上）簡正卷一六：「甘蔗不成者，謂含時食受不成。既『受』
不成，作『記識法』亦不就。」（九三九頁下）鈔批卷二五：「立明：非時中，
不得加『記識法』也。若時中，受時食擬轉為非時食，要中前加記識。」（一
〇〇五頁下）【案】伽論卷九，六一九頁下。

〔八三〕時內並成　簡正卷一六：「『受』與『記識』俱成，故著『並』字也。」（九三
九頁下）

〔八四〕然蜜味美重　鈔科卷下一：「『然』下，別誡嗜蜜。」（一一二頁中）資持卷下

二：「初明味重過深，經論多舉為喻。復是常人共知，故云凡聖常言也。」（三七九頁上）

〔八五〕**兼得，必彊力劫掠辦之**　簡正卷一六：「謂人力強於蜂虫，白而取故。」（九三九頁下）鈔批卷二五：「謂蜜是劫掠蜂所得，若非重病，不可進口。故宣云：因犢抒乳，卻蜂賊蜜也。」（一〇〇五頁下）資持卷下二：「『兼』下，次明傷慈害命。強力劫掠者，以取時以煙火逐散，奪彼食分，與世劫賊，復何異哉！僧傳云：慧遠法師有疾，六日而困篤。大德耆年皆稽顙，請飲豉酒，弗聽；又請飲米汁，弗聽；又請以蜜和水為漿。乃令律師披卷，尋文得飲以不，展卷未半而終。嗚呼，往哲真大法師！自餘昏庸何足算也！且吾祖律師、荊溪禪師，並以惻隱之深，終身不食。豈非解大乘法、修大乘行者乎！故章服儀云：因犢抒乳，劫蜂賊蜜，比之屠獵，萬計倍之。」（三七九頁上）

〔八六〕**佛受獼猴、無蜂熟蜜等**　簡正卷一六：「祇二十八云：昔有獼猴行，見樹空之中有無蜂熟蜜，來取佛鉢。諸比丘遮，不與取鉢。佛言：『莫遮。此無惡意。』彼將至樹，滿盛一鉢蜜來奉佛。佛知未淨，不受。獼猴不能佛意，將謂有虫，乃看四邊，見有流蜜，及將往水邊洗之，水潛入鉢即成淨，故將來奉佛佛（【案】次『佛』疑剩。）。乃至死後，生忉利天。後出家，成羅漢道也。准此，水潰已，壞味竟，即不長貪。既曰無蜂，即非劫掠。上言無蜂熟蜜者，有兩說：一云：大蜂來喫蜜，傷損此蜜蜂，蜂子畏之，遂拋而去故。二解云：冬月蜂子有便穢在窠中，無人與除，即生虫如指大。此虫食蜜，并蜂乃捨去也。今取此者，故曰無蜂熟蜜。」（九三九頁下）鈔批卷二五：「如前『不受食戒』引者是也。今引此文，證佛唯受無蜂之蜜，故知有蜂者，則不受也。濟云：蜜房處，其蜂常出房外，飛在空中，放屎尿，猶如天雨下。若不是冬月，則不敢出，於桶內大小便。若有人養育，則為掃略其屎，虫則不生。若無人養者，其蜂屎積成聚久，後聚中生虫，頭黑，形如木蝎，大如小指，（一〇〇五頁下）名為蜜賊。此虫出時，專食其蜂，蜂王及少蜂皆以被噉。餘蜂走散，更不復來。此中有蜜，名為無蜂之蜜也。若無客病者，私云：四大違反名客病；三毒結使，名之舊病。」（一〇〇六頁上）【案】僧祇卷二九，四六四頁上。

〔八七〕**呵梨勒**　資持卷下二：「今時所謂『呵子』是也。」（三七九頁上）標釋卷二三：「呵梨勒，外名呵摩勒。是果熟時，其味最美，如細蜂蜜。果形大小，如二斛器。」（七五三頁上）【案】「盡形藥」文分為三：一、『僧祇胡』下；二、「明了論疏」下；三、「十誦淨」下。僧祇卷三，二四五頁。僧祇卷三，二四四頁下。

〔八八〕**頓受** 資持卷下二:「頓受,謂多藥得作一時加也。」(三七九頁上)

〔八九〕**不任為食** 資持卷下二:「以此藥體繁多,不可別舉。但約六味,不任為食,攝無不盡。任,堪也。」(三七九頁上)【案】四分卷四三,八七七頁下。

〔九〇〕**善見** 資持卷下二:「善見初約義定體。」(三七九頁中)簡正卷一六:「『善見』下。據文中有四句:一、一切樹木等,不任為食者,是盡形;二、若堪食,是時藥;三、根是時藥,莖是盡形;四、莖是時藥,根是盡形。戒疏更有生熟四句:一、生熟俱是時藥,(九三九頁下)如米麥等;二、生熟俱盡形,如薑樹等;三、生是時藥,熟是盡形,如梅、蔗等;四、生是盡,熟是時藥,杏仁、芋等是也。」(九四〇頁上)【案】善見卷一六,七八四頁下。

〔九一〕**樹木、草,無問根莖,竝是時藥** 資持卷下二:「『又』下,對時簡辨。初明交雜。」(三七九頁中)

〔九二〕**但令堪食,時藥所攝** 簡正卷一六:「總釋前來根莖等一切草木,無數無邊,不可一一標名。指示但為食者,不問根莖枝葉,時藥所收。不任者,盡形攝也。一切臨境看之,不局一、二也。」(九四〇頁上)

〔九三〕**若病服七日藥,隨病為量** 鈔科卷下一:「『明』下,明制限。」(一一二頁下)簡正卷一六:「謂約法雖云七日,若服至五三,病可,即於以無緣故法謝。惑(【案】『惑』疑『或』。)病雖未可,法藥亦失。」(九四〇頁上)資持卷下二:「初示七日。隨病為量者,以病七日一轉故。」(三七九頁中)

〔九四〕**若無病,復不飢,非時食者,得非時食罪** 資持卷下二:「復不飢者,非謂酥、蜜得用充飢,然雖開病,復須飢空。」(三七九頁中)簡正卷一六:「若無病不飢等,過中一粒入口,並犯正罪。」(九四〇頁上)

〔九五〕**油、蜜、膏亦爾,故論中舉酥等** 簡正卷一六:「油、蜜膏亦爾,同上來隨病為量等。論中舉蘇(【案】『蘇』疑『酥』。次同。)等者,指了論中且舉蘇,以為出法方軌。餘皆例解。」(九四〇頁上)

〔九六〕**終身藥則不爾** 資持卷下二:「明終身是正。科意前引七日,對顯不同。」(三七九頁中)

〔九七〕**客病** 簡正卷一六:「無四大違反之疾也。又不飢渴者,寶云:此名主病,惑(【案】『惑』疑『或』。)云舊疾故。論云,病有二種:一、客病,四大無違;二、主病,飢渴所惱。(玄記云:三毒結使,名為舊病也。)」(九四〇頁上)資持卷下二:「客病即是新病,下云飢渴即為主病。」(三七九頁中)

〔九八〕**淨苦酒,無酒氣、無糟者,過中得飲** 鈔科卷下一:「『十』下,顯離過。」(一

一二頁下）簡正卷一六：「謂上但別鹹、苦、辛、甘，未明酸味，今引明之。以苦酒味酸，人不貪愛，故開飲也。」（九四〇頁上）資持卷下二：「母論制斷有酒兩故，據是時漿。由無酒氣，作非時飲，而在此明，未詳何意。」（三七九頁中）【案】十誦卷五三，三九六頁中。

〔九九〕上來辨者，一切經律，隨事辨體　鈔科卷下一：「『上』下，結斥。」（一一二頁上）簡正卷一六：「隨事辨體者，簡不約法也。若約法論，三聚之中，是色聚攝，假八塵所成，能造四大。所造四塵，於三色中，（九四〇頁上）即可見及不可見，有對色攝，四食之中，是段食也。雖假八塵所成，若取資益義邊，即尅取香、味、觸三為體，但是不可見有對色也。」（九四〇頁上）資持卷下二：「初指前所引。隨事，事即是物。」（三七九頁中）

〔一〇〇〕此宗　資持卷下二：「有不同者則不引故。」（三七九頁中）

〔一〇一〕今有愚夫，非時妄噉　簡正卷一六：「『今有』已下，辨非也。愚夫即迷教之類。」（九四〇頁下）

〔一〇二〕杏子湯　鈔批卷二五：「濟云：生則盡形藥，熟者是時藥，故不許服熟者也。亮云：藥法之中，現言杏子，人聽受作盡形藥也。然南（【案】『南』後疑脫『山』字。）解云『此謂生者，熟則時攝』。今詳不然，豈結集家脫卻生子？今亦有人不許無病、不渴，飲茶湯等。今案律文，千二百比丘一時受石蜜，豈可一時俱有病邪？故知聖開已後，健、病通行，如開淨地及粥等。本為因病，一聽之後，三品通行。」（一〇〇六頁上）【案】「謂」，弘一校改為「諸」。

〔一〇三〕非鹹苦格口　資持卷下二：「顯是甘美利口耳。『格』合作『隔』，礙也。」（三七九頁中）

〔一〇四〕竝出在自心，妄憑聖教　資持卷下二：「『並』下，正斥。初句任意，次句倚濫。彼謂湯藥，非時開故。」（三七九頁中）簡正卷一六：「出在自心者，自己貪心也。妄憑聖教者，虛妄憑記開病之聖教。」（九四〇頁下）

〔一〇五〕不如噉飯，未必長惡　資持卷下二：「『不』下，舉況。飯無異味，不至貪嗜，故舉質之。（愚者又謂『鈔文許噉飯』者，謬矣。）」（三七九頁中）簡正卷一六：「中後已去，人見噉者，必知非法，少有効之。今此杏湯之類，據體即是盡形藥攝，有病便開。」（九四〇頁下）鈔批卷二五：「私云：比丘噉飯，人並知非，無人倣効，但可自損，不增他惡。若噉如上諸物，迷謂是，或能習學引誤將來，因開惡道，自陷陷人，義可知也。」（一〇〇六頁下）

〔一〇六〕引誤後生，罪流長世　資持卷下二：「『引』下，顯過。令他毀犯，相沿不絕，

故云長世。陷他既爾，自損可知。今時多作茯苓丸，形如拳大，煎署預湯，稠如糜粥，非時輒噉，妄謂持齋。以事驗心，即因觀果。」（三七九頁中）

〔一〇七〕次二，六味定　資持卷下二：「『次二』寫重，可除一字。涅槃云，有六種味：一、苦，二、酢，三、甘，四、辛，五、鹹，六、淡。……六味中，缺鹹、淡二味。」（三七九頁中）簡正卷一六：「定者，將此六味，定五種藥量也。」（九四〇頁下）【案】「六味」文分為二：初，「明了論」下；二、「疏云藥」下。

〔一〇八〕五種量　簡正卷一六：「一、依時量，（即時藥；）二、依更量，（即非時藥；）三、七日量，（即七日藥；）四、一期量，（即盡形藥；）五、大開量，（即大小便、灰土水，此於盡形中分出。）世間一切療患，通得藥名，但以此五攝之，無不盡矣。故知攝一切物皆盡。」（九四〇頁下）鈔批卷二五：「律中但有上四，而無第五大開量，但攝在『盡形藥』中。」（一〇〇七頁下）【案】明了，六六九頁中。

〔一〇九〕藥有五種　鈔批卷二五：「『疏云』者，了論疏也。藥有五大種者，即上列五種量也。」（一〇〇七頁下）【案】本節初對味別簡，次對七日總簡。「疏云藥」下分五：初，「疏云藥」下；二、「一切漿」下；三、「酥油蜜」下；四、「甘草等」下；五、「灰土水」下。

〔一一〇〕甘味物中　資持卷下二：「初，對味別簡。六味中，缺鹹、淡二味。甘味中，甘草是盡形，蜜等即七日。」（三七九頁中）

〔一一一〕酸味中　簡正卷一六：「酸中，阿摩勒菓汁，亦是盡形。」（九四〇頁下）資持卷下二：「酸中，果汁是非時。」（三七九頁中）【案】「中」，弘一校注刪。今准上下文，存之。

〔一一二〕辛味中　資持卷下二：「薑、椒等皆盡形。」（三七九頁中）

〔一一三〕一切苦澀物非食，作終身藥　簡正卷一六：「苦味，即一切苦澀，是終身藥。問：『前云六味，今何云不見明鹹淡耶？』（九四〇頁下）答：『鹹局是鹽，唯盡形。淡通四藥，故不論也。』」（九四一頁上）資持卷下二：「苦味不入時食，故唯在終身。」（三七九頁中）

〔一一四〕七日藥外，一切可食物，名依「時量」食　資持卷下二：「次，對七日總簡。以七日體別，同是可食，故除已外，一切名時。」（三七九頁中）

〔一一五〕從平旦至正中為「時」，過此不得食　資持卷下二：「『從』下，顯示時義。若論時及盡形，皆通六味。但時藥微通辛、苦，盡形少於甘肥，非時多是甘、酸，七日唯局甘味。如是求之。」（三七九頁中）

〔一一六〕更量　資持卷下二：「更量者，日中受藥，以五更為限故。」（三七九頁下）
鈔批卷二五：「了疏云：謂晝夜各分五時。夜則五時為五分，晝則均分為五
分，一日一夜合成十分。若受非時一切漿，齊七分內，名為更量。若過七
分，則失受也。如從平旦受至二更，為更量，於此中得飲。過此時，則不得
飲。若於日第二分至三更，為更量，此是經七更。如是漸去，輪轉論之。日
夜十分中，恒從一分至七分為量。私云：計其道理，不得逾經明相，不合不
失受。或可部別，何妨得逾。濟云：得越明相也。大開量中，有腐爛藥，崇
師不許，是屎尿也。西方梵僧，率皆護淨，焉用此為藥？有人難彼，即引藥
犍度云：若是已腐爛藥墮地者，應以器盛水，和之漉受，然後服；若未墮地
者，以器承（原注：『承』本文作『盛』。）之，水和漉服之，不須受。又藥
法中，有外道來出家，聞說四依，便退還本，云護能自觸已物。佛因制受具
已，方說四依。既言已物，明是已身上物也。」（一〇〇七頁下）

〔一一七〕日夜各分五時　簡正卷一六：「謂晝五與夜五，諦遷向後。」（九四一頁上）
資持卷下二：「無論長短，但將一日分為五時，對夜五更。（不可定約寅卯等
時，以夜五更亦不限此時故。若準僧祇，晝夜三十須臾，即三須臾為一時。
且據相等為言。）」（三七九頁下）

〔一一八〕從平旦受，至二更，過則不得服　資持卷下二：「謂盡一更交至二更，受法
即謝。」（三七九頁下）簡正卷一六：「唯得一更盡服，至二更須捨也。」（九
四一頁上）

〔一一九〕如是輪轉，乃至五更　簡正卷一六：「即平旦受至二更盡，辰時至二更，午
時至三更，未時至四更，申時至五更。據文但至五更。」（九四一頁上）資
持卷下二：「謂第二時受即盡，二更至三更謝等。若約四分，但盡非時，今
須依律。」（三七九頁下）

〔一二〇〕此間漬飯為漿，屬時量　資持卷下二：「『此』下，簡濫。漬飯漿，即今之漿
水也。」（三七九頁下）簡正卷一六：「如漿水之類，此局時漿，故簡出也。
七日一期，如文可委。」（九四一頁上）

〔一二一〕大開量　鈔科卷下一：「『灰』下，大開量。」（一一三頁下）簡正卷一六：
「鈔中自釋云：此時中，不問晝夜得服，要即自取，不生過失，故曰『大
開』。是世人所棄，非所受情（原注：『情』一作『惜』。）也。」（九四一頁
上）資持卷下二：「望不制受，故得此名。」（三七九頁下）

〔一二二〕須受灰、土等　資持卷下二：「『四分』下，會異。」（三七九頁下）【案】四

分卷四二，八七一頁上。

〔一二三〕**必無人，準用**　簡正卷一六：「謂約空迴，無淨人處，直爾自取故。」（九四
一頁上）鈔批卷二五：「空迴無人，直爾自取而喫，故曰無人准用也。」（一
〇〇八頁上）

〔一二四〕**轉變**　簡正卷一六：「且約體論。若據見論，藥體既轉，即不合飲也。」（九
四一頁上）【案】本節資持科文為三：一者，「中論云」下；二者，「十誦甘」
下。

〔一二五〕**中論云**　鈔科卷下一：「初，非時轉變。」（一一三頁中）【案】「中」，底本
為「伽」，據中論、大正藏本改、敦煌甲本、敦煌乙本及弘一校注改。中論
卷四，三八頁上。

〔一二六〕**若變為苦酒，還復得飲**　資持卷下二：「準上，無酒氣味。」（三七九頁下）

〔一二七〕**十誦**　鈔科卷下一：「『十』下，時藥轉變。」（一一三頁中）

〔一二八〕**胡麻同肉法**　鈔批卷二五：「謂麻是時藥，押作油，是七日等也。」（一〇〇
八頁上）資持卷下二：「且約四物，餘可類準。胡麻同肉者，亦通兩轉故。
是知一物，或通四藥，或三或二，轉變不定，隨舉說之。」（三七九頁下）

〔一二九〕**燒為灰名盡形**　鈔批卷二五：「轉改作以開得也。若分數俱等，力勢相似。」
（一〇〇八頁上）

〔一三〇〕**相和**　簡正卷一六：「相和辨體也。」（九四一頁上）【案】初，「薩婆多」下；
二、「若分數」下。

〔一三一〕**四藥相和，從彊而服**　簡正卷一六：「若准四分，於四藥中，時藥最強，盡形
最劣。若多論，即據藥分多者為強，少者為弱。今先明四分五句：一、『時藥』
和『時藥』、『非時』和『時藥』、『七日』和『時藥』、『盡形』和『時藥』，皆
作時藥服，即此從時強也；二、『非時』和『非時藥』、『七日』和『非時藥』、
『盡形』和『非時藥』，皆作非時藥受；三、以『七日藥』及『盡形』和『七
日』，（九四一頁上）作七日藥受服；四、『盡形』但自作『盡形』受服也。今
鈔之引論，約多分諸強，據藥分相須明也。律取滋味，將下就上為言。從『若
以時』下，先明『七日』相和。『由七日』下，釋成也。『如以下』顯相也。辨
盡形藥亦爾。如文可知。『若以終身』下，明助成時藥，分相可知。『若分數俱
等』下，約勢分相似，隨首標名，如紫苑瓦（【案】『瓦』疑『丸』。）、柴胡飲
子、薰青、白木丸散之類。」（九四一頁下）【案】多論卷六，五三九頁中。

〔一三二〕**若以時藥、終身藥，助成七日藥，作七日服**　鈔科卷下一：「初，不等從強。」

（一一三頁中～下）資持卷下二：「相和中。不等有三，前明七日。初立義。」
（三七九頁下）

〔一三三〕如以酥、乳和葶藶子作丸者是　資持卷下二：「『如』下，示相。酥是七日
乳，是時藥。浸豆麥者，即用豆麥浸去其毒後。」（三七九頁下）扶桑記：
「爾雅釋草曰：『葶，葶藶。注：實葉似芥，一名狗薺。疏陶注：今近道亦
有母，則狗薺子，細黃至苦是也。』」（三二一頁上）

〔一三四〕烏　【案】底本作「鳥」，據大正藏本、敦煌甲本、敦煌乙本、敦煌丙本、
文義及弘一校注改。

〔一三五〕若分數俱等、力勢相似，以藥首標名者　鈔科卷下一：「『若』下，俱等從
首。」（一一三頁下）資持卷下二：「唯據盡形為言。初，立義。」（三七九
頁下）鈔批卷二五：「謂依方件名為首也。如三建丸，還以三建為藥分之首，
從首立名。」（一〇〇八頁上）

〔一三六〕餘者，「藥分」稱之　資持卷下二：「即通四藥。」（三七九頁下）

二、置藥處所，即結淨也

略分四門。

一、制意〔一〕者

良由眾生報力不同，上、中、下別。若上達之徒，身力資彊，制令
分衛〔二〕；隨緣少欲，得濟形命，志存道業，不假儲畜。中、下之流，
情同上士〔三〕，而力劣不堪，必須資具，方能進策。是以大聖慈憫，因
困餓死，方開結之〔四〕，同界別處〔五〕。

釋淨名者。以飲食繁穢，同處生患；今既別結，情無儲畜，食不生
罪，故名為「淨」。若同處長貪，違教受業，業是穢因〔六〕，名「不淨」
也。此從緣說淨，非對穢以明〔七〕也。

二、列數作法者

有四種淨〔八〕：

一者籬牆不周淨。

四分云：半有籬障，多無籬障，都無籬障〔九〕，謂露地也。非儲積
相，故開之。必三面有院，開一面者，攝食義彊，亦同有罪。廚舍孤立，有院同之
〔一〇〕。垣、牆、塹、柵，亦如是〔一一〕。竝非牆得周匝，隨共成相〔一二〕。

二檀越淨者

有三：一、食具是他物〔一三〕。律云：自今已去，當作檀越食，令淨

人賞〔一四〕舉，不得自受。若有所須，隨意索取。二、處所是他物〔一五〕。故云：若為僧作伽藍，未施與僧。雖食在中，不名有犯。三、食、處俱是〔一六〕。謂處所他有，食具是他，不屬僧用也。此三，名他物淨，要真非假；今多託冒，自誑自負，非法有罪〔一七〕。十誦：瓶沙王施僧粥田，比丘上場〔一八〕。佛言：「未分者，應上〔一九〕；分竟，不應上〔二〇〕，犯吉羅。」王崩，比丘見無檀越，謂犯宿、煮，佛言：「闍王替處，不名有犯〔二一〕。」準此例，餘皆犯〔二二〕。僧祇：婆羅門送粥米施佛、僧，以於僧住處作〔二三〕故。佛言：「內宿、內煮，不聽食。」故知，屬僧即同僧法，非檀越淨。

三處分淨者

四分：若檀越、若經營比丘〔二四〕，為僧作伽藍時，處分〔二五〕如是言——「某處為僧作淨地。」僧祇〔二六〕：若作新住處，營事比丘及僧未住。初夜前，以繩量度，分齊爾許，僧住爾許，淨屋受之，不得過初夜。四分：經明相〔二七〕。若檀越言「莫預處分，我未施僧」，此則同他物淨。五分：作新住處，未有淨屋〔二八〕，當先指某處作淨地，以食置中，然後僧住。若經明相，出則不成。善見：云何結淨屋？初豎柱時云「此處為僧作淨屋〔二九〕」。三說已，乃豎之。餘者亦爾〔三〇〕。不爾，就一柱上加法亦成。若已成者，喚本主，語令隨指一處為僧作淨屋〔三一〕。若無者，聚落有老宿，召來遣作，不解者教之〔三二〕。

四白二結者

謂僧伽藍院相周帀，比丘在中，有宿煮過〔三三〕。不問住之久近，隨處結之，除去比丘〔三四〕。毗尼母云〔三五〕：大界內無淨廚者，一切宿食不得食，乃至藥草亦爾。

四分：因餓死比丘故，聽在伽藍內邊房靜處結作〔三六〕。必在作法界上，不同處分〔三七〕。五分：諸比丘欲羯磨一房、一角、半房、半角、中庭，或通結坊內作淨地，並聽〔三八〕；若通結〔三九〕者，羯磨云：「此住處共住、共布薩，僧今結淨地，除某處。」謂僧住、行、來房舍等〔四〇〕。準此，徧界中果菜無過〔四一〕。明相出，在舍下〔四二〕。又云：「必依地起，不在架屋上〔四三〕。」僧祇〔四四〕：若一覆別隔〔四五〕、通隔別覆〔四六〕、通覆通隔〔四七〕、別覆別隔〔四八〕，一邊、二邊、三邊〔四九〕，隔道兩邊作淨、中間不淨〔五〇〕，如是一切竝得。

準此作法，羯磨文中，必須明指委曲〔五一〕。結竟，榜示顯處，令主客了之。律中，客問「何者淨地、何者不淨地〔五二〕」。

三、加法中〔五三〕

四淨：二種不作〔五四〕；如上明之〔五五〕。處分一法，別人指示〔五六〕，如前已明；羯磨結者，在僧界內〔五七〕，先示處所，懸指結取〔五八〕。所以不得坐中結〔五九〕者，古師云：「以食望僧，是攝是障〔六〇〕；故須遙結，在中相雜〔六一〕。以僧望僧，非攝非障〔六二〕。」淨地有僧，不免別眾。

律令唱處所〔六三〕。應一比丘起唱云：「大德僧聽：我比丘為僧唱淨地處所。」若房，若處，若溫室，若堂等，隨其結處，任境唱之，然後坐訖。亦不牒唱人名入羯磨〔六四〕也。次索欲問和已，白二云〔六五〕：「大德僧聽：若僧時到，僧忍聽。僧今於某處結淨地〔六六〕。白如是。大德僧聽：僧今結某處作淨地。誰諸長老忍『僧結某處作淨地』者默然，誰不忍者說。僧已忍『僧結某處作淨地』竟。僧忍默然故，是事如是持。」僧祇：內作淨廚，不得糩汁盪器，水流出外〔六七〕。有緣須解〔六八〕者。律無文，義準反結即成〔六九〕。應云：「大德僧聽：若僧時到，僧忍聽。僧今解某處淨地。白如是。大德僧聽：僧今解某處淨地。誰諸長老忍『僧解某處淨地』者默然。誰不忍者說。僧已忍『解某處淨地』竟，僧忍默然故，是事如是持。」

四、雜出料簡〔七〇〕者

檀越淨、不周淨，此二處不問內外、晝夜，同宿、煮者，無過，但不得觸〔七一〕。若處分、羯磨二淨〔七二〕，通比丘在內檢校〔七三〕，唯護明相。若與同處，唯壞食具〔七四〕，更須翻食器令淨〔七五〕，有宿、煮過也。

若治故處作處分者。祇云：僧住寺中，過初夜而欲作處分淨〔七六〕者，要住處破〔七七〕，經國土亂，新王未立〔七八〕，爾時便得受作。若此緣無，但令住處及聚落〔七九〕，俱停廢二年〔八〇〕，得名處分。若復不受作處分淨，停可食物，內宿、內煮。

問：「結淨竟，得中看煮，何為不犯內煮〔八一〕？」答〔八二〕：「煮是隨處，大界無人亦犯〔八三〕；宿是逐人〔八四〕，二界無人不犯〔八五〕。」

【校釋】

〔一〕制意　鈔批卷二五：「礪云：寔由行者，報力優劣。上根之徒，報力資強，受持乞食，知足修道，本不假淨地，開於貯畜。但中、下等輩，報力漸劣，不堪

乞食，是以隨報，開結淨處，離於二內，資神長道。初緣開病，一聽已後，三
品通行，此是聖者，誘恤（訓『憂』）投機，故有斯法。羯磨疏云：言制意者，
良由在生資報，三品殊途，故使適化，立教非一。然則上報堅強，風骨雅正，
投知量投乞，便濟形苦。林谷是託，四海為寄。如斯之徒，未假儲畜。中人已
下，形報疎微，制令分衛，終喪溝壑。若不開濟，容墜道業。如緣中，因病致
死，故開結之。（一〇八頁上）初雖約緣，終備三等，欲使通濟病苦，不限
康羸，道存為本，斯教興也。」（一〇八頁下）

〔二〕**制令分衛**　資持卷下二：「初，總示根器不同。『若』下，別明立教有異。初，
敘上根從制。分衛即乞食。經音義云：正言『儐荼波多』，此云『團墮』。言行
乞食，團墮在缽中也。」（三七九頁下）

〔三〕**中下之流，情同上士**　資持卷下二：「『中』『下』須開。言情同者，謂心雖慕
上，力不及故。」（三七九頁下）

〔四〕**因困餓死，方開結之**　資持卷下二：「藥法中云：時有吐下比丘，使舍衛城人
煮粥。時有因緣，城門開晚，未及得粥便死。諸比丘白佛。佛言：『聽在僧伽
藍內結淨地。』」（三七九頁下）【案】四分卷四三，八七四頁下。

〔五〕**同界別處**　簡正卷一六：「在藍內故是同界，邊房靜處結作，即是別處。古今
諸記皆問云：『結淨地，免幾過患？』答：『若不結淨，同界而宿，有內宿過。
又，於界中煮食，是內煮過。今若結竟，離此二過也。』又問：『為但約界，
有斯二過，伽藍亦有？』答：『解說不定。一師云：界有宿煮，約藍則無，以
文云不得大界，同宿及煮也。二師云：約藍則有，（九四一頁下）約界則無。
以文云伽藍內結淨地也。』已上兩釋，俱非正義。今云：藍界俱有，亦不局
藍，亦不局界。以律文云『不得大界內宿煮』，此約院周之界，不局作法結成
之者。縱徒作法結成，若無院相，不成儲畜，無於過識。院雖周迊，未結攝
僧，單是伽藍，亦是宿攝，能生過故。准下文云『多無籬障，都無籬障』，並
不攝食。故知藍相周成，即有攝食如也。」（九四二頁上）鈔批卷二五：「謂同
一大界，邊房靜處結也。」（一〇八頁下）

〔六〕**業是穢因**　簡正卷一六：「由同處長貪違教，有宿煮過為因，當招惡果之報，
是以詺此食，為不淨也。」（九四二頁上）

〔七〕**此從緣說淨，非對穢以明**　簡正卷一六：「傍破古非也。古云淨者，對翻穢以
立名。今云牒此淨地之緣，入於羯磨法內結成已，後免於宿煮之過，即名為
淨。不是對翻穢食，令得淨潔以彰名也。」（九四二頁上）鈔批卷二五：「立

謂：既結已後，無有宿煮之過，令諸比丘得清淨食，無有罪故，故稱淨也。此從因緣立名，非謂對穢而得名也。礪釋名曰：准規定，局食鄣僧，加以羯磨，故名為結。既人食有殊，無其宿煮，食不生罪，稱之為淨。從處彰名，故名淨地也。羯磨疏云：具四義故，方名為淨。一者，由斯貯畜，增貪長慢，名污淨心；二者，外道俗流，生譏致謗，名污淨信；三、既同宿煮，能生多罪，名污淨戒；四、現結集因，來受苦報，食噉不淨。永離香潔，名污淨果。」（一〇八頁下）資持卷下二：「『此』下，遮濫。言從緣者，如上所釋，但取離過故。非對穢者，世愚多謂不結地穢故。」（三七九頁下）

〔八〕**四種淨**　資持卷下二：「列數通四種，作法局後二。」（三七九頁下）

〔九〕**半有籬障，多無籬障，都無籬障**　資持卷下二：「不周中。四分：前約籬、障二，合以明三相。障，即板壁等物。半有者，二方障也。多無者，一方有也。都無，如文釋也。」（三八〇頁上）【案】資持釋文中「不周」義即不是周圍全部有遮擋地的方。

〔一〇〕**廚舍孤立，有院同之**　簡正卷一六：「謂伽藍院相雖不周，而廚屋四面，院相周迊，比丘在此廚內與食同宿，亦同有遇（【案】『遇』疑『過』。）。」（九四二頁上）鈔批卷二五：「謂雖是孤舍，以四面三面有壁，即是攝食。只諸此四壁，名為有院也。」（一〇八頁下）資持卷下二：「謂寺雖不周，而廚有院者。」（三八〇頁上）

〔一一〕**垣、牆、塹、柵，亦如是**　資持卷下二：「『垣牆』下，指略餘相。總上六種，各有三相。疏云：約文附事，則十八處是也。」（三八〇頁上）簡正卷一六：「『是』，謂此等相若周比丘在內同宿，皆有其過，故云『如是』。」（九四二頁上）

〔一二〕**竝非牆得周匝，隨共成相**　簡正卷一六：「謂不必要須四面皆牆、皆籬，惑（【案】『惑』疑『或』。）一面牆、一邊籬、兩邊柵等，但便四相圓合，即有煮宿之過，便成周義也。」（九四二頁上）鈔批卷二五：「謂不必要四面皆籬、皆牆，但一邊籬、一邊牆、一邊塹、一邊柵，亦成周匝。准羯磨疏中（一〇八頁下）立二百五句，通是開文，謂約淨法。文中有四：一、籬牆不周，二、檀越淨，三、處分淨，四、羯磨淨。就初有五，謂：垣、牆、柵、籬、塹。就此五中，一个具有三句：一、半無，二、多無，三、都無。此三並非院相周也。垣既有三，籬、牆、塹、柵各三，合成十五。檀越、處分、羯磨三種，配成十八句。此是根本，單直作十八句，約此相配，得二百五句。且將垣中三

句，謂：半有、多無、都無，并檀越、處分、羯磨，是六句也。單數是六句，若二二合，得十五句，四合得六句，五合得三句，六合得一句，總成四十一句。垣既四十一，餘『籬』等四，各四十一。五个四十，應是二百句。一五如五，又得五句，合成二百五句，通是開文。上釋第一『籬墻不周』義竟。已下第二，正明『檀越淨』也。」（一○○九頁上）資持卷下二：「注中遮疑。恐謂四面俱牆，可為周匝，餘物相參，便謂不周，故得或作等。」（三八○頁上）

〔一三〕食具是他物　簡正卷一六：「此句據食是施主者，處屬於僧。俗人將米麵等物來幾（【案】『幾』疑『寺』。）中，寄常住處修設。既不付僧，俗自為主，縱共宿，無犯。」（九四二頁下）資持卷下二：「初，食是他物，處是己有。即施主寄食，僧界隨用施僧也。食具即所食之物。」（三八○頁上）

〔一四〕賞　扶桑記：「準律應作『掌』，或借音。」（三二二頁上）

〔一五〕處所是他物　簡正卷一六：「此句約處所屬俗，其中食具屬僧。由似今時施主，為僧製造小私邑伽藍，雖標意為僧。作成，四面院相周迊，而未決微（原注：『微』疑『徹』。）永捨，此則屬他。檀越其內有食，比丘共宿，亦無過也。」（九四二頁下）資持卷下二：「處是他物，食具己有。如文自顯。」（三八○頁上）

〔一六〕食、處俱是　資持卷下二：「即今俗舍設會供僧也。」（三八○頁上）

〔一七〕今多託冒，自誑自負，非法有罪　資持卷下二：「『今』下，斥非。疏云：若道寺是俗有，即云他淨。（牒彼所計。）一切僧坊，俱非道有，於中盜損，望俗推繩，乃至佛法，咸無福也。（難破。）財物無主，隨施成主，何得仍舊為檀越淨？」（三八○頁上）簡正卷一六：「破古師也。古云寺是俗造，據本屬他，名他物淨。今師難云：『若爾，一切僧坊俱非道，有總合名他物淨，何用別結淨廚？故知，已施僧，便屬僧物。』上言他物，且據未決，施僧開無犯也。」（九四二頁下）鈔批卷二五：「此言對古師故來也。古人言：寺是俗造，約本處所是他，通得名他物淨。羯磨疏破云：『若道寺是俗造，即云他淨，一切僧坊，俱非道有。於中盜損，望俗推繩，財物無在，隨施成主，何得仍舊為檀越淨者（原注：『者』疑『乎』。）？』檀越是施主義也。古來三藏言稍訛，略具足梵音『陀那鉢底』，譯為施主。『陀那』是施，（一○○九頁上）『鉢底』是主。亦有釋云：檀越者，謂由行檀越，度貧乏者，義釋也。私云：如隋家置二禪定寺，此名他物淨，至今望食樓仍在。即日（【案】『日』疑『曰』。）一切屬僧，不得仍依舊也。」（一○○九頁下）

〔一八〕**瓶沙王施僧粥田，比丘上場** 資持卷下二：「引十誦證屬主者成淨。比丘上場，謂場在僧界，貯米在中。」（三八〇頁上）鈔批卷二五：「案十誦云：頻婆娑王請佛及僧，與粥田。諸比丘守穀不肯取，以上場不淨故。佛言：『未分，應上。若分，不應故取；若取，得吉羅。』……私云：言上場者，謂治五穀之場也。謂王捨田與僧作粥，王與僧共營，得稱未分，故在場上。比丘在場上守，或共宿，疑成內宿。佛言：『未與王分，不犯；分竟，成宿。』」（一〇九頁下）【案】十誦卷六一，四五九頁下。

〔一九〕**未分者，應上** 簡正卷一六：「謂王捨用與僧作粥米，未全與比丘，且令比丘管，運得稻上（【案】『上』疑『米』。）於場上。比丘共宿恐犯，生疑，白佛。佛言：『若未分，應上，以未全屬僧。是施主物，故不犯。』」（九四二頁下）

〔二〇〕**分竟，不應上** 簡正卷一六：「謂既分判若干稻米與僧，即屬僧攝，非他物也。若在場上同宿，即犯內宿吉羅故。」（九四二頁下）

〔二一〕**闍王替處，不名有犯** 簡正卷一六：「謂前施屬萍沙王，雖未判是王為主，（九四二頁下）今王崩即無施主。比丘共宿，不知犯不。佛言：『闍王替沙王處，即是施主，不犯。』」（九四三頁上）十誦卷四八，三四七頁中。

〔二二〕**準此例，餘皆犯** 簡正卷一六：「謂若實未全施，僧即不犯。若已施僧決定，便乃假冒妄言，即自誑自負。上且舉稻米為言，准此諸物例上，但使虛妄，並犯。」（九四三頁上）鈔批卷二五：「謂無施主則成犯也。」（一〇九頁下）

〔二三〕**婆羅門送粥米施佛、僧，以於僧住處作** 簡正卷一六：「此段文約施主夜持食具等送來付僧，決心已捨，俗不為主，即屬於僧。若與共宿，即是內宿；於此處煮，又是內煮。故知物、處二俱屬僧，即同僧法也。」（九四三頁上）鈔批卷二五：「立云：以決心屬僧故也。」（一〇九頁下）資持卷下二：「引僧祇證屬僧不成淨，觀斯聖量，足顯非法。」（三八〇頁上）【案】僧祇卷二九，四六二頁下。

〔二四〕**若經營比丘** 簡正卷一六：「謂施主委任比丘勾當，起造寺宇，名為經營也。即此伽藍成就竟，令一知法比丘或施主，臨時指揮三五間舍為安食處，即名淨廚。故云處分淨也。」（九四三頁上）

〔二五〕**處分** 【案】四分此處作「分處」。

〔二六〕**僧祇** 簡正卷一六：「謂前四分但云作伽藍時，處分未明，有僧住即處分不成。今引祇文，未曾有人住即得。若經住已，即處分不成也。准彼律云：時有支尼梵志，為僧作僧坊，令波離先為僧作淨屋，謂制僧未住，初夜即得作處分。若

住過初夜，但名僧住處，不名淨也。」（九四三頁上）資持卷下二：「住中顯示部別，令依本宗。疏云：以初成故，未曾經宿，壅結未多，隨人處分也。」（三八〇頁上）【案】僧祇卷三一，四七七頁下。

〔二七〕**經明相**　鈔批卷二五：「謂祇護食者，既約初夜故，今處分亦在初夜前也。過初夜已，不得作處分淨也。四分護宿約明相，今新造僧坊，未經明相，故得處分淨也。」（一〇〇九頁下）簡正卷一六：「簡濫也。謂四分護衣及食，皆約明相為犯之分齊，（九四三頁上）此即判文有限。若依他，僧祇初夜之文，即成他部之事，太急故不取，故此注簡之。」（九四三頁下）

〔二八〕**作新住處，未有淨屋**　簡正卷一六：「『五分作新住處』已下，即顯五分僧住，未經明相，處分亦成。若已經明相，即不可也。與四分計同，反顯僧祇初夜太急。問：『五分約明，與四分相似，可以依行，故此引來。僧祇太急不依，何假錄安抄內？』答：『有兩說。初，依諸記中解，為簡異持衣。彼律，初夜成護為優，處分淨過，初夜為急。一等初夜衣食，緩急兩緣不同。雖不依行，要須引示。以（【案】『以』疑『次』。）依蜀川解云：抄引祇文，有取捨意。若夜初結犯分齊，即不依行。彼有以繩量度分齊爾許，僧住爾許。淨屋之文，五分無。此故亦須取，但改初夜之言為明相之語，即得。（任情思審。）」（九四三頁下）【案】五分卷二二，一五〇頁上。

〔二九〕**此處為僧作淨屋**　資持卷下二：「善見初句問起。『初』下示法，前明未成。」（三八〇頁上）簡正卷一六：「彼云，比丘棒柱云：『此處為僧作淨屋。』三說。一柱既然，餘柱皆爾。若不能一一處分，只隨於一柱上，處分亦得。」（九四三頁下）【案】善見卷一七，七九五頁中。

〔三〇〕**餘者亦爾**　資持卷下二：「謂餘柱一一三說。」（三八〇頁上）

〔三一〕**若已成者，喚本主，語令隨指一處為僧作淨屋**　簡正卷一六：「『若已成』者，謂是現成屋宇，即依前文處之法也。」（九四三頁下）資持卷下二：「後明已成。白二淨中，須結為二。」（三八〇頁上）

〔三二〕**若無者，聚落有老宿，召來遣作，不解者教之**　簡正卷一六：「俗中耆年之者，若不解，比丘教之。以『處分』通七眾，『羯磨』唯局僧也。」（九四三頁下）鈔批卷二五：「立謂：若無本主，但喚聚落中一老宿，令為處分亦得。若不解法，亦得教之。（一〇〇九頁下）」（一〇一〇頁上）

〔三三〕**僧伽藍院相周帀，比丘在中，有宿煮過**　鈔科卷下一：「初，明須結。」（一一三頁中）資持卷下二：「白二淨中，須結為二。初正明。伽藍者，簡處非他物

也。院周匝者，簡不周也。不問久近，簡處分也。」（三八〇頁上）鈔批卷二五：「礪云：昔解大界有宿，伽藍中無，以界久居，生外譏故，是以文言不得界內煮。又，不聽界內置食，送外後開結淨，故知有二內。『若爾，何故律文僧伽藍內結作淨地？又言邊房靜室，結作淨廚？』答：『此界上僧伽藍故。又一師解：藍有宿，大界中無，以藍有映障故。如祇，始時院內作食廚，糠汁蕩器，惡水流出，致外譏嫌，故知藍中有宿等。又，此文言藍內結淨故。』『若爾，所以復言不聽界內宿等者？』答：『此是僧伽藍界也。今礪師並不同此二解。謂以偏執故，雙是兩釋，以俱有二過。所以爾者，界是久居，藍有蔽障，故單界、單藍，並有二內。互有尚爾，何況俱者！引證可知者。謂今欲引證，亦同前兩師，引律文證不得界內、宿界內煮，及伽藍內結淨地、邊房靜處結淨地等也。』問：『所以自然僧界，不集成別，何故自然空地，無二內者（內宿、內煮。）？』答：『二內解義，就久居譏，過中制故，自然中無也。法事集僧，不約譏制，理須詳遵，故一切成別也。』」（一〇一〇頁上）

〔三四〕不問住之久近，隨處結之，除去比丘　簡正卷一六：「謂此白二所結，不簡有僧住年月近遠，要結即得。不同（九四三頁下）處分，必須新處後來，有人住經明等。除去比丘者，律云，諸比丘作念：『比丘房應結作淨地不？』白佛，言：『應作。除去比丘、比丘尼、式叉，乃至沙彌尼房亦如是。若鬼神廟，亦如得作淨地。』（律文如此。）因茲古師解判不定。初云：結淨地已，比丘不得在淨廚內宿，故云『除去』也。二云：非謂除比丘。此是波難領解之語，謂前言除比丘，我已之知（【案】『之知』疑倒。），未審除比丘房已外，更有餘房。乃至鬼神廟屋，得作淨地不？今師存初釋，不取後義。如諸記中廣破，恐繁不敘。業疏問云：『既結淨了，比丘不得在中，同宿與不結何殊？』答：『若不結者，通界宿皆犯。今若結竟，大界內宿不犯，豈非利益？』引此疏文，故知除去比丘不得在淨地上共宿，斯為定說也。」（九四四頁上）鈔批卷二五：「礪云：律文除去比丘者，非謂除人，云聽作淨地。（一〇一〇頁上）此是對前領解，除去比丘，我已知竟，更問餘人房不故耳。（宣意不爾，可知。）」（一〇一〇頁下）資持卷下二：「除比丘者，結已不容僧住也。」（三八〇頁上）

〔三五〕毗尼母云　資持卷下二：「『毘尼』下，引證。準知無淨地處，不合進口也。」（三八〇頁上）【案】毗尼母卷三，八一四頁下。

〔三六〕因餓死比丘故，聽在伽藍內邊房靜處結作　鈔科卷下一：「初，四分唯別結。」（一一三頁中～下）資持卷下二：「疏云：以道寄清修，食緣繁雜。俗中節士

尚遠庖廚，況出世人！奄蒙庸僕，誠不可也。制在邊鄙，又居幽靜，意可知也。文中但云伽藍，恐謂通於自然，故注簡之。」（三八〇頁上）

〔三七〕**必在作法界上，不同處分** 簡正卷一六：「謂白二結淨也。必須在人法二同界上結之。若直爾自然地上結，不得不同處分淨，即許向自然地上結。恐人濫行，故簡異也。」（九四四頁上）鈔批卷二五：「立謂：白二結淨地，要於僧大界上結。若處分淨，自然地則得，故曰『不同處分』。案五分云：有比丘淨地取土，於不淨地起屋，比丘持食著中，謂以為淨。佛言：『本依地為淨，不淨不得食。』復有比丘不淨地取土，淨地起屋，不敢持食著中，佛言：『聽食，無犯。』」（一〇一〇頁下）

〔三八〕**諸比丘欲羯磨一房、一角、半房、半角、中庭，或通結坊內作淨地，並聽** 鈔科卷下一：「五分通別結。」（一一三頁下）資持卷下二：「五分，初總示兩開。」（三八〇頁上）簡正卷一六：「『五分』下，明結處。」（九四四頁上）彼律食揵度文云：欲羯磨，一房內，次一房齊淄（【案】『淄』五分作『溜』。）處，次中庭，次房一角、或半房，次重屋及通結，或通結坊內作淨，佛皆聽之。先出一房白二法，後通結僧坊內作淨地。」（一〇一〇頁下）簡正卷一六：「文云：『大德僧聽，今以其房，作安淨食處。若僧時到僧忍聽，白如是。』」（九四四頁下）【案】五分卷二二，一五〇頁中。

〔三九〕**通結** 資持卷下二：「『若』下，別示通法。」（三八〇頁上）簡正卷一六：「文云：『大德僧聽，此住處共住共布薩，共得施。僧今結作淨地，除某處。』今抄中略引緣本一句，故云『除某處』。問：『除某處未審，是何處耶？』故下注云：『僧住行來等，是所除之處也。』」（九四四頁下）

〔四〇〕**僧住、行、來房舍等** 資持卷下二：「初明所除。」（三八〇頁上）

〔四一〕**準此，徧界中果菜無過** 資持卷下二：「『準』下，顯通相。」（三八〇頁中）簡正卷一六：「以總是淨地故。」（九四四頁下）

〔四二〕**明相出，在舍下** 資持卷下二：「『明』下，示護宿。『舍下』，即僧住等處也。」（三八〇頁中）簡正卷一六：「比丘即須在本注（【案】『注』疑『住』。）房舍之下，莫出向他淨地中。以通坊結成，牒除之外，總是淨地。必一處有人，餘皆通犯，故須在舍下也。（或有異解者，未詳，故不錄。）此言通結者，寶云：但約多分是淨地，少分是不淨地。羯磨詞中，牒除僧住行來是不淨地，即顯不牒處。雖不一一標名，並是淨地。故若別結，即約少分是淨地，多分是不淨地。羯磨緣中，牒結不牒除。若是淨地，即牒名。在羯磨緣中，反顯不牒處，

總是不淨地故。今抄意存別結，以通結難護也。知之。若准搜玄記中說，（九四四頁下）其通結者，不論僧住行來，遍藍之內，總皆結取，名為通結。遂舉攝衣界為例，謂遍大略，皆是衣界，並有法起，但此處有村之時，不許著衣。村若去者，仍得通護。今此亦爾，牒其二同。遍藍皆有法起，是則現結，未來施僧住房，不得安食，是懸除。今時僧住房中，不得安食，又是現除未來僧者，房空還得安食。後是懸結，不由僧來去，人之食界有增減，但結除障礙也。今云雖舉此例，其理不齊，覽即知非。廣如別破云，但依前釋為正。」（九四五頁上）【案】五分卷二二，一五〇頁中。

〔四三〕**必依地起，不在架屋上** 鈔批卷二五：「謂不得結閣上作淨地也。以界是色法，依地起故。若結地竟，地淨作閣，閣得攝食。若結閣上，則不攝地。以下有僧，還是內宿故。」（一〇一〇頁下）資持卷下二：「『又』下，簡示非法。彼云：机案上、重屋上，作淨犯吉。今時行通結者，不知所以，任意裁之。但由鈔中略示緣相，不具出法，遂致乖謬。然五分白與羯磨例，並四句成法。止於第三句中，具牒緣本，並無第四句。祖師意令例準四分五句揩式，故但出緣句，餘並略之。何以知然？請尋僧網『滅擯羯磨』，足為明準。恐世妄行，故須具出。白云：『大德僧聽：此住處共住共布薩，若僧時到僧忍聽，僧今結淨地除某處。白如是。羯磨云：大德僧聽，此住處共住共布薩，僧今結淨地除某處。誰諸長老忍『僧於此處共住共布薩結淨地除某處』者默然。誰不忍者說。僧已忍『於此處共住共布薩結淨地除某處竟』，僧忍默然故，是事如是持，共住共布薩。』即四分二同，語少異耳。彼文又有共得施。別結，則牒相局處故，不著二同；通結，則遍結。別除，必須先著，即是淨法所依之本。今人堅欲削之：一、公違鈔文；二、濫於別法；三、不曉通結之義。」（三八〇頁下）【案】五分卷二二，一五〇頁中。

〔四四〕**僧祇** 鈔科卷下一：「僧祇別結。」（一一三頁下）

〔四五〕**一覆別隔** 鈔批卷二五：「謂同一大堂下，有兩房戶也。」（一〇一〇頁下）資持卷下二：「一覆，即上通屋覆，下別隔斷。」（三八〇頁下）

〔四六〕**通隔別覆** 簡正卷一六：「多屋無別壁，通用隔也。」（九四五頁上）鈔批卷二五：「謂如眾多屋，各無別壁，通用四周大隔。」（一〇一〇頁下）資持卷下二：「通隔，即四周通圍，各別屋覆。」（三八〇頁下）

〔四七〕**通覆通隔** 鈔批卷二五：「如一大堂四周同壁。」（一〇一〇頁下）

〔四八〕**別覆別隔** 簡正卷一六：「別別屋也。」（九四五頁上）鈔批卷二五：「如別別

屋也。」（一〇一〇頁下）

〔四九〕一邊、二邊、三邊　簡正卷一六：「隨其一堂，取一角、三角，任意也。」（九
四五頁上）鈔批卷二五：「謂通其一堂內，取一角、三角，任得也。」（一〇一
〇頁下）資持卷下二：「一、二、三邊，約相連處。」（三八〇頁下）

〔五〇〕隔道兩邊作淨、中間不淨　簡正卷一六：「如一屋內，取兩邊作，留中間作行
路。如此一切，隨比丘意，但分得觸淨即得，故云如此一切並得也。今觀文
勢，謂四分但云隨處作淨，或溫室、食廚、神祀舍、五眾房等，（九四五頁上）
而通別及上、下、中邊，淨不淨相故，引他文共成用。」（九四五頁下）鈔批
卷二五：「謂如一屋內取兩邊作，中間開行路也。」（一〇一〇頁下）資持卷下
二：「隔道兩邊，約相隔處，中間不淨，即大界也。」（三八〇頁下）

〔五一〕準此作法，羯磨文中，必須明指委曲　鈔科卷下一：「『準』下，屬示相。」（一
一三頁中）鈔批卷二五：「礪問：『有多淨地，得合秉一法，結多淨不？』答：
『一一而結，以其各處別故。不同懺罪，罪業雖多，對一行者，故總牒而悔。
（一〇一〇頁下）及持欲使命，故隨能多少，義不類此。可知。』」（一〇一一
頁上）資持卷下二：「令別別牒相，明示分齊也。」（三八〇頁下）

〔五二〕何者淨地、何者不淨地　資持卷下二：「如主客篇引。」（三八〇頁下）【案】
四分卷四九，九三一頁中。

〔五三〕加法中　鈔科卷下一：「在加羯磨。」（一一三頁上）

〔五四〕二種不作　鈔科卷下一：「初，通簡四淨。」（一一三頁上）鈔批卷二五：「立
明：『院相不周淨』并『檀越淨』，此二，無法可作也。」（一〇一一頁上）資
持卷下二：「初，辨作法有無。前二無法，自他分之。」（三八〇頁下）

〔五五〕如上明之　簡正卷一六：「謂指前來『不周』及『檀越』二種，無法可作，上
已明訖。」（九四五頁下）

〔五六〕處分一法，別人指示　簡正卷一六：「通七眾中，隨一人口處分。上之二淨，『檀
越』一種，通於二二（原注：『二』字疑剩）界；『處分淨』，通於諸界，但未有
比丘住，經明相即得。」（九四五頁下）鈔批卷二五：「若處分羯磨，則是有法。」
（一〇一一頁上）資持卷下二：「後二須法，僧別有異。」（三八〇頁下）

〔五七〕羯磨結者，在僧界內　簡正卷一六：「簡不在自然，准（【案】『准』疑『唯』。）
局作法界上結作。」（九四五頁下）

〔五八〕先示處所，懸指結取　簡正卷一六：「即約別結，三處、五處，如廚屋屋（原
注：『屋』字疑剩。）、倉坊、庫院等，牒人羯磨，令人識知也。懸指結取者，

謂遙結之。不同大界戒場，於相內體上坐結也。」（九四五頁下）鈔批卷二五：「羯磨疏云：攝僧界法，同處結成，攝食界法，遙結乃就。何以知之？故文云：僧今於此四方相內結故淨地，云僧今某處也。所以然者，僧界、衣界，攝人同法同處，食界不爾，攝食障僧。若人食同處，加法之時，相中不便，故遙唱結。首疏解大況同上，文繁不列。」（一○一一頁上）資持卷下二：「謂僧在大果（【案】『果』疑『界』。），遙加法也。」（三八○頁下）

〔五九〕**所以不得坐中結**　資持卷下二：「『所』下，示遙結。所以引古釋之。」（三八○頁下）

〔六○〕**以食望僧，是攝是障**　簡正卷一六：「『古師』等者，即魏朝慧光大師也。以食望僧者，以淨地中食望僧身也。是攝者，淨地但攝得食。是障者，障僧不許入中宿也。」（九四五頁下）鈔批卷二五：「解云：淨地是攝食，令僧無罪，故言是『攝』也。障食令僧無內宿，故言是『障』。私云：淨地是攝食，故言是『攝』也。是障者，謂僧不得在內經明相，故云是『障』。言以食望僧者，宣云：謂僧、食兩相望也。賓云：以食望僧，是攝是障者，謂地唯攝食成淨，故云是『攝』；不許僧宿淨地，故曰是『障』。」（一○一一頁上）資持卷下二：「上句，謂將食界望僧以論，是攝食、是障僧。（此句正釋，下句對領。）」（三八○頁下）

〔六一〕**須遙結，在中相雜**　簡正卷一六：「恐與結界相中混雜，謂結大界，本為攝人同處同法。所以文云：僧今於此四方相內結大界。既得在中止中（原注：『中』疑『住』。），故現在中坐結。遙即不成，今淨地本為攝食，不為安僧。若許在中坐結，謂言得在中住。所以文云：結某處作淨地，既不云內，故知懸結也。」（九四五頁下）鈔批卷二五：「首疏問：『結不失衣，得坐標內結，攝食界不得者何？』解云：『衣法隨身無過，離則有愆，是以衣界，本為攝衣，以屬人故，得坐中結。食法近則長貪，遠則無過，是以結時，為欲攝食以障僧，使人食界別。（一○一一頁上）無內宿過，故不得坐中結也。礪亦云：遙結者，表人食有別，不同衣界，制令同處，故在內結也。以律文云：結某處作淨地，明是遙指也。若依古師釋，亦得在中結判成，便引五分遍藍內結者，豈可出界外遙結耶？』首問：『結淨地，何不豎標相？』答：『僧界是寬，又是根本，須知壇畔，食界是狹，根本在他背上起，故不須也。』」（一○一一頁下）

〔六二〕**以僧望僧，非攝非障**　簡正卷一六：「以僧望僧者，以外僧望淨地中僧也。非攝非障者，若大界中作法事，有僧在淨地上，淨地既本不攝僧，名『非攝』也。

僧雖淨廚中，不能障大界中僧，令不犯別眾，故云『非障』。」（九四五頁下）

鈔批卷二五：「以僧望僧者，宣云：謂僧住望淨地也。言非攝非障者，首疏云：淨地不能攝僧，故言『非攝』也。又不能障僧，免大界內，便不犯別眾，故言『非障』。和上解同。又云：以僧望僧，非攝非障者，淨地僧望大界僧也。淨地本非攝僧之界，故曰『非攝』；淨地亦不遮僧，於中作餘羯磨法，故曰『非障』。（前句唯約食辨，此句唯約人辨，高同此解。）又云：此上二句，一向唯於淨地中辨也。謂於淨地，攝食成淨，僧宿成過，非於淨地攝僧，秉法僧來成過，時人多解，唐費功力，並宜棄之。從此已下，明唱處所也。」（一〇一一頁上）資持卷下二：「下句，謂以僧界望僧以論，非攝食、非障僧，必有作法。還集一處，不得別眾，即業疏云：人食同處，加結之時相不中便是也。又有解云：必同淨地，復有何苦。法自簡處，豈同不得等。」（三八〇頁下）

〔六三〕**律令唱處所**　簡正卷一六：「藥揵度文云：應唱房，若溫室、若經行處等，一一唱此字，須知分齊，護宿煮過，不可不唱也。方法如抄文。」（九四六頁上）資持卷下二：「古師不立唱相。律云應唱房名，故云『律令唱』也。」（三八〇頁下）【案】「律令唱處所」下文分為二：初，「律令」下；次，「有緣」下。初又分三：初，「律令唱」下；二、「次索欲」下；三、「僧祇內」下。

〔六四〕**亦不牒唱人名入羯磨**　資持卷下二：「大界羯磨，則牒唱人，但不提名。今淨地中，都不牒故。」（三八〇頁下）

〔六五〕**次索欲問和已，白二云**　鈔科卷下一：「『次』下，正作法。」（一一三頁下）資持卷下二：「白文依律而出。疏云：此是結集缺文，或是覺明漏誦，又可竺念遺筆。比諸結法，義有虧緒，可不鏡乎！（疏文。）必欲準改，當依羯磨牒之。」（三八〇頁下）

〔六六〕**僧今於某處結淨地**　簡正卷一六：「羯磨詞中云是遙指結也。業疏問云：『淨地亦假僧戒，文中何不稱此住處？』答：『僧衣兩攝，莫不用攝，人衣同處。答（原注：『答』疑『若』。）論淨地無結，攝食障人，故不合稱於本住也。』（上依疏文。）或有問云：『如結三處、五處淨地，同一番白二法，被云得不？』『搜玄云：須別別而結。一番白二，只被一處，處既各別，法亦別故。若依天台所稟，亦許得。或處雖有別，一一牒名入法。秉法竟時，隨其多少，皆有法起。舉例：由如一番白四，被三人受戒，三人雖別，一一牒名，顯法竟時，皆納法體。若言不得者，如結十處作淨，須秉十番白二。如此行事，恐不為妙。（已上雙敘二解，隨意置用也。）又搜玄記中，對此依四分做五分，出通結淨

地。白二羯磨，牒其二同。（九四六頁上）文云：『大德僧聽，此住處，同一住處、同一說戒。若僧時到僧忍聽，僧今結作淨地，除僧住處及行來。白如是。羯磨亦爾。』近有兩紙記文，成立其理。所以爾者？謂搜玄於前來通結文中，輒舉衣界為例，許遍藍結，名為通結，其理不齊。今至此別結文中，傍出通結羯磨，故牒其二同，約義有虧，不可秉用。但依抄中出法，文自明矣。」（九四六頁下）

〔六七〕**內作淨廚，不得糒汁盪器，水流出外** 鈔科卷下一：「『僧』下，明各攝。」（一一四頁下）簡正卷一六：「糒，（『敷表』反也。）說文云：米甘汁也。江北名『甘』，江南名『糒』。所以不許流出著（原注：『著』疑『者』。），恐招俗譏，謂僧與食同處也。（或有解云『恐有觸染之過』者，非也。）」（九四六頁下）資持卷下二：「流出外者，即淨地外。大界中，欲冷（【案】『冷』疑『令』。）大界精潔、遮世譏嫌故。彼律因俗訶言『僧住與俗無別』，故制不得。燔，音『番』，淘米汁也。」（三八〇頁下）【案】僧祇卷三一，四七七頁上。

〔六八〕**有緣須解** 鈔科卷下一：「『有』下，解法。」（一一三頁中）簡正卷一六：「謂約移廚改易，故曰有緣。」（九四六頁下）資持卷下二：「或欲改轉重加，故須先解。」（三八〇頁下）

〔六九〕**律無文，義準反結即成** 簡正卷一六：「律但有結文，無於解法。今鈔准三小界，翻結成解，如文列也。表云：然解淨地，各依本法，若白二結，即白二解，處分淨，亦處分解。檀越淨施入僧時，解不周淨，周即解。」（九四六頁下）鈔批卷二五：「然解淨地，各依本法。若處分結者，還處分解；若羯磨結，還羯磨解。（礪判下學解法。）」（一〇一一頁下）

〔七〇〕**雜出料簡** 鈔批卷二五：「因汎明諸部有無。礪云：祇有處分淨法，（一〇一一頁下）十誦但有檀越淨法，何以知之？彼因利昌作供，非時雲起，阿難白佛，佛開房內結淨。外道謗言：『禿居士，亦有廚庫，與我無別。』佛即令僧坊外作食。烟起，多人索，食少。白佛。佛言：『從今不聽作淨地羯磨，作者，吉羅。』又，言瓶沙王死，佛言：『世王代處，不名內宿。』故知有檀越淨法。五分有處分淨、羯磨淨，有他物淨，但有三。無籬墻不周淨，文不具足，似有分明。四分具四淨可知。就四淨中，『處分』及『作法』，此二局，限有彼此之別事有異，食與人別是狹。『他物』與『不周』，此二無分限成，但不得惡觸自煮，無二內，明知是寬。」（一〇一二頁上）

〔七一〕**同宿、煮者，無過，但不得觸** 簡正卷一六：「謂檀越物屬他故，不周淨不生

讖過。是以此二淨，比丘在中宿，則無犯也。但不得觸者，恐有觸者（原注：『恐』等四字疑衍。），恐有觸染之過。」（九四六頁下）資持卷下二：「上明前二淨，同處無過。」（三八〇頁下）

〔七二〕若處分、羯磨二淨　資持卷下二：「『若』下，明後二淨，攝處分齊。」（三八〇頁下）

〔七三〕通比丘在內檢校　簡正卷一六：「此是白二結淨，或日中及夜間在淨地上，撿校看煮等無犯。但明相出時，身不在淨廚即得。」（九四六頁下）資持卷下二：「檢校，如知事料理也。」（三八〇頁下）

〔七四〕唯壞食具　簡正卷一六：「玄云：欲明淨地，不失結法，故著『唯』字。但壞食并食具，由有人同宿，有染觸之過，所以須翻。」（九四七頁上）鈔批卷二五：「私云：所以著『唯』字者，意欲不失淨地法，但壞食并食具。由在淨地宿竟，後要須翻淨。」（一〇一二頁上）

〔七五〕更須翻食器令淨　資持卷下二：「有食亦須翻之。」（三八〇頁下）

〔七六〕過初夜而欲作處分淨　資持卷下二：「顯示故處也。」（三八〇頁下）

〔七七〕要住處破　資持卷下二：「謂僧房荒毀也。」（三八〇頁下）

〔七八〕經國土亂，新王未立　資持卷下二：「未分所屬也。」（三八〇頁下）

〔七九〕住處及聚落　資持卷下二：「住處即僧舍，聚落即僧舍（三八〇頁下）所依處，倚廢二年，荒虛潔靜，還同新處。彼有四句，二互俱非，三句並不得作，故云俱停廢也。若不在聚，但據住處。」（三八〇頁上）

〔八〇〕俱停廢二年　鈔批卷二五：「『立謂：僧村二界，若經荒廢二年，無僧住者，後得作處分淨。祇律十二年方得，此部別不同也。」（一〇一二頁上）

〔八一〕結淨竟，得中看煮，何為不犯內煮　鈔科卷下一：「『問』下，釋通內煮。」（一一四頁中）簡正卷一六：「問意者，因前來文中，許比丘在淨地中撿校看煮等，唯不得經明相，故有斯問也。且不經明相，即免內宿，理不在疑。既在中看煮，何得無於內煮耶？」（九四七頁上）資持卷下二：「前云二淨，通僧在內檢，故此徵之。欲彰宿煮，結犯有異。」（三八〇頁上）

〔八二〕答　資持卷下二：「內煮準據大界中煮。不論人之有無，內宿俱隨人物共處，不問界是僧食。」（三八〇頁上）

〔八三〕煮是隨處，大界無人亦犯　簡正卷一六：「謂內煮約大界，不淨地即有，故云『隨處』也。大界無人亦犯者，若將食大界內，令淨人煮，縱界內無一比丘，亦成內煮。以非煮食處故犯也，即顯淨地中煮食時，比丘在內無過，以淨廚本

－2577－

是煮食之處也。」（九四七頁上）鈔批卷二五：「私云：將食向大界中煮，縱大界全無一僧，亦成內煮，為其煮是隨處，故宿是逐人。若大界安食，無僧宿無犯。礪問：『看煮何故不犯？』答：『有二解。（一〇一二頁上）一解同鈔，謂煮約處等可知。次解，淨人難信。若不開看撿守，無以濟命，是以開看不犯。內煮應避明相，慢故犯內宿。』羯磨疏問：『結淨地竟不得宿，與不結何異？如何開者？』答：『未結通界犯，結竟局僧住。豈非有益邪？』上來段（【案】『段』前疑脫一字。）不同，並釋大門等二『置藥處所』及『結淨地義』竟。已下第二，正明『護淨』之法也。」（一〇一二頁下）

〔八四〕宿是逐人　簡正卷一六：「因便明內宿，約人成犯，有比丘與食，共宿即犯，以逐人故。」（九四七頁上）

〔八五〕二界無人不犯　簡正卷一六：「大界內有食無人，同宿不犯。淨廚中亦爾，故云二界也。即顯內宿，是隨人故。」（九四七頁上）

三、護淨法〔一〕

五門：一、翻淨，二、護淨，三、罪通塞，四、互明淨染，五、儉緣開八事。

初中

若一方別住，維持佛法者，必須結食界，同護淨食〔二〕。此則通凡聖僧路〔三〕，順諸佛本懷〔四〕。今自共宿、捉，貪染叵離者，俗中恒人所恥，何況淨僧食之〔五〕！脫經儉難，因即染汙，後若緣無，理須拱手〔六〕；仍事觸、宿，心初無悔〔七〕者，不信此心，須為師匠〔八〕。欲依聖語而反穢〔九〕者，有四不同：一者緣淨〔一〇〕，二者體淨，三者緣不淨，四者體不淨。

言緣淨者，謂釜器傾溢，佐助料理〔一一〕。佛開為緣，此不須翻。

言體淨者，不容膩器。佛令自得安水燃火〔一二〕，乃至諸僧器未經盛食，體是淨物，無穢可翻。

言體不淨〔一三〕者，此是治生興利。用造佛供僧，制不許禮受。雖不經宿捉翻，亦不合食，由心惡鄙〔一四〕。上三句者，並是正經，文徧如鈔，並不須翻〔一五〕。

緣不淨者：本是淨具，遇緣染汙，故須翻穢令淨。五分〔一六〕：有諸木器，肥膩不淨。以瓦石揩洗，恐破壞者，用沸湯洗之。僧祇：淨人行食，淨器墮比丘鉢中，尋即卻者名淨，停須臾者名不淨〔一七〕。若是

銅器，淨洗用〔一八〕。木器若膩入中者，削刨之；不可用者，當棄。十誦：比丘有膩器，二三度用澡豆洗；故不淨，當以木刮卻，然後澡豆二三徧洗，是淨。餘有不盡〔一九〕者，準以米、麨、油、醬等，於尼寺、俗家、沙彌、淨人處，一石一石更互博之〔二〇〕。雖得本物，以入手兩相捨〔二一〕。善見：故多比丘共一沙彌行，各自擔食。至時自分已，沙彌語比丘言：「今持我食與大德易。」易得已，復展轉乃至下座。若不解者，教之，亦得。準此，展轉翻穢者，成證〔二二〕。若盆、甕等器〔二三〕，有食膩者，釜上蒸之，內外熱徹，膩出即淨。一切銅器磨之；鐵器以火燒內，趣令膩盡；木倉櫃等，削刨泥拭；土倉窖等，隨有更拭；石器者，或以水洗，或以鑴冶，得無殘膩便止。四分：得捉眾僧戶鉤鑰，若杖，若環，若匕，若角杓、銅杓，若浴床，則無觸淨。謂非常服用〔二四〕者。

問：「觸淨何過，佛苦制之〔二五〕？」

答：「佛欲增尚弟子，令行勝行——內有勝法，外行亦勝。如世貴人，安坐受食，不自執勞，以形勝故。二、為現大人相，三世三聖，並不自作〔二六〕，今若宿觸，失聖人法故。三、諸佛立教，通大小乘，俱無宿、煮〔二七〕，如楞伽、十誦所述。四、長貪壞信。五、廢修出業。六、死入糞坑。

「護淨經云〔二八〕：由有宿捉等，眾僧食不淨食，後墮臭屎池中，五百萬世受苦惱竟；復各五百萬世墮猪狗及蜣蜋中，常食不淨；後出為人，生貧窮家，衣食不供。佛告比丘：『眾僧住止之處，作不淨食，不足往食。如法持缽，乞白衣食，是名淨命。』因說知事比丘觸僧淨器及食，食眾僧故，墮餓鬼中，五百餘年，不見漿水。正欲趣廁，護廁鬼神打，不得近。如是廣說因緣。智論〔二九〕：若沙門福田食，以不淨手觸，或先噉，或以不淨物著中，入沸屎地獄中。廣如第十七、八、九卷中。大集日藏分濟龍品中，廣明僧食難近難用〔三〇〕。僧護等經〔三一〕，明非法受用僧物，文廣不具錄。

「通而言之〔三二〕，若無慚愧，輕慢佛語，自物尚犯，何況僧物！深須自勉，可得出期。五百問中，明持戒知事指捱僧器，羅漢代懺苦緣〔三三〕。如是廣知。」

二、護淨法

前護惡觸〔三四〕。

十誦〔三五〕：比丘食竟，以己不淨鉢及食與沙彌、白衣，沙彌、白衣洗鉢竟，還著僧器中，是名淨。一心過與，則無惡觸。準此，器下殘食，令淨人益授，有觸失〔三六〕。五分〔三七〕：若無淨人行食，比丘受已行之〔三八〕；無淨人，御乘行船，比丘亦得〔三九〕。僧祇〔四〇〕：若淨人，持不淨手〔四一〕，謂先捉比丘惡觸食〔四二〕者。行麨飯與僧者，上座一人得不淨〔四三〕，餘人名淨〔四四〕。若淨人持淨麨寫不淨麨上〔四五〕，得抄取上。若不淨麨寫淨麨上，一切不淨。若著淨麨在不淨器中，得扒取中央〔四六〕。若抖擻筐器，一切不淨〔四七〕。十誦：若淨食中著不淨食，應卻者除之，餘者食之。餅果等亦爾。準此，諸扒者，由食相可別者，必淨穢相濫，即應都換之〔四八〕。

僧祇：若曬穀時，比丘在上行者，當腳處使淨人扒去〔四九〕。若難事急，雖蹈無罪〔五〇〕。必天雨無淨人，得自遙擲淨席物覆，捉淨甎石鎮之。忘覆食器亦爾。

若廚屋中有諸酥油瓶、甘蔗、竹葦束〔五一〕，比丘取七日油、蜜，誤瓶，捉淨油瓶來〔五二〕，餘人見，不得即語〔五三〕。待至己，問〔五四〕：「是何等油？」答言：「七日油。」當語：「置地。」不得名字，還得七日受〔五五〕。以誤觸不成故。若令取淨油，俗人不解，誤持七日油來，亦如上法〔五六〕；準口法有失〔五七〕。自餘錯捉亦爾。若言「審悉看灰瓶已持來」，此比丘內手瓶中，錯把淨麨看，故名淨；若還放瓶中，即為不淨。餘並例之。

器中明觸〔五八〕者。一切葉卷是器〔五九〕，舒者非器。盤緣沒麨麥為器。長牀、坐牀、繩牀緻織為器〔六〇〕。船在水中、車駕牛時非器〔六一〕；無者為器。若食時，敷牀、長版、坐牀、褥等〔六二〕，或在甘蔗、蘿蔔、米穀、豆囊等上，令比丘坐，不應動身，亦不得問。若動、問者，一切不淨。由有緣開坐，若動、問成觸〔六三〕。若棧閣上〔六四〕、衣架上〔六五〕，有淨食及衣鉢，若取物，動淨器、食，一切不淨。若閣堅不動者，得。若在船上載十七種穀，上覆以蓬蒢席〔六六〕，比丘得在上坐，不得名字。若為風吹迴波漂在岸〔六七〕者，一切不淨；必繩、篙不離水，名淨。大車上載諸穀，上覆者，比丘得坐上，不得名字，如船中進不〔六八〕。若小車有淨物〔六九〕，若取衣鉢時動車者，一切不淨，當令淨人取。不得以牛在故為淨〔七〇〕。應令淨人先上，比丘後上。若下時，比丘先下。若在

載物車中，忽即車翻離牛者，一切不淨。若牛繩、尾〔七一〕未離車者，名淨。

十誦〔七二〕：比丘與沙彌儋食在道中，食時與沙彌，沙彌還與比丘者，若先不共要，得食〔七三〕，反此不得。使沙彌儋食度水，恐沒溺者，乃至得負儋之〔七四〕，雖捉不犯，至岸莫捉。若不淨器受麨，不應一切棄之，著盂者棄。餘者，同僧祇得食〔七五〕。若以繩綴鉢受熱粥時，內有脂出，應直棄脂處，餘者得食。飯粥羹器傾側，聽佐淨人，正之已，不得復觸。若佐揩淨釜，亦爾。淨人寫酥油瓶傾側，亦爾。人驢牛車等負食傾側，亦爾。天風雨時，淨器物空在露地者，當淨洗手，舉著覆處。此是體淨。四分：若酥油瓶不覆，無淨人者，自手捉蓋，懸置其上。謂緣淨〔七六〕也。若居士持食寄比丘掌舉，後索，還與比丘者，得洗手受之。若鉢盂孔臼，食入中，隨可洗者洗之，餘不出無犯。若入僧中食，無鉢者，聽比座，若僧中有鉢者，借與。亦是體淨。善見：比丘以氣噓淨器者，名觸〔七七〕。五分：酥油瓶卒翻，應自正，勿得離地〔七八〕。若惡人以僧不淨米一把投淨米中，可分者除之〔七九〕，不可分者，趣去一把。四分：自散種子，若生為菜，聽食〔八〇〕；移菜植之，以重生故，亦得。餘果、菜，例同之。若沙彌小，捉淨食過水，聽比丘扶。若上坂〔八一〕，亦得扶。若舉懸淨食，須安牀床几橙等，令得上下。十誦：負淨人上取〔八二〕；大比丘自手觸食，吉羅。有病服「有過藥〔八三〕」者，屏處勿令人見。鼻奈耶：得糝米以待賓〔八四〕。謂令淨人受取〔八五〕。

二明自煮者。

僧祇：若練若處淨人病，無淨人者，得淨穀已，比丘自舂作粥與淨人〔八六〕。淨人若食不盡，不得自食〔八七〕。準十誦，先無共心，一心與者亦得〔八八〕。

僧祇：若淨人難得，比丘欲自作食者，當自洗不受膩器；著水、自然火，令沸。此是體淨。僧器有膩，不合自然火也，誡之〔八九〕。使淨人著米納湯中已，更不得觸〔九〇〕。使淨人煮沸已，得以木橫置地〔九一〕，比丘在上，令淨人置食器木上，口言「受受」。然後自煮令熟，與病人〔九二〕。莫令不受物落中。乃至煮菜令萎，同上作法。薑湯亦不得自煮，以變生故。若乞得冷食，自溫煮，不犯。作食時，淨人小者，得捉其手，教淘、教寫，抒飯〔九三〕等。

三明內宿〔九四〕者。

五分：使淨人於不淨地洗菜，未竟，明相出者，則無犯〔九五〕。四分中：有比丘持食來，覓淨地未得，明相出，不犯〔九六〕。

四明內煮〔九七〕者。若在界內，元為他煮〔九八〕，不專私己。與他有餘，洗手受食。

三、明通塞〔九九〕

分二。

初，四藥〔一○○〕者

若是時藥，定有宿煮〔一○一〕，以資用強，常須服故，餘之三藥，不加法者，一同時藥〔一○二〕。若為病緣而加聖法，則有通局〔一○三〕。

非時藥者，過中，明相未出來，服用皆得〔一○四〕。若明相出〔一○五〕，失其口法，殘宿、惡觸、非時生焉。七日藥者，作法加已，納淨廚中，開無殘宿、惡捉〔一○六〕。八日旦起，具罪如後〔一○七〕。盡形壽者，必是熟死，無生種相，律開內宿、內煮、自煮〔一○八〕。僧祇自煮薑湯結犯者，謂有生分〔一○九〕。準此，唯開三罪，七日不合同宿〔一一○〕。十誦：石蜜漿舉宿，病人開飲。應是難緣。四分「殘宿」，酥油開灌鼻等〔一一一〕。餘不淨藥，不合加法〔一一二〕。十誦正文〔一一三〕。

二、明四過〔一一四〕

先明過相，謂：內宿、內煮、自煮、惡觸。

初中

十誦：有三種人共食宿〔一一五〕，比丘及僧、學悔沙彌等，名內宿也。尼中四人，三人如上，加式叉尼〔一一六〕。四分中，式叉得與大尼過食，不得同宿〔一一七〕。或是無沙彌尼，故開〔一一八〕。內宿者，結淨地已，僧坊內共食宿是〔一一九〕也；都不言淨地有比丘〔一二○〕。內熟者，結淨地已，僧坊內煮者是〔一二一〕；自熟者，大比丘自作，如上三種人，不應食〔一二二〕。惡捉〔一二三〕者，自取果與淨人已，更受噉者是。審不決捨，與他還受，同是惡捉〔一二四〕。薩婆多〔一二五〕：共食宿有三種。受食已，作已有想，共宿、不共宿，經夜吉羅，食則犯提〔一二六〕。是殘宿故。四分中亦同。若自捉食，名惡捉。作已有想，經宿吉羅。若食不受、不捉，直作已有想，經宿食，得吉羅。若他人食，共宿無過〔一二七〕。

二、將此四過，對人、約時、就處、望食以明

初，將內宿〔一二八〕。就「處」者，不通「他物」「不周」二淨〔一二九〕，「處分」「白二」，及界內俱通〔一三〇〕。就「時」，要經明相。就「人」，唯據比丘三人，知有其犯〔一三一〕。律中，「問淨地未得，明相現」；「狗持食來」，「風吹果墮」，律言「不知不犯」〔一三二〕。尼通四人〔一三三〕，並如上。就「食」者，離地物一切通犯〔一三四〕。未離地者：未長足者，不犯；已長足、逢霜等，並是宿限。對四藥論，如上〔一三五〕。

二內煮者。對「處」，淨地並塞〔一三六〕；對「時」，通晝夜〔一三七〕；就「人」，通七眾〔一三八〕；約「食」，通生熟。四藥而言，加法盡形，聽界內宿煮，餘三不合故。僧祇：阿難為佛溫飯，在祇桓門邊〔一三九〕。故知不得界內煮。

三自煮〔一四〇〕者。對「處」，通淨、不淨地；就「時」，通日、夕；就「人」，局大僧三人、尼中有四人；就「食」，論生，佛開重煮故不犯。四藥中，加法盡形亦開〔一四一〕。十誦：若生食，火淨已，得煮。云何淨？乃至火一觸。乃至米〔一四二〕菜等，例準也。冷食重溫。五百問中：若被淨藥，比丘得自合〔一四三〕。

四惡觸。就「處」，通淨、不淨地。就「時」，通日夕〔一四四〕。就「人」者，大僧有多種：一者，一往不受徑捉觸〔一四五〕；二、膩勢相連〔一四六〕；如衣鉢巾襆，不淨洗相染。三、任運失受〔一四七〕；四藥不加法，中後俱失受〔一四八〕；若加法三藥，各隨限即失受〔一四九〕。四、遇緣失受〔一五〇〕；淨人觸牀、器也。五、決意捨失〔一五一〕。如受已不食意，後須，不受而取，得墮。若就沙彌、淨人，但有膩觸〔一五二〕。謂捉比丘鉢已，食膩在手，不洗而捉僧器〔一五三〕。大僧又有四種，不成惡觸：一、為受而捉；如俗器中盛食與比丘，仰手受取前食。雖僧俗兩執，不成惡觸〔一五四〕。鉢中故食亦爾〔一五五〕。二、遇緣失受；淨人觸失〔一五六〕，如法莫觸〔一五七〕，洗手更從受之〔一五八〕。淨人不須洗手〔一五九〕。三、持戒誤捉；四、破戒故觸——並名淨食。更以三句分別〔一六〇〕：一、觸而非惡〔一六一〕。十誦云：持戒比丘誤觸僧食。四分：忘不受果持行，若見淨人，應置地洗手更受〔一六二〕。二、惡而非觸〔一六三〕。十誦：破戒比丘故觸名淨。四分：諸比丘相嫌，故觸他淨食，令得不淨。佛言：不觸者淨；觸者不淨，吉羅〔一六四〕。三、亦觸亦惡。十誦：持戒比丘懈怠〔一六五〕故觸，名不淨。五分：樹上捉果，試看生熟，亦名惡觸〔一六六〕。若就「食」言，通生及熟〔一六七〕。

四、明互覆墮〔一六八〕者

四分中，安食具在樹上，並從根斷〔一六九〕。若樹根在不淨地，枝葉覆淨地，果墮淨地；或為風吹雨打、鳥獸墮者。但使無人觸、知〔一七〇〕，遇緣而墮，雖經明相，不成內宿，謂長足果〔一七一〕也：若不淨地，果菜未長足來，運運重生，則無內宿，隨時而取，得入淨廚。若果菜已離本處者，隨經明相〔一七二〕，比丘若知，即不得食。上來義約，律文不了〔一七三〕。

五分：樹根在淨、不淨地，比丘亦在淨、不淨地，果墮其中，非比丘所為，經宿者得食〔一七四〕。若見果墮非淨地，使淨人拾聚經宿，不知淨、不淨處，聽食〔一七五〕；若知在不淨地，不得食。

僧祇：樹在淨、不淨地，果墮淨地，隨何時取之〔一七六〕。若淨地、不淨地，果落不淨地，應及時納淨廚中〔一七七〕。若不淨地生瓜瓠〔一七八〕者，摘取及時納淨屋中。有運致穀、米、豆〔一七九〕等，準前；並謂比丘不覺在不淨地者，成淨；若知，不淨。四分「知不知」中，大同此律〔一八〇〕。

第五，儉開八事〔一八一〕

四分：為穀米勇貴，人民飢餓，乞食難得，雖得少食，為賊持去〔一八二〕。佛憐愍故，開界內共食宿、內煮、自煮、自取食〔一八三〕，僧俗二食、水陸兩果〔一八四〕，並不作餘食法。若定罪者，應開八罪〔一八五〕：內宿、內煮、自煮、惡觸、不受、足食、殘宿等，三波逸提、四突吉羅。義加壞生〔一八六〕，如水、陸果子，不受而食，豈令淨耶！律云：若時世還賤，故依開食〔一八七〕，佛言：「不得，如法治之。」

十誦云：若飢儉時，食竟，得持殘去〔一八八〕。語施主知〔一八九〕。

【校釋】

〔一〕護淨法　鈔科卷下一：「護淨不同。」（一一四頁上）

〔二〕若一方別住，維持佛法者，必須結食界，同護淨食　鈔科卷下一：「初，敘勸總標。」（一一四頁上）資持卷下二：「翻淨中。初文為三。初敘益。一方別住，謂眾同之處。」（三八一頁上）資持卷下二：「維持佛法者，即弘讚之人。」（三八一頁上）

〔三〕此則通凡聖僧路　簡正卷一六：「既護淨如法，凡聖俱持戒故，俱得同湌，故云通也。」（九四七頁上）鈔批卷二五：「私云：若不護淨，聖僧及持戒凡僧，不來食，是塞也。」（一〇一二頁下）資持卷下二：「通僧路者，隨處可食故。」

（三八一頁上）

〔四〕順諸佛本懷　簡正卷一六：「三世諸佛，立教皆令護淨，今既依教，即順佛意故。」（九四七頁上）

〔五〕今自共宿、捉，貪染叵離者，俗中恒人所恥，何況淨僧食之　資持卷下二：「『今』下，二、斥非。前斥貪噉乖儀。叵，猶不可也。俗中所恥者，儒宗君子尚遠庖廚，故舉以況之。」（三八一頁上）簡正卷一六：「貪染叵離不也，即貪染之心不離。恒人所恥者，俗中云君子不臨廚。『何況』等者，舉俗況道。」（九四七頁上）鈔批卷二五：「俗云：君子不近庖廚，即其義也。」（一○一二頁下）

〔六〕脫經儉難，因即染汙，後若緣無，理須拱手　資持卷下二：「『脫』下，次，斥倚濫開教。因染污者，開宿觸也。若緣無者，謂時豐也。」（三八一頁上）簡正卷一六：「脫，忽也。儉，即八事也。難，即淨人傾例（原注：『例』疑『倒』。下同。）。比丘為扶助，皆是難緣，開無犯也。後若無緣拱手者，謂豐時及非傾例之緣，則不許觸染，故云拱手。」（九四七頁下）鈔批卷二五：「善見律中，儉開宿觸，乞求易得，和順儉文，名為因即染污。或淨人有倒仆難緣，聽比丘扶持器物。若因此投（【案】『投』疑『捉』。），後更不捨，亦名因即染污。後若緣無理須拱手者，此顯上無儉、難二緣，不開也。」（一○一二頁下）【案】「即」，底本為「性」，據大正藏本、貞享本、敦煌甲本、敦煌乙本、敦煌丙本、鈔批及弘一校注改。

〔七〕仍事觸、宿，心初無悔　簡正卷一六：「仍，而也。觸是惡觸，宿是內宿。心初無悔者，謂無上緣不能護淨，共宿觸污。由如有難之初緣，既犯不懺，故云無悔也。」（九四七頁下）資持卷下二：「初，猶都也。此心即觸宿之心，妄心無準，以教範之。即佛所謂當為心師，而勿師心彼不信之，故多自任。」（三八一頁上）

〔八〕不信此心，須為師匠　簡正卷一六：「謂凡夫外道，以心為師，皆被心使，造作眾惡。今佛弟子，不得信任此心，以心無定，須為心作師，故云師匠。」（九四七頁下）鈔批卷二五：「謂不師於心，寧與心為師匠也。」（一○一二頁下）

〔九〕欲依聖語而反穢　簡正卷一六：「謂佛及僧所言皆稱聖語也。」（九四七頁下）資持卷下二：「『欲』下，三、生起。反穢，謂曾染污，以法翻之令淨。」（三八一頁上）

〔一○〕緣淨　鈔批卷二五：「此四句中，唯第三句須翻，餘句不須。既有四句，今即

是初。本是淨具，遇緣染污，故須翻淨。今淨者，且如僧家倉穀，遇緣觸宿，今須翻之，須兩淨人，一人入倉，一人住外。外者為淨人，內者為觸人。可得一羅穀，與他俗人易之。（一○一二頁下）其倉中人，更不得觸。易竟之者，其外邊淨人，更不得觸倉中穢穀。如是展轉相易，得淨物來，別倉安置。所有舊倉，更新上泥雜器皿，或火燒，或刀劋任時。」（一○一三頁上）簡正卷一六：「合辨前後三緣不須翻也。問：『前列名中，緣不淨在第三，體不淨在第四。今釋文中，體不淨卻在第三，緣不淨移安第四者何？』答：『謂取前三，並不用番，故一時明。若緣不淨，由須翻穢，故廣解釋，移安後也。是以文云：上三句並是正經，文遍如鈔等。前列科中，據相番說，前二是淨，後二是不淨。』」（九四七頁下）

〔一一〕佐助料理　資持卷下二：「得佐助者，如下十誦開惡觸也。」（三八一頁上）

〔一二〕佛令自得安水燃火　資持卷下二：「自安水等者，即下僧祇開惡觸自煮，諸僧器等開觸宿。」（三八一頁上）簡正卷一六：「謂銅鐵等不受膩者，准僧祇，許安水燃火也。」（九四七頁下）

〔一三〕體不淨　資持卷下二：「體不淨中。即引多論，穢財造佛，持戒人不得禮供僧、不得受食，亦犯提，至死方淨。」（三八一頁上）

〔一四〕由心惡鄙　資持卷下二：「如隨相引收販之人常顧荒儉、王路隔塞等。」（三八一頁上）

〔一五〕上三句者，並是正經，文徧如鈔，並不須翻　資持卷下二：「『上』下，總示。正經即諸律論。初二不須翻，第三不可翻。」（三八一頁上）簡正卷一六：「並是正經者，即十誦、僧祇等。又（【案】『又』疑『文』。）遍如鈔者，如上下文，一一具引也。」（九四七頁下）

〔一六〕五分　簡正卷一六：「明翻器物令淨之相貌也。」（九四八頁上）【案】「緣不淨」文分為二：初，「緣不淨」下；二、「問觸淨」下。初又分二：初，略示緣相；二、「五分有」下廣引五部。

〔一七〕停須臾者名不淨　簡正卷一六：「謂被鉢中食膩染，致令僧器不淨故。」（九四八頁上）資持卷下二：「須臾者，但取少時。」（三八一頁上）

〔一八〕若是銅器，淨洗用　簡正卷一六：「亦是翻淨相貌。」（九四八頁上）【案】僧祇卷一六，三五七頁下。

〔一九〕餘有不盡　簡正卷一六：「今觀文勢，上來但明僧家多有食具，遇緣成觸，翻之令淨。然此翻淨，義由未盡。又復上文雖辨能盛之具，未（原注：『未』下

疑脫『明』字。）所盛之食，設爾觸染，亦許翻之。如此，兩義未周，更欲引
文廣釋，故生起云『餘有不盡者』。」（九四八頁上）

〔二〇〕一石一石更互博之　簡正卷一六：「正辨翻淨也。雖此是麵、鹽、醬，有染觸
之過，今將往尼等六眾邊迴互，一石搜（【案】『搜』疑『博』）一石等。」（九
四八頁上）資持卷下二：「謂洗器不淨，污染於物，故令轉易。業疏云：隨用
少許，於六眾中展轉博之。（準此不必盡易。）或可類準，轉易令易穢器。」
（三八一頁上）【案】善見卷一六，七八五頁上。

〔二一〕雖得本物，以入手兩相捨　簡正卷一六：「如先得一石與比丘尼，今更將一石
就迴換彼，卻將比丘先得所者將來，即成淨也。謂先付與他時，此作永捨之
心。彼作永得之意，今雖轉易將來，事同新得故也。」（九四八頁上）

〔二二〕展轉翻穢者，成證　簡正卷一六：「謂准前來所引善見，大僧、沙彌易食翻穢
之文，證上六眾，更互轉換，得成淨也。（此約所成之人，良前文未說，今故
明之。）次，能盛之具，前文亦未盡理，今更重明。」（九四八頁上）

〔二三〕若盆、甕等器　資持卷下二：「『若』下，明翻器。」（三八一頁上）

〔二四〕非常服用　簡正卷一六：「釋上四分戶鈎等物。此屬常住，是閑不用者，（九四
八頁上）即得執捉。若家人常捉者，亦不得捉，即是膩勢相連故也。」（九四
八頁下）資持卷下二：「點上七杓。若是常用，亦不得觸。非常用者，即體淨
也。」（三八一頁上）扶桑記：「會正云：『服』當作『受』。」（三二五頁上）

〔二五〕觸淨何過，佛苦制之　資持卷下二：「欲彰聖意，故特問之。」（三八一頁上）

〔二六〕為現大人相，三世三聖，並不自作　資持卷下二：「初科，但制宿觸，則免六
過。三聖即三乘。」（三八一頁中）【案】此處的答語由「佛欲增尚弟子」至「如
是廣知」。答文可細分為三：初，「為現」下直明；二、「護淨」下引證；三、
「通而」下總述。

〔二七〕諸佛立教，通大小乘，俱無宿、煮　鈔批卷二五：「此引二文，釋上大、小乘
二字。『大乘』即楞伽，『小乘』即十誦。十誦斷結淨地，先有應解，未有不應
結，結者吉羅。案楞伽第九卷偈云：若有僧伽藍，寺舍烟不斷，常作種種食，
故為人所作，是名不淨食。如實修行者，不應食是食。又云十誦所述者，案彼
十誦云：先白二，結淨地已，外道譏言：『禿居士舍，倉庫、食廚，與白衣無
別。』因令僧坊外作食。既在露地，乞人來多，食少不足，因復制斷。若作者
得吉，先結者捨之。」（一〇一三頁上）

〔二八〕護淨經云　資持卷下二：「彼云：佛往昔共阿難行，遇值一池，深廣各四十里，

池中有蟲形如蝌蚪。佛語阿難：『此池中蟲者，十方世界本是眾僧，食不淨食，墮此臭穢糞屎池中，常食不淨等。』餘同鈔引。經中，墮蟲、豬、狗、蜣蜋，並五百萬世，故云『各』也。」（三八一頁中）【案】佛說護淨經，大正藏第一七冊，五六五頁上。

〔二九〕智論　簡正卷一六：「智論等者，緣起大同也。」（九四八頁下）資持卷下二：「智論：淨信檀越施僧求福，名福田食。下文指廣，須者檢看。」（三八一頁中）【案】智論卷一六，一七七頁上。

〔三〇〕大集日藏分濟龍品中，廣明僧食難近難用　簡正卷一六：「大集經中，諸龍以佛神力故，得宿命通，知過去。或與僧為親，或因聽法因緣入寺，食於僧食，今受惡報。」（九四八頁下）資持卷下二：「大集濟龍品，彼云：時有一盲龍，舉聲大哭，作如是言：『大聖世尊，願救濟我。我今身中受大苦惱，日夜常為諸蟲咂食，居熱水中，無時暫樂。』佛言：『汝過去世時曾為比丘，毀破禁戒、內懷欺詐、外現善相、廣貪眷屬，弟子眾多，名聲四遠。以是因緣，多得供養，獨受用之。見持戒人，反加惡說。彼人懊惱，如是念言：世世生中，食汝身肉。如是惡業，死生龍中。又，過去無量劫中，在融赤銅地獄中，常為諸蟲食噉。乃至眾中二十六億諸餓龍等，悉皆雨淚，念過去身。雖得出家，備造惡業，經無量身，在三惡道，以餘報故，猶在龍中，受極大苦。』佛語諸龍：『汝可持水，洗如（三八一頁中）來足，令汝殃罪，漸得除滅。』諸龍以手掬水，水皆成火，變作大石，滿於手中。如是至七，亦復如是。佛教立大誓願已，焰火皆滅，乃至八過。以手捧水，洗如來足，至心懺悔。佛記彌勒佛時，當得人身，出家得道等。乃至諸龍得宿命心，自念過去，或為俗人親屬因緣，或聽法因緣，入寺食於僧食等，今受龍報云云。」（三八一頁下）

〔三一〕僧護等經　簡正卷一六：「僧護等經說受蛇形在樹中止，為火燒樹，受於苦痛等。」（一〇一三頁上）資持卷下二：「彼因僧護比丘海邊見諸地獄，多是迦葉佛時，比丘不修戒行，毀壞三寶，貪用僧物，慳吝眾食，不給客僧，故受諸苦。」（三八一頁下）【案】佛說因緣僧護經，大正藏第一七冊，七四九頁中。

〔三二〕通而言之　資持卷下二：「『通』下，總示前後諸文之意。自物犯者，雖是己物，亦從他施。故凡受用，豈容非法。」（三八一頁下）簡正卷一六：「今師戒勸也。」（一〇一三頁上）

〔三三〕明持戒知事指挃僧器，羅漢代懺苦緣　鈔批卷二五：「案彼論云：昔有一比丘，恒知處分，當作飯食，常手指挃器物，言『取是用是』，日日常爾，不懺。

（一○一三頁上）命終之後，墮餓鬼中。有一無著人，於夜上廁，聞呻喚聲。問：『汝是誰？』答：『我是餓鬼。』問：『本作何行，墮餓鬼中？』答：『於此寺中，為僧執事。』問：『汝本精進，何由墮餓鬼中？』答：『持不淨食，與眾僧故。』無著（【案】『著』年疑脫『人』字。下同。）問云：『何不淨食？』答：『眾僧有種種鉢，器器盛食，我以指拄器，教取是用是。既犯墮，經僧三說戒不懺，轉增至重，由是墮餓鬼中。兩手擘胸，裂皮破肉，搏喉吹嘍。』問：『何以擘胸？』答：『虫噉身痛故。』問：『何以嘍喋（原注：『嘍喋』疑『搏喉』。）吹喉？』『以口中有虫故。』問：『何以呻喚？』答：『餓極欲死故。』問：『欲食何物？』答：『意欲食糞。以諸餓鬼推排，不得前，而不能得。』無著報言：『我知奈何。』鬼言：『願眾僧見為呪願。』無著還，向僧說此事。眾僧即為呪願，使得食糞，不復呻喚。故知，大僧不得以手自造飲食。若非僧器，受得行之，與僧無犯。」（一○一三頁下）<u>資持</u>卷下二：「<u>五百問</u>因緣，同前<u>護淨經</u>，持戒尚爾，破戒可知矣。」（三八一頁下）【案】<u>五百問</u>，九七九頁中。

〔三四〕**前護惡觸**　<u>簡正</u>卷一六：「謂出世高僧不許營作，身既不作，手豈念觸？觸得吉羅，招報是惡。由觸得惡，故名惡觸。又，若不受，直爾自捉，亦名惡觸也。」（九四九頁上）<u>鈔批</u>卷二五：「疏云：由觸故惡，故名惡觸也。」（一○一三頁下）【案】「護惡觸」文分為三，如鈔所示。

〔三五〕**十誦**　<u>鈔科</u>卷下一：「初，行食等觸。」（一一四頁中～下）<u>簡正</u>卷一六：「初引<u>十誦</u>，非觸非惡，約不淨器及食過與，似惡觸相，但為與時一心與他。後淨洗，著僧器中，即無惡觸也。」（九四九頁上）【案】本自然段文分為三：一、「十誦比」下；二、「五分若」下；三、「僧祇若」下。

〔三六〕**準此，器下殘食，令淨人益授，有觸失**　<u>資持</u>卷下二：「注文以令他益授，非一心與故。」（三八一頁下）<u>簡正</u>卷一六：「准此上文一心過與，即無惡觸之理，即今器下椀底，有殘飯食及茶湯。若未作決罷之心，更希將來者，即須放安床上，令淨人將去。若親過與他，即名惡觸矣。」（九四九頁上）<u>鈔批</u>卷二五：「謂鉢下有餘食，令淨人益食，本心不捨，鉢下之餘，後得將來，是惡觸過。」（一○一三頁下）

〔三七〕**五分**　<u>鈔科</u>卷下一：「『五』下，受行。」（一一四頁下）<u>簡正</u>卷一六：「次引<u>五分</u>，是觸非惡。」（九四九頁上）【案】<u>五分</u>卷二二，一五二頁下。

〔三八〕**若無淨人行食，比丘受已行之**　<u>簡正</u>卷一六：「既無淨人，比丘為受，故觸而無犯，故非惡也。」（九四九頁上）

〔三九〕無淨人，御乘行船，比丘亦得　鈔批卷二五：「皆謂淨人小，又無譏過之處，開比丘助。若多人處，一向不開。」（一〇一三頁下）資持卷下二：「即一人受已，通及餘人，準須具戒清淨者，如釋相所簡，御乘行船，因而連引。或是船乘運載食具，無人故開。」（三八一頁下）

〔四〇〕僧祇　鈔科卷下一：「『僧』下，除簡。」（一一四頁下）簡正卷一六：「次引僧祇，是惡是觸。」（九四九頁上）

〔四一〕若淨人，持不淨手　簡正卷一六：「轉釋上義也。」（九四九頁上）

〔四二〕先捉比丘惡觸食　資持卷下二：「僧祇初明穢手。注中反顯捉他淨器淨食，則非不淨。」（三八一頁下）

〔四三〕上座一人得不淨　簡正卷一六：「以淨人初把淨食時，染著手中，舊捉惡觸食氣，故上座人名惡觸。」（九四九頁上）

〔四四〕餘人名淨　簡正卷一六：「以惡觸氣分盡故。」（九四九頁上）

〔四五〕若淨人持淨麨寫不淨麨上　資持卷下二：「『若』下，次，明穢食。」（三八一頁下）簡正卷一六：「『若淨人』下，約食與器，淨穢相投，名惡觸相。」（九四九頁上）

〔四六〕若著淨麨在不淨器中，得抓取中央　資持卷下二：「『若著』下，明穢器。」（三八一頁下）

〔四七〕若抖擻筐器，一切不淨　簡正卷一六：「謂上約不動。若抓（『師巾』反，簡也。）取中央，今由抖揀傾，動故雜亂，即一切不淨也。」（一〇一四頁上）資持卷下二：「淨穢相混故。」（三八一頁下）僧祇卷一七，三六〇頁中。

〔四八〕諸抓者，由食相可別者，必淨穢相濫，即應都換之　簡正卷一六：「謂識知了別觸淨，淨則留之，（九四九頁上）觸則除去。若混然相雜，不了觸淨，即一時總換也。」（九四九頁下）

〔四九〕若曬穀時，比丘在上行者，當腳處使淨人抓去　鈔科卷下一：「『僧』下，諸器等觸。」（一一四頁中）簡正卷一六：「此是因緣，非緣成觸，但除是處，已外非觸故。」（九四九頁下）【案】本自然段文分為三：初，「僧祇」下；次，「若廚屋」下；三、「器中明」下。

〔五〇〕若難事急，雖蹈無罪　簡正卷一六：「謂被惡人趁捉，惡獸所逼，走避。雖蹈上過，不成觸，以無心故。後（原注：『後』疑『復』。）是緣難，一切不犯。天雨，忘覆食器等，亦是約（原注：『給』一作『紛』。）緣，不成惡觸故。」（九四九頁下）資持卷下二：「難事天雨，並緣淨故。」（三八一頁下）【案】本節言

諸器。資持科文為二：一者，「若難事」下；二者，「若廚屋」下，（又分三：誤捉淨油瓶、誤持七日油、錯把淨麨看。）【案】僧祇卷一六，三五八頁中。

〔五一〕若廚屋中有諸酥油瓶，甘蔗、竹葦束　鈔科卷下一：「『若』下，錯誤。」（一一四頁中）簡正卷一六：「即淨酥油，及七日酥油瓶，同在一處安置也。甘蔗、竹葦來（【案】『來』疑『束』。）者，甘蔗作石蜜，用竹葦要作盛食器，亦同置淨廚內也。甘蔗、竹葦，置而未論。且說酥（【案】『酥』疑『酥』。）油成觸、不成觸之相狀。」（九四九頁下）

〔五二〕比丘取七日油、蜜，誤瓶，捉淨油瓶來　資持卷下二：「次文為三。初，明比丘誤觸淨物，謂未加法者，不得即語，恐知非誤，即成觸故。」（三八一頁下）簡正卷一六：「謂七日油瓶是加法了者，內淨地中，比丘要即自取。若淨油瓶，是未加法者，但得淨人提。比丘不合，若捉成觸。今比丘本提，取七日油瓶，而意悞持淨油瓶將來也。」（九四九頁下）鈔批卷二五：「案祇云：謂僧伽藍淨廚，有種種物、酥油瓶等。有淨油、有七日油，有比丘語比丘言『汝取七日油來』，比丘誤捉淨油來。比丘雖遙見，知是淨油，不得即語，恐其驚懼破器物故。待來至已，問言：『長老是何等油？』答言：『七日油。』當語『置置』，不得名字，得作七日受持。若教長老取淨油來，比丘誤取七日油來，不得即語。待來至，問言『是何等』，答言『淨油』，當語言『置置』，故名七日油。私云：還得七日受者，意明不成觸，猶得七日服也。」（一〇一四頁上）

〔五三〕餘人見，不得即語　簡正卷一六：「謂比丘見，不得便語他云『汝何故錯將淨油來？』往至已問（原注：『已問』疑『此間』。），彼云『是七日油』者，即知他錯悞，令乃置地，方語彼云：『此是淨油瓶。』」（九四九頁下）

〔五四〕待至己，問　扶桑記：「『問已』準本文，寫倒。」（三二六頁上）【案】底本為「待至問已」，據僧祇、敦煌甲本、敦煌丙本及弘一校注改。

〔五五〕不得名字，還得七日受　簡正卷一六：「謂若未置地，由在手中之時，未得語彼云『是淨油』，便成惡觸故。還得七日受者，注文自釋。以悞取不成惡觸已，後更加法作七日受，得成也。」（九四九頁下）鈔批卷二五：「慈云：不得預語『是淨油瓶』。未至地，言是淨油，即成觸也。」（一〇一四頁上）資持卷下二：「不得名字，亦據未離手時，已離不妨。還得七日者，由不成觸，加受無過。」（三八一頁下）

〔五六〕若令取淨油，俗人不解，誤持七日油來，亦如上法　資持卷下二：「『若令』下，次明淨人誤觸七日。亦如上者，即不得名字。問答置地等，注失口法，義

須再加。」（三八一頁下）簡正卷一六：「謂淨油既未加法，即令淨人取，比丘不得捉，捉成觸故。今俗人往淨屋中，錯持七日油來，亦如上法者，指同前法式也。」（九五〇頁上）

〔五七〕準口法有失　簡正卷一六：「謂此七日油，本不合令俗人捉，捉成觸。今既是迷悞，雖觸無犯，然置地後，不可更觸。比丘從淨人手受已，更對人加法，以前法失故，然勢力但續前日也。甘蔗、竹篿者，前未曾明，今須略解，謂蔗與篿相似，本意令比丘往取竹篿來，今乃錯將甘蔗到，法式亦同前文。其（原注：『其』疑『甘』。）蔗雖觸，以悞不犯也。玄記中云：竹篿可作盛物器，比丘悞捉後作器，不成惡觸者，今詳此釋大悞。」（九五〇頁上）【案】以上僧祇卷一六，三五八頁中。

〔五八〕器中明觸　簡正卷一六：「云器淨者，此有五種：一、菜，二、盤，三、床，四、船，五、車。」（九五〇頁上）

〔五九〕一切葉卷是器　簡正卷一六：「有攝食義也。」（九五〇頁上）

〔六〇〕長牀、坐牀、繩牀緻織為器　資持卷下二：「或繩或藤，密穿之者。」（三八二頁上）

〔六一〕船在水中、車駕牛時非器　簡正卷一六：「車船二種，無牛，在地一定故成器。若觸器，即是觸食。」（九五〇頁上）鈔批卷二五：「案祇第十六：器受者，船在水中非器，在岸上者是器。若車駕牛時非器，無牛時是器。」（一〇一四頁上）【案】「駕」，底本為「驚」，據僧祇改、敦煌甲本、敦煌乙本、敦煌丙本及弘一校注改。僧祇卷一六，三五八頁下。僧祇卷一六，三五八頁下。

〔六二〕若食時，敷牀、長版、坐牀、褥等　資持卷下二：「『若食』下，別明諸觸，有四。初，明坐物。」（三八二頁上）【案】此下所說「諸觸」：坐物、若在棧閣上、若在船上、大小車。

〔六三〕有緣開坐，若動、問成觸　簡正卷一六：「謂在道食時，兼無別坐處，曲開在上坐。若問若動，便成觸也。」（九五〇頁上）鈔批卷二五：「首疏云：義言為有難故開坐。不得身動、口問，成觸。」（一〇一四頁上）

〔六四〕若棧閣上　資持卷下二：「『若棧』下，次明架閣，即以為器。棧（『士板』），棚也。」（三八二頁上）

〔六五〕上　【案】「上」，底本為「土」，據大正藏本改。

〔六六〕若在船上載十七種穀，上覆以蓬蒢席　資持卷下二：「『若在』下，三、明舟船。十七穀如釋相引。蓬，（『巨居』），蒢，（音『除』），蘆蓆也。」（三八二頁上）

〔六七〕風吹迴波漂在岸　資持卷下二：「風波漂岸，即成器故。」（三八二頁上）

〔六八〕如船中進不　簡正卷一六：「船離水名器，今車離牛亦爾，名器也。」（九五〇頁下）資持卷下二：「或停止不行，即為不淨。牛繩未離名淨。」（三八二頁上）

〔六九〕若小車有淨物　資持卷下二：「次明小車。謂比丘身不在車上，但約取物，動即成觸。是以注中，不約牛論。」（三八二頁上）

〔七〇〕不得以牛在故為淨　簡正卷一六：「恐人見牛不離車，謂言非器得觸。今云不得，以不行故，縱牛在亦名器，動便成觸也。」（九五〇頁下）扶桑記：「此亦律文，合作粗字。（不應為注。）」（三二六頁下）

〔七一〕繩、尾　鈔批卷二五：「『立謂：繩是繫牛繩，尾是牛尾，或可只是牛繩頭尾也。」（一〇一四頁上）【案】僧祇卷一六，三五八頁下。

〔七二〕十誦　鈔科卷下一：「『十』下，擔持等躅。」（一一四頁中）資持卷下二：「十誦初明轉淨。」（三八二頁上）簡正卷一六：「初，引十誦，約擔食相染以辨。」（九五〇頁下）【案】本自然段，引文七部。十誦卷六一，四五九頁中。

〔七三〕若先不共要，得食　資持卷下二：「本無心故。」（三八二頁上）

〔七四〕使沙彌檐食度水，恐沒溺者，乃至得負檐之　資持卷下二：「『使』下，次，明緣開。以沙彌小，力不勝故。」（三八二頁上）鈔批卷二五：「直疏引十律云：有浮囊度水，沙彌淨人小。佛言：『使淨人著浮囊上，度到彼岸，莫手觸食，還使淨人投。若水急流，（一〇一四頁上）沙彌為水所漂，比丘捉食，觸者無犯。至岸莫捉，捉得罪也。』」（一〇一四頁下）

〔七五〕同僧祇得食　簡正卷一六：「謂同上祇文。若著淨麨在不淨器中，得抓取中央得食，即同此中著鉢者棄也。」（三八二頁上）

〔七六〕緣淨　鈔批卷二五：「用上風雨為緣也。」（一〇一四頁下）資持卷下二：「點上無淨人也。」（三八二頁上）

〔七七〕比丘以氣噓淨器者，名觸　資持卷下二：「氣噓理須淨洗。噓，呵也。（世有呵手捉經像、衣鉢者，轉增穢也。）」（三八二頁上）【案】善見卷一六，七八五頁中。

〔七八〕酥油瓶卒翻，應自正，勿得離地　資持卷下二：「五分，初是緣淨。」（三八二頁上）【案】五分卷二二，一五二頁下。

〔七九〕若惡人以僧不淨米一把投淨米中，可分者除之　資持卷下二：「『若』下，次明簡除。四分惡心不成觸，此由本是不淨，故須除之。」（三八二頁上）簡正卷

一六：「惡人者，謂破戒比丘，惡心令僧得不淨食也。」（九五〇頁下）

〔八〇〕自散種子，若生為菜，聽食　簡正卷一六：「以變動故無觸也。」（九五〇頁下）資持卷下二：「種子雖觸生菜，體轉移植亦爾。『若』下，次開，佐助同前十誦。」（三八二頁上）【案】四分卷四三，八七五頁上。

〔八一〕上坂　簡正卷一六：「說文云：險，危處也。扶捉等不犯。」（九五〇頁下）資持卷下二：「阪，（音『反』），峻也。」（三八二頁上）

〔八二〕負淨人上取　資持卷下二：「負謂抱負。」（三八二頁上）簡正卷一六：「證上扶捉，助之皆得。」（九五〇頁下）

〔八三〕有過藥　簡正卷一六：「諸記中但云以有患故開服。避譏嫌，恐相劾，故令屏處，而顯其藥體。致有釋云是過限蘇油之類者，非也。今鏡水大德云：藥法文中，比丘病，聽服有過藥，謂是韭、蒜、蔥、薤也。令屏處服，并汙（原注：『汙』疑『行』。）隨順法，七日內不上眾僧廚、不入眾、不誦經呪等。」（九五〇頁下）資持卷下二：「病故開之。（或云五辛者，非。）」（三八二頁上）【案】十誦卷二六，一八五頁上。

〔八四〕得粢米以待賓　正卷一六：「簡非自食。」（九五〇頁下）【案】「待」，底本為「持」，據鼻柰耶、敦煌甲本、敦煌乙本、敦煌丙本及弘一校注改。鼻柰耶卷七，八七九頁中。

〔八五〕令淨人受取　資持卷下二：「注決所開，義非自畜。」（三八二頁上）

〔八六〕比丘自舂作粥與淨人　鈔科卷下一：「初，開為淨人。」（五八七頁上）【案】「護自煮」文，鈔科分為二：初「僧祇若練」下，明與淨人食；次，「僧祇若淨」下，明煮飯法、煮菜法、制薑湯、開溫食、開指教。【案】僧祇卷一七，三六〇頁下。

〔八七〕淨人若食不盡，不得自食　資持卷下二：「開者，非自食故。」（三八二頁上）

〔八八〕準十誦，先無共心，一心與者亦得　簡正卷一六：「前云比丘與沙彌擔食，乃至還與比丘者，先不同要即得，反此不得。今亦如然。（九五〇頁下）一心與他，他食不盡者即得。若初要期『我為汝作，汝食若剩即與我』，涘後有餘故，不許食也。」（九五〇頁上）資持卷下二：「引前沙彌擔食例決。」（三八二頁上）

〔八九〕僧器有膩，不合自然火也，誡之　簡正卷一六：「謂器有食膩，比丘燒火，即成自煮。誡，填（【案】『填』疑『慎』。）也。」（九五〇頁上）

〔九〇〕更不得觸　簡正卷一六：「玄云：不唯不得觸米，亦不得觸火，即成自煮，故

使淨人煮沸。下明既變生相訖，許自重溫，即不犯故。」（九五〇頁上）

〔九一〕**使淨人煮沸已，得以木橫置地**　資持卷下二：「使淨人煮非變生故。須橫木者，表身受故。」（三八二頁上）

〔九二〕**然後自煮令熟，與病人**　資持卷下二：「受已自煮，同溫食故。與病人者，通餘人故，亦得自食，由無過故。次明煮菜，三、制薑湯，四、開溫食，五、開指教。」（三八二頁上）

〔九三〕**抒飯**　資持卷下二：「開指教。抒，謂以箸攪動。」（三八二頁上）

〔九四〕**內宿**　簡正卷一六：「護內宿也。謂人與食同處，經明相名內宿也。」（九五〇頁上）資持卷下二：「內宿中，二律不犯，皆非意故。本律復開不知不犯，如通塞引。」（三八二頁上）

〔九五〕**使淨人於不淨地洗菜，未竟，明相出者，則無犯**　簡正卷一六：「約淨人持食來不淨地，經明相。」（九五〇頁上）【案】五分卷二二，一五二頁下。

〔九六〕**有比丘持食來，覓淨地，未得，明相出，不犯**　簡正卷一六：「約比丘持食來覓淨地，未得明出。已上二種俱非，故作偶爾，經明皆開，不犯內宿也。」（九五〇頁上）【案】四分卷四三，八七六頁下。

〔九七〕**內煮**　簡正卷一六：「護內煮也。界中煮故，名為內煮。」（九五〇頁上）資持卷下二：「開為他者，即是淨人。（三八二頁上）有餘開食，事同自煮。界中煮故，名為內煮。」（三八二頁中）

〔九八〕**元為他煮**　簡正卷一六：「指俗人淨人為『他』。若指別比丘為『他』，『他』豈令食？同是比丘，俱犯內煮也。故文云：一人有過食，一切沙門受大戒者，俱不合食也。」（九五〇頁上）

〔九九〕**通塞**　資持卷下二：「通塞二門，並約有罪為通，無罪名塞。」（三八二頁中）簡正卷一六：「牒名舉數，生罪為通，不生罪為塞。」（九五一頁上）鈔批卷二五：「礪有四種：一、約藥辨通塞，二、約人辨通塞，三、約時辨，四、約處辨通塞也。今文同然。」（一〇一四頁下）

〔一〇〇〕**四藥**　鈔科卷下一：「約四藥對四過明通塞。」（一一五頁上）

〔一〇一〕**若是時藥，定有宿煮**　簡正卷一六：「以無口法，近時之義，同宿即是內宿，界內煮即是內煮。若自為之，兼有自煮。若重，過即得。」（九五一頁上）資持卷下二：「時藥唯通，文舉宿煮具足四過。餘三藥並望，限中名局，過限名通。」（三八二頁中）

〔一〇二〕**餘之三藥，不加法者，一同時藥**　簡正卷一六：「餘三藥者，七日、非時、

盡形。不加法一同時藥者，亦有宿煮等過也。」（九五一頁下）鈔批卷二五：
「謂七日、非時、盡形，若不加口法，則有宿煮等過，同上時藥也。若加法
竟，限未滿無罪，若限滿，便有諸罪生故，言有通有局也。」（一○一四頁
下）

〔一○三〕若為病緣而加聖法，則有通局　簡正卷一六：「隨其藥體，長短分齊，內則
無宿煮之過是局；若過限，並有過罪生即是通。」（九五一頁下）

〔一○四〕過中，明相未出來，服用皆得　簡正卷一六：「此名局也，以無犯故。」（九
五一頁下）

〔一○五〕若明相出　簡正卷一六：「『若明相出』等者，有諸過生，名通也。」（九五
一頁下）鈔批卷二五：「立謂：明相若出，此藥即名殘宿，亦名惡觸，亦名
非時。此言非時者，是非時藥家之非時也。」（一○一四頁下）

〔一○六〕七日藥者，作法加已，納淨廚中，開無殘宿、惡捉　資持卷下二：「非時、
七日限中，唯開惡觸，盡形方開三罪，則通塞可見矣。七日指後，即生罪
中。」（三八二頁中）簡正卷一六：「『七日藥』，加（原注：『加』上鈔有『者
作法』三字）法了，內淨廚中等者是局，以開無犯故。」（九五一頁下）

〔一○七〕八日旦起，具罪如後　簡正卷一六：「有時殘宿、惡觸、犯長等過生，名通
也。必是熟無生相，如椒、薑、呵子之類，並開，宿煮、自煮等不犯。」（九
五一頁下）鈔批卷二五：「立謂：至八日，犯長得墮。又有為非時、殘宿、
惡觸生也，如從（【案】『從』疑『後』。）更明。」（一○一四頁下）

〔一○八〕必是熟死，無生種相，律開內宿、內煮、自煮　扶桑記：「礪疏云：第二生
熟分別，自煮局生，生相生、生熟生，俱成自煮。飾宗解記：生相生者，如
果菜等；生熟生者，如米米麵等。菜須火淨，不犯壞生；米麵不須火淨，不
犯壞生，故別論也。準資覽，盡形藥，唯不開生相生，犯壞生故。若約時藥
二種之生，俱犯自煮，乾熟芋莖等，不許自煮云云。」（三二七頁下）

〔一○九〕僧祇自煮薑湯結犯者，謂有生分　資持卷下二：「『僧』下，決前相違。薑是
盡形，不開自煮故。」（三八二頁中）簡正卷一六：「次引僧祇，下通外難也。
應難曰：『四分既通自煮，何故祇中自煮薑湯亦犯？』鈔通云『謂有生分』。
故必是熟死淨了者，四分開自煮不犯。」（九五一頁下）【案】僧祇卷三一，
四七七頁下。

〔一一○〕唯開三罪，七日不合同宿　簡正卷一六：「注文准之，唯開三罪，七日不合
者，約上盡形，料簡七日，不開同宿。律云，比丘念言：『盡形藥，得界內

共宿、共煮、自煮不？』乃問佛，佛言：『得。』准此開三者，謂隨身療病、
貯畜過微故，不同七日非時也。若准古師，許七日藥同宿。若不開共宿，用
犯法何為？今師云：加法但要近時，本不為於同宿，以此藥味甘美，貪貯情
深故。准前僧祇『若廚屋中有諸蘇油瓶』等，明知七日藥在淨廚內。『若爾，
何以十誦中石蜜漿舉宿開飲耶？』『鈔通云應是難緣，許在房中同宿，（九五
一頁下）不是尋常七日藥也。又引四分，既令將殘宿、蘇油灌鼻，即知同宿
有過，不合加法。』」（九五二頁上）鈔批卷二五：「立謂：此盡形藥，開內
宿、內煮、自煮三罪也。上引祇文云『有生分』者，欲明不得壞生義也。答
（原注：『答』疑『若』）七日藥，不合同宿，必送淨廚中也。」（一〇一四
頁下）資持卷下二：「注文破古。疏云：古師云七日加法，開內宿煮，此無
文也。（非時亦然。）獨盡形藥，律開三罪，故云『唯』也。觸通三藥，故
所不云。下引二律，斥古所執。」（三八二頁中）

〔一一一〕四分「殘宿」，酥油開灌鼻等　資持卷下二：「四分即殘宿食戒開文，唯許外
用。然彼但云宿受，蘇、油義亦通收。」（三八二頁中）【案】四分卷一四，
六六三頁中。

〔一一二〕餘不淨藥，不合加法　資持卷下二：「『餘』下，次通簡藥體。」（三八二頁
中）

〔一一三〕十誦正文　簡正卷一六：「波離問佛：『是三種藥，舉宿及惡捉，得口受不？』
佛言：『不得。』又問：『是三藥，手口二受，不病得服不？』佛言：『不得。』
以此證之，同宿有過也。」（九五二頁上）資持卷下二：「下指十誦。如後受
法中第二科引。彼明『非時』等三藥，故云『餘』也。」（三八二頁中）【案】
十誦卷二六，一九四頁上。

〔一一四〕明四過　鈔科卷下一：「約四過，對四位，明通塞。」（一一五頁上）【案】
「四過」文分為二，如鈔所示。

〔一一五〕有三種人共食宿　鈔科卷下一：「初，引十誦明四過。」（一一五頁中）資持
卷下二：「十誦為二，初示犯人。『比丘』即別人，『僧』即眾僧。」（三八二
頁中）簡正卷一六：「三種人者，先明制宿人也。比丘即一人，約自己與食
同宿犯也。二種僧者，如四分云：今日受已，至明日，一切沙門釋子，受大
界者皆不清淨，此通僧也。學沙彌者，懺重比丘也。此人行違體順，相同故
染也。」（九五二頁上）鈔批卷二五：「謂比丘是一人至三人也。僧者，四人
已上也，并學悔是三人也。明此三人，不得與食同宿、惡觸等也。羯磨疏

云：共三種人，同食宿，（一〇一四頁下）不應食，食得吉羅。初，共比丘者，謂自與食同宿也。二、比丘僧者，謂一具戒者，同宿則通一切，皆被染也。即如四分『殘宿食戒』云：今日受已至明日，一切沙門釋子，受大戒者，皆不清淨，此通僧也。或可釋疑故爾。如衣不淨犯起別人，謂食同此也。衣有別屬，食味是通，故一切染，則通餘也。三、共與學悔者，由行違體順相同故染也。」（一〇一五頁上）【案】初文分二：初，「十誦」下；次，「薩婆多」下。

〔一一六〕尼中四人，三人如上，加式叉尼　鈔批卷二五：「謂比丘尼及尼僧、并學悔尼、及式叉尼。此四人，宿觸亦互不得食。」（一〇一五頁上）資持卷下二：「尼加式又（【案】『又』疑『叉』。）二眾，共七人。」（三八二頁中）【案】十誦卷五三，三九四頁中。

〔一一七〕四分中，式叉得與大尼過食，不得同宿　鈔批卷二五：「立明：無沙彌俗人處，使式叉過食，然不得與式叉同一室宿，及不得與式叉為伴。若兩尼、一式叉，得共行，式叉無罪。若一尼，兩式叉，即不得。」（一〇一五頁上）【案】四分卷四八，九二四頁下。

〔一一八〕或是無沙彌尼，故開　資持卷下二：「以式叉過食，非常開故。」（三八二頁中）簡正卷一六：「謂四分中，式叉得與大尼過食。十誦中，式叉不得與食、共宿。據四分，既許過食同宿，理合不犯。十誦制犯，即知四分是開，未委約何義邊開他過食。所以注文釋通，或無沙彌尼，不可大尼直爾自捉，故開從式又邊受。故反顯，若有尼，沙彌即不合也。」（九五二頁上）

〔一一九〕內宿者，結淨地已，僧坊內共食宿是　簡正卷一六：「正辨內宿。謂既結淨已，只合安在淨地中，人在大界，內宿即不犯。今還將食在界內共宿，名內宿也。」（九五二頁上）鈔批卷二五：「礪釋名云：比丘與食，同處巡夜，名為內宿。又云：比丘與食，若俱若互，在淨地不淨地，約內宿為四句：一、人食俱在不淨地，犯；二、人食俱在淨地，犯；三、人在淨地，食在不淨地，亦犯。此三並成宿。四、人在不淨地，食在淨地。此一句清淨。以第三亦成宿者，以淨不淨，俱界內故。然淨地不攝，食在不淨地，不為淨攝，故亦成宿。（一〇一五頁上）多論直爾宿捉，即犯吉羅，未待服犯。今所論者，謂成過緣時，若據得罪，並約咽，業分齊也。」（一〇一五頁下）資持卷下二：「內宿中。但云僧坊，致有計云『淨地中共宿無過』。而文不了，故注點之。」（三八二頁中）【案】此句及下明「四過」。十誦卷五六，四一三頁上。

〔一二〇〕**都不言淨地有比丘**　簡正卷一六：「為破古也。古云：結淨已，比丘在淨地上宿，（九五二頁上）無內宿。今云：淨地只攝食、不攝人。今若有人共宿，還或（原注：『或』疑『成』。）內宿也。何以知之？故十誦但云『結淨地已，僧坊內共食宿，是內宿』，何處見說淨地有比丘，不犯內宿之文？以淨地無，不合有人故。」（九五二頁下）鈔批卷二五：「勝云：文既不言淨地有宿，明知淨地不許有比丘。若以許者，還同有宿過也。」（一〇一五頁下）

〔一二一〕**內熟者，結淨地已，僧坊內煮者是**　簡正卷一六：「內熟者，即內煮也。結淨地已等者，既有淨地，理合在中煮食，今乃向界內煮，故是犯也。」（九五二頁下）鈔批卷二五：「立謂：僧坊內，縱無比丘亦犯，以煮是逐處故也。」（一〇一五頁下）資持卷下二：「內熟、自熟，熟即煮也。」（三八二頁中）

〔一二二〕**自熟者，大比丘自作，如上三種人不應食**　簡正卷一六：「自熟者，即自煮也。此不論淨不淨地，比丘並不合自手煮食。三種人不食者，比丘及僧、學沙彌，如上來說之，俱成不淨也。」（九五二頁下）鈔批卷二五：「謂比丘自熟，名為自作也。比丘及僧，與學悔不淨食也。」（一〇一五頁下）

〔一二三〕**惡捉**　資持卷下二：「惡捉多種，且據一相。」（三八二頁中）簡正卷一六：「惡捉者，即惡觸也。」（九五二頁下）

〔一二四〕**審不決捨，與他還受，同是惡捉**　簡正卷一六：「先受惡捉者，應是約先受已，被淨人觸床之類，即成先受。比丘又捉，即成惡捉也。」（九五二頁下）資持卷下二：「注中顯示必須決捨，再受無過。」（三八二頁中）

〔一二五〕**薩婆多**　鈔科卷下一：「引婆論，明共宿。」（一一五頁中）簡正卷一六：「薩婆多三句：初，受不自捉，二、自捉不受，三、不受不捉。」（一〇一五頁下）【案】多論卷七，五五一頁下。

〔一二六〕**受食已，作己有想，共宿不共宿，經夜吉羅，食則犯提**　資持卷下二：「即內宿罪。初不共宿，亦吉者，疏云：以心貯畜故犯，四分無文，義豈通許。」（三八二頁中）

〔一二七〕**若他人食，共宿無過**　簡正卷一六：「指餘六眾也。」（九五二頁下）鈔批卷二五：「若他人食共宿無過者，勝云：除比丘及僧學悔，外望餘流為他人也。」（一〇一五頁下）

〔一二八〕**內宿**　資持卷下二：「對顯中。內宿對處，三處有犯。」（三八二頁中）

〔一二九〕**不通「他物」「不周」二淨**　簡正卷一六：「約處辨也。『他物』屬俗故，『不周』藍相不成。二處無內宿也。」（九五二頁下）鈔批卷二五：「謂『他物』

淨』，及『院相不周淨』。此二淨地，無內宿之過也。」（一〇一五頁下）

〔一三〇〕**「處分」「白二」，及界內俱通**　簡正卷一六：「此二處約藍相周，縱是大界，亦須是有院相。大界於此二，即有內宿過也。」（九五二頁下）鈔批卷二五：「謂處分淨地，與羯磨淨地并大界內，通有內宿罪也。」

〔一三一〕**唯據比丘三人，知有其犯**　簡正卷一六：「如上說也。知有犯者，謂明白心知界內有食與食同宿。若不知，無心違教，雖與共宿，即不犯。」（九五二頁下）資持卷下二：「三人唯據大僧。知有犯者，不知不犯。下引文示可見。」（三八二頁中）鈔批卷二五：「立謂：上三人中，隨一人共食宿竟，餘人若知有此事，不合食。若不知，得食不犯。私云：明上三人知界內有食，與食同宿，是內宿過。若雖與食同宿，心中謂無，都不知者，故應不犯。」（一〇一五頁下）

〔一三二〕**狗持食來，風吹果墮，律言「不知不犯」**　資持卷下二：「狗持、風吹，皆謂食在大界。『律』字誤，合作『佛言』。」（三八二頁中）【案】四分卷四三，八七六頁中～下。

〔一三三〕**尼通四人**　鈔批卷二五：「三人同大僧，足（【案】『足』疑『加』。）式叉也。」（一〇一六頁上）

〔一三四〕**離地物一切通犯**　資持卷下二：「食中有三：初，明離地，不論長足；二、未離地，須簡長足，如果、菜等，生分未絕，皆無內宿；三、簡四藥，唯除盡形是塞，三藥皆犯為通。」（三八二頁中）

〔一三五〕**對四藥論，如上**　簡正卷一六：「如前文說盡形無內宿。餘三皆有，可知。」（九五三頁上）

〔一三六〕**對「處」，淨地並塞**　簡正卷一六：「四種淨，皆無犯為塞。」（九五三頁上）鈔批卷二五：「謂在淨地內，看煮不犯也。亦可直道淨地內，定無內煮，故曰並塞。所以著『並』字者，謂四種淨地齊塞，（一〇一五頁下）故言『並』也。」（一〇一六頁上）資持卷下二：「對『處』，唯大界中犯，故淨地並塞。」（三八二頁中）

〔一三七〕**對「時」，通晝夜**　簡正卷一六：「對『時』，通晝夜。但使在界內，不問日夜，皆犯也。」（九五三頁上）

〔一三八〕**就「人」，通七眾**　簡正卷一六：「但在藍周大界中，七眾為比丘煮，名『內煮』，不得食。」（九五三頁上）鈔批卷二五：「謂在家二眾、出家五眾，在大界內，為比丘煮，同是內煮也。」（一〇一六頁上）資持卷下二：此據能

造。（三八二頁中）若論食犯，唯局三人。」（三八二頁下）

〔一三九〕阿難為佛溫飯，在祇桓門邊　鈔批卷二五：「引此文證亦不得在界內煮時食也。唯『盡形』一藥，開界內煮，餘三不開。其阿難溫飯，鈔指祇文，撿祇不見，疑是錯指。案十誦云：佛在舍衛國，有一居士請佛及僧。諸比丘往訃（【案】『訃』疑『赴』。），佛自不去。阿難為佛迎食分，其飯不熟。阿難思惟：『世尊若食此飯，或發冷病。』即持薪火，於祇洹門間煮熟。時佛經行見，問言：『汝作何事？』答言：『飯不大熟。世尊若食，恐動冷患，我今更煮。』佛言：『善哉！此飯如是，更煮應法。從今日，食冷聽更煮。若生食，聽火淨已得煮。』」（一○一六頁上）簡正卷一六：「今引此，既將出寺門外重溫，明知不許界內，恐成內煮也。」（九五三頁上）

〔一四○〕自煮　簡正卷一六：「辨自煮。不論淨地，但比丘自變生為熟，即是自煮。」（九五三頁上）

〔一四一〕四藥中，加法盡形亦開　資持卷下二：「四藥唯開盡形，自煮亦爾。自煮中，約食變生成犯。」（三八二頁下）

〔一四二〕米　【案】「米」，底本為「采」，據宮本、文義及弘一校注改。

〔一四三〕若被淨藥，比丘得自合　簡正卷一六：「約有生相之者，以火作淨了，自合不犯。」（九五三頁上）資持卷下二：「五百問：被淨言通，應是火淨生物。」（三八二頁下）【案】五百問，九八一頁中。

〔一四四〕就「時」，通日夕　簡正卷一六：「次約時，不問晝夜，但觸著，便成惡觸也，皆犯也。」（九五三頁上）【案】「惡觸」文分為四，分別就處、時、人、食而言。

〔一四五〕一往不受徑捉觸　資持卷下二：「就人中，初科又二：前明自觸具五，決意不食，即失受法；若欲再噉，理須重受。」（三八二頁下）簡正卷一六：「謂約本未曾受，而自經捉成觸也。」（九五三頁上）鈔批卷二五：「有多種。一者，不受而觸可知。由觸故惡，故言惡觸；亦云由觸得惡，名為惡觸；又云不受而捉，稱為惡觸。」（一○一六頁上）【案】就「人」，文分為三：初，「一者」下；二、「大僧」下，又分二；三、「更以」下。

〔一四六〕膩勢相連　簡正卷一六：「據食巾上，有昨日食膩不淨洗，（九五三頁上）將今日淨食於上，即被染污成觸也。」（九五三頁下）鈔批卷二五：「且如比丘食肉，染他僧家食具。又如比丘衣物不淨，用僧盆、瓶，洗濯是也。以巾上、衣上具有，不受而捉，惡觸之罪。將此惡觸之巾，染他僧家淨器，故云膩

勢相連也。」（一〇一六頁上）

〔一四七〕**任運失受**　簡正卷一六：「約時過故，任運失受。若不觸、非惡觸，今失受已又觸，遂成惡觸故。」（九五三頁下）鈔批卷二五：「立謂：四藥過限失受，即生惡觸，非時殘宿生也。私云：遇緣失，前觸非觸，前宿非宿，為此故有惡觸等生，更不得復服。」（一〇一六頁下）

〔一四八〕**四藥不加法，中後俱失受**　鈔批卷二五：「謂既失受竟，則有任運惡觸生，須知此是惡觸門中明義。」（一〇一六頁下）簡正卷一六：「時藥本分失。餘三藥，無口法近時，故中後亦失也。」（九五三頁下）【案】「中」即中午。

〔一四九〕**若加法三藥，各隨限即失受**　鈔批卷二五：「謂七日藥，過至八日，非時藥，經明相出。盡形藥病差，雖不失受，以不合服故，任運惡觸生也。此上任運失受竟，即有惡觸生也。礪云：若過七日，先本觸宿，成今觸宿等緣也。謂過七日，任運失受，無法可防。望前七日內宿觸，是今日宿觸之緣也。崇破任運觸宿之義云：過七日後，將限內宿觸為緣，故使限滿有宿觸罪者，亦可身病得法離衣，多時離宿。限滿之後，用前離宿之緣，今得離衣之罪。今限滿之後，不離衣宿，不說有罪，我亦七日之後，不觸不宿，如何有任運之罪也？又，若七日之內無宿觸罪，過七日已，有宿觸生者，亦可七日之內，既不須受，過七日已，應有受法生唎（【案】『唎』疑『也』。）。（高云：此難亦緊，或可如此。）」（一〇一六頁下）簡正卷一六：「謂非時、七日、盡形加口法者。各隨限失者，謂未過限即未失，若限滿，任運自失。七日藥至八日，非時藥過明相，盡形藥命終時失受，故文云盡形藥。若命未斷，一切比丘得食。若斷失受，諸比丘不得食。問：『七日、非時，過限失受，有惡觸生即不疑；此盡形藥，比丘已死，但有失受，亦如文。何更有惡觸？』玄記答云：『為論三藥俱有，過限失受。若約惡觸，盡形即無也。』」（九五三頁下）

〔一五〇〕**遇緣失受**　簡正卷一六：「玄云：此元為辨惡觸，今但言失受，謂因失受，後捉成觸也。」（九五三頁下）鈔批卷二五：「且問：『既明惡觸，何乃明失受耶？』答：『此因中辨果也。（一〇一六頁下）謂因此失受，比丘後捉，即是惡觸。』」（一〇一七頁上）

〔一五一〕**決意捨失**　簡正卷一六：「謂作永不食心，後因捉時成惡觸，得吉。若食得，不受食捉。」（九五三頁下）鈔批卷二五：「此謂既作絕心捨，更捉是惡觸吉，即食又得不受提。」（一〇一七頁上）

〔一五二〕若就沙彌、淨人，但有膩觸　資持卷下二：「『若』下，次明他觸唯一。」（三八二頁下）簡正卷一六：「彼沙彌自捉師膩器，後更捉僧家器具，即是膩觸故。」（九五三頁下）

〔一五三〕謂捉比丘鉢已，食膩在手，不洗而捉僧器　鈔批卷二五：「立謂：如比丘食被觸失受已，便更手觸，名為惡觸，更令淨人過之。其惡觸膩氣，污淨人手。淨人持此觸手，往捉僧家之食器等，是名而執僧器也。」（一〇一七頁上）

〔一五四〕雖僧俗兩執，不成惡觸　簡正卷一六：「謂淨人過食與比丘時，比丘捉淨人手由未放，豈非兩執？此為受而捉，不成觸惡也。」（九五三頁下）鈔批卷二五：「立謂：淨人過食與比丘時，其手未放，比丘受之手捉，是二捉也，非惡觸耳。」（一〇一七頁上）

〔一五五〕鉢中故食亦爾　簡正卷一六：「謂比丘鉢底先有殘食，（九五三頁下）淨人持食來授等。雖觸著鉢內餘食，亦不成觸，為受故爾。鉢中故食亦爾者，其鉢中食亦不失受，謂僧手執故。」（九五四頁上）鈔批卷二五：「謂上云受他俗人食時，僧與俗人共執，非惡觸者，今若淨人行食時，比丘鉢底有餘殘，彼淨人行食投鉢中，觸前餘者，亦非惡觸，由比丘手持故。」（一〇一七頁上）資持卷下二：「初句注云故食亦爾，謂一心度與淨人，雖經兩捉，亦不成觸，如前所明。誤觸非作意故，觸非好心，故並不成。」（三八二頁下）

〔一五六〕淨人觸失　簡正卷一六：「正釋遇緣也。」（九五四頁上）鈔批卷二五：「此中若淨人觸，失受已去，比丘更勿觸此食，則是淨，但更須受。若未受即觸者，即是惡觸，即須洗手，方得受餘淨食。以手中有惡觸食故，又須淨人。若既捉此惡觸鉢授與比丘已，更不洗手，觸僧家食器等，通染惡觸也。必須洗手，方得免觸僧之器具也。」（一〇一七頁上）

〔一五七〕如法莫觸　簡正卷一六：「謂此食已被他觸，失受法。比丘若觸，亦即成惡觸，亦受不成。今既不觸此食無過，名為如法也。」（九五四頁上）

〔一五八〕洗手更從受之　簡正卷一六：「即同新受故，須洗手淨心故。」（九五四頁上）

〔一五九〕淨人不須洗手　簡正卷一六：「無觸惡故不須也。」（九五四頁上）

〔一六〇〕更以三句分別　鈔批卷二五：「一、觸而非惡等者。礪亦云：有三種：一惡心觸。欲令他得不淨食罪。佛言：觸者自不淨，不觸者淨。二持戒誤觸（原注：『觸』疑『捉』。）。三懈怠觸。謂不謹護，輒觸是也。此上三種，前二

非觸，第三是觸故。十誦云：一、破戒人故觸，二、持戒誤觸，俱淨應食。非此二人，即是第三，持戒懈怠心觸是觸也。此四分准文，義亦應爾。上言第一惡人雖觸，為遮惱亂，善比丘故望他非觸故。文言觸者，是不淨，不觸者淨。第二，好人誤觸，無情過故，又非惡觸也。是以律文忘不受食，便持後憶。佛言：若見淨人，應置地更受。第三，成觸者。以非惡心，不同初人，復非謹護，有其情過。又異第二，故成觸緣，因此作四句分別：一、惡而非觸，謂是初人故觸，望他不成者是；二、觸而非惡，謂第二人持戒誤觸是者；謂（【案】『謂』前疑脫『三』字。）惡心故觸自望者，是故懈怠者是；四、俱非者，清淨食也。今鈔但有三句，闕不作。」（一〇一七頁下）

〔一六一〕觸而非惡　簡正卷一六：「前一惺忘，無其情過，故開非惡。若見淨人，應置地者，謂前迷惺，今見淨人，方憶未受，便即置地無犯。」（九五四頁上）【案】參加十誦卷五三，三九四頁下。

〔一六二〕忘不受果持行，若見淨人，應置地洗手更受　資持卷下二：「四分忘者，亦即開誤。又前僧祇，誤持七日油等並同。」（三八二頁下）簡正卷一六：「洗手更受者，義同於新，亦表心淨。或可恐前惺觸之時，所捉食菓有膩氣故，是以洗手。」（九五四頁上）【案】四分卷四三，八七六頁上。

〔一六三〕惡而非觸　簡正卷一六：「謂約破戒人惡心故作，而諸善比丘雖食，開無觸罪也。」（九五四頁上）

〔一六四〕不觸者淨；觸者不淨，吉羅　簡正卷一六：「即持戒比丘，不故心觸，不犯者，名淨。觸者不淨，吉羅者，謂破戒比丘，惡心觸故，後自得此食喫，即成惡觸，犯吉也。上來是惡，非獨義故。」（九五四頁上）資持卷下二：「不觸淨者，謂餘人得食，觸不成故。觸者不淨，即惡心人獨成污故。」（三八二頁下）【案】四分卷四三，八七五頁中。

〔一六五〕懈怠　簡正卷一六：「懈慢佛教，怠墮不奉，得便捉，不論觸淨。」（九五四頁上）

〔一六六〕樹上捉果，試看生熟，亦名惡觸　簡正卷一六：「此亦怠墮之心，不遵故犯。」（九五四頁上）【案】五分卷二二，一五二頁中。

〔一六七〕通生及熟　鈔科卷下一：「『若』下，就食。」（一一五頁下）簡正卷一六：「生如米、麥等。熟即餅、菓等是。」（九五四頁下）資持卷下二：「三藥加受，通無惡觸。」（三八二頁下）

〔一六八〕互覆墮　鈔科卷下一：「互明淨染。」（一一五頁上）簡正卷一六：「此段

文須分開說，先明互覆，次說互墮。初互覆者，謂樹在淨、不淨地，枝葉互覆二地。若於上安食具及菓等，皆從根判也。故業疏云：依其本地，有淨、不淨；不依所覆，有淨、不淨。以互墮者，謂子、菓互落二地，即約義別論。律云：時有樹根在不淨地，枝葉覆淨地、菓墮淨地，諸比丘不知淨不淨。佛言：『若無人觸，自落者淨。』又，風吹雨打落、獼猴諸鳥觸墮，佛言：『若不作意使墮，名淨。』又云：若樹在淨地，菓落不淨地。佛言……（原注：『言』下疑有脫文。）（已上律文。）」（九五四頁下）鈔批卷二五：「覆是蔭覆，墮是墮落。約下文，果子樹在淨、不淨地，果子互有墮落也，樹則互有蔭覆等故。礪云：更互相蔭，更互相墮。言相蔭者，從根以判。言相墮者，（一〇一七頁下）據果長足墮地等也，皆約淨不淨地。反對而明，故曰『互』也。」（一〇一八頁上）資持卷下二：「根依兩界，枝覆果墮，則有互也。準下諸文，在樹並從根判，墮落皆據知論。」（三八二頁下）【案】「互覆墮」即是「互覆」和「互墮」，如根生於於淨不淨地，葉覆於淨不淨地，果墮於淨不淨地，共六種情況。加之於人，其相更多。本處四分卷四三，八七五頁。

〔一六九〕**安食具在樹上，並從根斷**　資持卷下二：「初明安食。律因大界有樹生，枝覆淨地，諸比丘欲安物著上。佛言：『根在不淨地，即是不淨。』又，樹在淨地，枝覆大界，比丘欲安食物。佛言：『根在淨地得食。』故云從根斷也。」（三八二頁下）

〔一七〇〕**使無人觸、知**　資持卷下二：「律云：若不作意，欲使墮者淨，故云不成內宿。（又云：樹在淨地，果墮不淨地，比丘不知，佛言淨。文中不引。）」（三八二頁下）

〔一七一〕**長足果**　鈔批卷二五：「羯磨疏云：果長足既久，作意欲墮，有貯畜心，便成內宿。若不作意，則無心畜。雖長足自墮，不成同宿。」（一〇一八頁上）資持卷下二：「據墮淨地，本無有過。但根在大界，果熟不收，疑恐成犯，故下須約長足以論。『謂』下，義判有二。初約未離，須分足與未足。」（三八二頁下）

〔一七二〕**若果菜已離本處者，隨經明相**　資持卷下二：「『若』下，次約已離，則不分之。」（三八二頁下）

〔一七三〕**上來義約，律文不了**　簡正卷一六：「謂前不淨地菓墮淨地中，何得有過，而用論之。今所論者，約菓墮不淨地中，中有比丘，恐成內宿，要須論也。

所言不作意墮者,謂無心貯畜,任運自墮,非情過也。又,律文不云不知,又不云經明成宿,是不了處。又,文中但一向從根斷淨、不淨,不言長足、不長足。隨經明相知不知義者,不了也。今師云:若未長足,又未離地,重生不住,在不淨非犯。若雖長足,離地已經明相,不知長足不長足,淨地不淨地,成宿不成宿者,亦不犯。以無心貯畜,(九五四頁下)又不知故,得食。」(九五五頁上)鈔批卷二五:「謂若准律文,但云諸比丘在不淨地。種胡荽、甘蔗、菜,枝葉蔭覆淨地,比丘不知淨不,佛言『不淨』。在淨地種,蔭覆不淨地,佛言『淨』。約律文不言長足未成淨不淨,鈔家義決耳。」(一〇一八頁上)

〔一七四〕樹根在淨、不淨地,比丘亦在淨、不淨地,果墮其中,非比丘所為,經宿者得食　鈔批卷二五:「立謂:在淨不淨中間地上,以比丘知淨地限齊故,非內宿也。」(一〇一八頁上)資持卷下二:「五分初明淨不淨地,即人物俱在二界之間。非所為者,謂非作意觸等。」(三八二頁下)簡正卷一六:「謂前已淨,四分為非。今引外宗,證成不濫。所云樹根在淨不淨地,比丘亦在淨不淨地者,觀其文意,須約菓樹半在淨地、半在不淨地,比丘身亦半在淨地、半在不淨地。菓墮其中,謂還墮淨不淨地也。菓墮其中者,謂墮淨、不淨兩種地中也。非比丘所為,是一緣。見果落非淨地,使淨人捨聚,又是一緣。經宿白佛,佛言因制:『若不知淨與不淨,聽食;若知,不得食。』證前兩段,菓菜、長足在淨不淨地,比丘同處知不知義也。」(九五五頁上)【案】此處五分卷二二,一五二頁中、下。

〔一七五〕若見果墮非淨地,使淨人拾聚經宿,不知淨、不淨處,聽食　資持卷下二:「『若』下,次明物在不淨地,約知不知。初,引緣。『不』下,佛斷。」(三八二頁下)

〔一七六〕樹在淨、不淨地,果墮淨地,隨何時取之　簡正卷一六:「『僧祇』下,四句:一、若不淨地生菓,蔭覆淨地,菓落淨地;二、若淨地生菓,還覆淨地,菓落淨地。此之二句,墮(原注:『墮』疑『隨』。)何時取,無內宿也。三、若淨地生菓,覆不淨地,菓落不淨。四、若不淨地生菓,還覆不淨地,菓落不淨地。此二句,應及時內(【案】『內』疑『納』。)淨屋中。鈔文但引兩句,釋成前義也。隨何時取者,既落淨地,不限時節,任三日、五日不取,並不犯,故云隨何時也。(有錯解義者,云云。)」(九五五頁上)鈔批卷二五:「祇云:樹在不淨地,果墮淨地。祇云:若不淨地生果,蔭覆淨地,果

落淨地。若淨地生果，還覆淨地，果落淨地。此二句隨何時取無過。下二句類之。隨何時取之者，既墮淨地，任三日、五日，不取不犯，故言隨何時也。」（一○一八頁上）資持卷下二：「僧祇前明生長，同上『從根』。」（三八二頁下）【案】僧祇卷三一，四七七頁中。

〔一七七〕若淨地、不淨地，果落不淨地，應及時納淨廚中　簡正卷一六：「准文合及初夜時過，此即不淨。今鈔雖引來限約，須依四分及明相未出時，內淨地中即得。引此文為釋前不淨地菓落淨地上，本分不犯。（九五五頁上）何須料簡！」（九五五頁下）鈔批卷二五：「謂不得經明相前為時也。准祇文，及時內淨屋中，過初夜即名不淨。鈔家不引者，取當部約明相故。」（一○一八頁上）

〔一七八〕瓜瓠　簡正卷一六：「此是長足芥瓠，顯後段未長足，在不淨地非犯。」（九五五頁下）

〔一七九〕運致穀、米、豆　簡正卷一六：「謂若運致穀、米、豆等在不淨地，准前五分知不知說。」（九五五頁下）資持卷下二：「穀米準同，亦謂及時入淨廚也。」（三八二頁下）

〔一八○〕大同此律　簡正卷一六：「謂四分受戒法中，知和尚犯戒等四句，約不知故，開得戒，知即不得。五分淨地，約知不知，有犯無犯。若望事境雖殊，約知即不得，不知即得，無別故曰大同也。」（九五五頁下）

〔一八一〕儉開八事　鈔批卷二五：「礪云：二內、自煮、不受，四個餘食法，為八也。義兼惡觸，謂既開不受，應無惡觸，事雖有八，論罪唯提、吉。前三是吉，後五是提。所以不開殘宿者，內宿先淨直宿，故開殘。先不淨食，咽咽犯，故使不開。酒亦非法，故不開。私云：二內者：一、內宿，二、內煮，三、自煮，四、自取，即不受也；并僧俗二食、水陸兩果，不作餘食法，成八也。」（一○一八頁下）

〔一八二〕為穀米勇貴，人民飢餓，乞食難得，雖得少食，為賊持去　簡正卷一六：「准藥法文云：佛在波羅奈國，時世飢饉，乞食難得。諸比丘持食著路地，為賊持去。比丘生念云：『佛若聽界內著食，亦免此事。』遂將此白佛。佛言：『若儉世，聽界內共宿。』（此是開內宿緣也。）二、開內煮，三、開自煮，四、開不受，皆為被地（原注：『地』疑『他』。）持去。（開緣並同上也。）五、僧食，六、俗食，七、水菓，八、陸菓，已上四，合為並不作餘食法。水菓謂菱、蓮、藕等，陸菓即梨、栗、胡桃之類。此四各有開緣，如律所述云云。此皆儉故開之也。」（九五五頁下）

〔一八三〕開界內共食宿、內煮、自煮、自取食　資持卷下二：「『佛』下，列八事，內宿、內煮，此二為賊持去故開。自煮，因淨人盡食故開。自取即惡觸，因路見果，求淨人不得，為人持去故開。」（三八三頁上）【案】四分卷四三，八七六頁上。

〔一八四〕僧俗二食、水陸兩果　資持卷下二：「二食、兩果四事，同開足食。律云：早起食，（即僧食也，謂早受眾食故。）從食處持餘食來，（即俗食也，謂乞食食已，持餘殘來故。）受食已，得胡桃乃至阿婆梨果。（即陸果也。）食已，得水中可食物，（即水果也。此四，並因於比丘邊作餘食法。彼或分食，或食都盡，故開。）此之八事，從緣有八，據事唯五。以後四種，同一事故。」（三八三頁上）鈔批卷二五：「謂水生、陸生果子也。僧俗二食，得便自噉，無犯足過，皆不須作殘食法也。」（一〇一八頁下）

〔一八五〕應開八罪　簡正卷一六：「若定罪者，古但有五，謂內宿、內煮、自煮、不受、足食也。鈔言八罪者，今師云：既開自煮，義有惡觸，（并文無也。）」（九五五頁下）資持卷下二：「『宿煮』『觸足』，對上五事。『自取』兼『不受』，『內宿』兼『殘宿』。約文七罪，義加『壞生』，四提、四吉，則為八罪。」（三八三頁上）鈔批卷二五：「三提四吉者，礪不許殘宿，上已辨之。」（一〇一八頁下）

〔一八六〕義加壞生　鈔批卷二五：「礪不許此義，云若開壞生，監外作故。謂言於食之外，一切生種，皆應得壞，是以不開。」（一〇一八頁下）資持卷下二：「既不從人，義無遣淨。」（三八三頁上）

〔一八七〕若時世還賤，故依開食　鈔科卷下一：「『律』下，明還制。」資持卷下二：「本開儉緣，時豐須制。如法治者，如上八罪，隨犯治之。」（三八三頁上）

〔一八八〕若飢儉時，食竟，得持殘去　簡正卷一六：「准十誦，許持殘食去，留明日食，豈非開殘宿！（四分亦無。）又加壞生罪，陸菓聽自取，故持殘食去。」（九五五頁下）

〔一八九〕語施主知　簡正卷一六：「玄云：夫應供本施其一飽，縱有分外，不合將歸。今既是儉時，許持殘去，恐施主疑恠，但告令知。准此律文，豈非正開殘宿？四分無文，故引用也。」（九五六頁上）鈔批卷二五：「夫以應供，本擬盡其一飽，今既時世飢饉，所以佛聽持去。雖然如此，應須報主令知。下明淨生種法也。」（一〇一八頁下）資持卷下二：「十誦持殘義開諸罪，語主令知，為防譏過。」（三八三頁上）

大門第四，淨生種法〔一〕

就中有三：謂制意、處人、淨法。

制意者

四分、明了論疏〔二〕：諸俗人、外道，謂一切草木有命根，以佛不制此戒，故比丘傷於草木，為他經訶，令彼獲罪；又與白衣不別，不生恭敬心故。十誦：名為「疾滅正法」〔三〕，復曲制也。餘如「壞生戒〔四〕」中說。

第二，明處、人〔五〕

若使淨人作淨，有四句〔六〕：一、人、果俱在淨地，成淨，大善；二、人、果俱在不淨地，成淨，不合食。以內熟故，餘四眾食〔七〕。餘二句出十誦。故文云：果在不淨地，淨者在淨地，以火、刀作淨，成淨而不得食〔八〕；若果在淨地，淨者在不淨地，作淨，得名淨，得食〔九〕。

三、明淨法

僧祇，每食時，上座應問〔一〇〕：「果菜淨未？無蟲不？」問答如法。維那亦爾〔一一〕。

四分十種〔一二〕：初五者，謂火淨、刀淨、瘡淨、鳥啄破淨、不中種淨〔一三〕。此五種中，刀、瘡、鳥淨，去子食〔一四〕，不中種、火淨都食〔一五〕。次五者，若皮剝，若劇皮，若腐，若破，若瘀燥〔一六〕，此應是淨根種。又云：水洗連根菜即名淨〔一七〕。準五分淨根種〔一八〕。僧祇中〔一九〕：揉掺淨蘿勒〔二〇〕、蓼〔二一〕等；莖種者，摘卻牙目淨；十七種穀，脫皮淨；裏核種，爪淨；膚果種，火淨；穀果種，亦火淨。檜果種，未有子，揉掺，若有子，火淨。四分云：火淨通五種〔二二〕。毗尼母云：水漂淨、塵坌淨〔二三〕——此應壞相。

僧祇：多果同器，一果作淨，餘者通得。若別器者，一一別淨。甘蔗著葉，莖莖淨，無者合束淨。準此，蒿草之類，子果散落，無淨法〔二四〕。若粳米、此謂杖打皮落，猶有白皮裏〔二五〕者，種之可生。或如十誦，比丘作食，先淨米取〔二六〕也。蘿蔔根等，火淨、刀淨已，停未用還生者，更淨〔二七〕。四分：比丘不應自作淨，應置地使淨人作，洗手更受。此對有人〔二八〕。若無人〔二九〕者，明了論云「自加行所作〔三〇〕」。疏解：非言得自作淨，然自作有益〔三一〕。如一聚果子，若未淨者，但食皮肉，一一吉羅；若食核，一一波逸提〔三二〕。今以火一觸，止得一吉羅〔三三〕，令一聚果子，

俱成淨。兔〔三四〕於多罪，豈非利益？十誦：云何火淨？乃至以火一觸〔三五〕。若以火㷿、熱灰及炭等，不成淨〔三六〕。比丘自淨，餘比丘不應食〔三七〕；謂火所觸〔三八〕者。若刀、爪淨，得食〔三九〕。五分：根莖、二種，以火為淨〔四○〕。僧祇：樹果野火所燒〔四一〕，灰圍穀聚，恐非人偷，亦名為淨〔四二〕。若食果核者，火淨已，聽食〔四三〕。若皮淨，不火淨，食核，提；此是壞相，不壞種也。若火淨，不皮淨，俱得食；核皮俱不淨，一提一越；俱作，無犯。然火淨一法，種、相俱通〔四四〕。餘如隨相。明了論疏〔四五〕：此淨法不但約一物以成，如一聚桃李，但火觸一，餘皆成淨；隨以刀破爪傷，隨一被淨，餘皆名淨。此作淨體，本以此為法，非使物不生，故名沙門淨〔四六〕。準米中有穀，如上脫皮淨〔四七〕。餘條準此。

問：「種、相云何別耶？」答：「相者，謂一切果菜上有白毛，而依本青翠，不改其色，相同連地者。律云「草木七種色〔四八〕」者是也。所言種者，謂可種植，或雖離地，從緣得生之類是〔四九〕也。律云「根有五種〔五○〕」，廣如隨相。

【校釋】

〔一〕淨生種法　鈔科卷下一：「淨法差別。」（一一五頁上）

〔二〕四分、明了論疏　資持卷下二：「四分、了論二意：一是遮譏，二為異俗。」（三八三頁上）【案】四分三七，八三○頁中。

〔三〕疾滅正法　資持卷下二：「引十誦即護法。意下指隨戒。前云：若佛不制，國王、大臣、役使比丘。由佛制故，王、臣息心等。」（三八三頁上）

〔四〕餘如「壞生戒」中說　簡正卷一六：「如上制『不掘地壞生』三益：免被王臣驅役，得靜緣修道等。」（九五六頁上）

〔五〕明處、人　簡正卷一六：「明作淨處及人也。」（九五六頁上）

〔六〕若使淨人作淨，有四句　簡正卷一六：「前二句約義明，後二句依十誦出。」（九五六頁上）

〔七〕以內熟故，餘四眾食　鈔批卷二五：「礪亦云：此約是內煮，故不合食也。言四眾者，一、尼，二、式叉，三、沙彌，四、沙彌尼也。」（一○一八頁下）簡正卷一六：「比丘尼、式叉、沙彌尼也。或有釋云：除沙彌尼，取學悔，添成四者。（具依前解。）」（九五六頁上）【案】簡正釋文中「沙彌尼」即「沙彌」和「沙彌尼」。

〔八〕**以火刀作淨，成淨，而不得食**　簡正卷一六：「謂火入淨，有內熟過，同前第二句也。刀淨雖非內熟，且在不淨地中，作淨以非處故，亦不合食。若果在淨地下，是如法淨也。如文。又，須知此作淨法通種相，若淨種必須淨地，若淨相亦通不淨地也。」（九五六頁上）【案】十誦卷五四，四〇一頁上。

〔九〕**得食**　扶桑釋：「現行十誦，作『不得食』，傳寫誤歟。」（三二九頁上）

〔一〇〕**每食時，上座應問**　資持卷下二：「初文上座審問，令眾知委，所食無疑。」（三八三頁上）【案】僧祇卷一四，三三九頁下。

〔一一〕**維那亦爾**　資持卷下二：「隨得一人，非謂俱問。」（三八三頁上）

〔一二〕**四分十種**　鈔科卷下一：「『四』下，列諸淨法。」（一一五頁中）

〔一三〕**不中種淨**　資持卷下二：「『中』字去呼，謂不堪種植故。」（三八三頁上）

〔一四〕**刀瘡、鳥淨，去子食**　簡正卷一六：「但壞相也。」（九五六頁上）

〔一五〕**不中種、火淨都食**　簡正卷一六：「壞種訖，并子食不犯。」（九五六頁上）

〔一六〕**若皮剝，若剞皮，若腐，若破，若瘀燥**　簡正卷一六：「『剝』據少分。『剞』約全除。淤者，汁淤下流；燥者，時乾燥也。」（九五六頁上）資持卷下二：「皮剝，謂自剝者。剞皮，即刀甄也。瘀謂青黑，燥謂萎乾。『此應』等者，業疏云：四分十種，五種淨種、淨根，謂前五淨種，後五淨根。若準尼鈔注云，後五通淨生種，又似非局。」（三八三頁上）

〔一七〕**水洗連根菜即名淨**　簡正卷一六：「此是律後段別文也。時諸比丘洗連根菜已，（九五六頁上）更作淨。佛言『不用更淨，即是淨』也。玄云：連根菜，即初生芹、蓼等，是未有節，且從根種判，洗即成淨。若有節，方從火淨也。」（九五六頁下）鈔批卷二五：「謂如芹、蓼等，雖水洗，豈即當淨，仍須火淨。此謂蔓菁之屬，洗已生種已萎，故開得也。（一〇一八頁下）案律中云：時諸比丘洗連根菜已，更作淨，佛言：『不應洗已更作淨，此洗即是淨。』礪解云：其菜先火淨已，水洗之。意謂：水能滅火，淨應失卻，故更火淨之。佛言『不失』，故云此洗即是淨。觀此律文，不見斯意，但是水洗，即當淨也。」（一〇一九頁上）

〔一八〕**淨根種**　資持卷下二：「疏云：五分十種，大同四分，又加水淨是也。」（三八三頁上）簡正卷一六：「謂若准五分，根種亦須火淨，以文不同故。」（九五六頁下）鈔批卷二五：「謂水洗根菜，即是淨根種也。引此五分，成上洗連根菜成淨義也。賓云：章中釋云先曾火淨，今更水洗，恐水滅火，比丘生疑者，此釋傷功。准文中：唯言水洗，即是淨也。謂水中揉之，故即成淨，即是五分水

洗淨也。」（一〇一九頁上）【案】五分卷二六，一七一頁上。

〔一九〕僧祇中　簡正卷一六：「『僧祇』等者，有五種：一、柔撋淨，二、摘牙目，三、脫皮，四、爪掐，五、火淨。」（九五六頁下）資持卷下二：「僧祇四法，分對六物。」（三八三頁上）【案】僧祇卷一四，三三九頁上。

〔二〇〕蘿勒　標釋卷一二：「『勒』，或作『芳』，香菜也。俗以避石勒諱，改名羅香。本草云：北人呼為蘭香。術家取羊角、馬蹄，燒灰，撒於溫地。遍踏之，即生羅勒。俗呼為西王母菜，食之益人。此有三種：一種堪作生菜；一種葉大，二十步內聞香；一種似紫蘇葉。」（五七三頁下）

〔二一〕蓼　標釋卷一二：「音『了』，辛草也。按蓼類有多種，謂：天蓼，多生水傍，苗莖高尺餘，葉大色赤；白馬蓼，葉大同前，（五七三頁下）卑溼之地亦生；水蓼，生淺水中，葉大有黑點；毛蓼，冬根不死，葉上有毛；白蓼、紅蓼、香蓼、禾蓼等。薩婆多論以蓼、藍、羅勒、胡荽，名『自落種子』，由其自落，乃得生故。根本律名『開裂種』，謂蘭香、芸薹等，皆由其開裂，芽乃生故也。僧祇律以羅勒、蓼藍，名『心生種』，由其心生故。若淨時，他以手揉修。即名淨也。」（五七四頁上）

〔二二〕火淨通五種　資持卷下二：「引四分，以示通別。」（三八三頁上）簡正卷一六：「謂只一火淨，便通五種。謂根、枝、節、覆羅、子子種五也。與僧祇文不同故。」（九五六頁下）

〔二三〕水漂淨、塵坌淨　簡正卷一六：「『毗尼母』下，明淨色相也。論云：水所漂者，塵所坌者，此皆壞相，不可壞種。」（九五六頁下）資持卷下二：「母論二淨，理須去子。」（三八三頁中）【案】毗尼母卷三，八一七頁中。

〔二四〕蒿草之類，子果散落，無淨法　簡正卷一六：「准甘蔗有葉相間，即不得合束淨者。今蒿子連枝帶葉，子既散落，隔不相著，故不成淨，故云無淨法也。」（九五六頁下）資持卷下二：「疏云：如一盤生菜，相種和雜。縱火觸相，種猶非淨，相種相隔，又不相通。例餘蒿草，有隔非淨。（理須一一火觸。）」（三八三頁中）【案】「類」，底本為「纇」，據大正藏本、貞享本、敦煌甲本、敦煌乙本及弘一校注改。

〔二五〕若粳米、蘿蔔根等，火淨、刀淨已，停未用還生者，更淨　資持卷下二：「『若粳米』下，次，明重淨。……火淨刀淨者，若上粳米止用火淨，蘿蔔通用二淨。」（三八三頁中）【案】僧祇卷一四，三三九頁中。

〔二六〕白皮裏　資持卷下二：「則今舂碓白米，無有生義，即不須淨。」（三八三頁中）

〔二七〕比丘作食，先淨米取　資持卷下二：「或如十誦者，引事以顯。彼無淨人處，開淨米已，七日自作等。」（三八三頁中）簡正卷一六：「一說云是糙米二斛，是白米。如十誦等證，亦淨亦須。問：上言十七穀脫皮成淨，今既是米，何要更淨？答：若本為淨故脫皮，皮脫即成淨。若不為淨故脫皮，皮脫之時不名淨。種之可生故，須更淨也。」（九五六頁下）

〔二八〕此對有人　簡正卷一六：「據有淨人，比丘不合自作，非法故。」（九五六頁下）

〔二九〕若無人　簡正卷一六：「若無人，比丘自作也。」（九五六頁下）資持卷下二：「指上標下。下明自作。」（三八三頁中）

〔三〇〕自加行所作　資持卷下二：「加行，即是作為。」（三八三頁中）簡正卷一六：「若據彼文，淨菓都有四句：一、自加行所作，謂自火淨乃至爪淨；二、他加行所作，即俗人與比丘淨食；（九五六頁下）三、自他加行所作，即自捉菓與俗人共淨；四、非自他加行所作，即虫傷、鳥啄瘡，乃至淤燥等，直爾得食也。今鈔文當初句也。」（九五七頁上）鈔批卷二五：「案了論疏云淨果有四句：一、自加行所作，即此文是也，謂自以火淨乃至爪淨也；二、他加行所作，即世俗人為比丘作淨與比丘食是也。三、自他加行所作，謂比丘與俗人共執作此淨法也。四、非自他加行所作者，如虫傷、鳥殘乃至自爛者，比丘直得食之是也。明若作淨物，不出此四義，非謂比丘得自作淨。然自淨亦有利益，一如鈔引，不煩出也。」（一〇一九頁上）【案】了論，六七二頁上。

〔三一〕非言得自作淨，然自作有益　簡正卷一六：「真諦疏也。」（九五七頁上）資持卷下二：「初，彰損。」（三八三頁中）

〔三二〕如一聚果子，若未淨者，但食皮肉，一一吉羅；若食核，一一波逸提　簡正卷一六：「壞相吉也。一一提者，壞生種罪也。」（九五七頁上）

〔三三〕今以火一觸，止得一吉羅　資持卷下二：「『今』下，次，顯益。一吉羅者，即自煮罪，（或云壞相。）準須先從他受。」（三八三頁中）簡正卷一六：「釋上利益也。」（九五七頁上）

〔三四〕免　【案】「免」，底本為「逸」，據大正藏本、敦煌甲本、敦煌乙本、敦煌丙本及弘一校注改。

〔三五〕以火一觸　鈔科卷下一：「『十』下，示淨法。」（一一六頁下）簡正卷一六：「十誦火涅槃者，上勝不觸著菓故。」（九五七頁上）【案】十誦卷二六，一八七頁上。

〔三六〕若以火燄、熱灰及炭等，不成淨　鈔批卷二五：「謂是死炭故，不得為淨也。」
（一〇一九頁上）資持卷下二：「『若』下，簡非法。火燄謂炎上微處。熱灰、
炭火，無燄頭者，皆不成淨。」（三八三頁中）

〔三七〕比丘自淨，餘比丘不應食　資持卷下二：「上明法非。『比丘』下，明人非。」
（三八三頁中）

〔三八〕火所觸　簡正卷一六：「釋上比丘不應食，此一顆被火觸了者，成自熟故，非
謂全不得食。」（九五七頁上）鈔批卷二五：「明上雖開比丘淨物。若火觸者，
名惡觸，此不應食，餘者得食。」（一〇一九頁下）資持卷下二：「意明火所不
及，得食無過。同上了論。」（三八三頁中）

〔三九〕若刀、爪淨，得食　簡正卷一六：「雖觸無過，且非自熟，約處又是淨地，故
開食。」（一〇一九頁下）資持卷下二：「非自煮故，然是自淨，不無壞相。」
（三八三頁中）

〔四〇〕根莖二種，以火為淨　簡正卷一六：「謂五分根種及莖，亦須火淨。四分水洗
即是淨，前來已引也。」（九五七頁上）資持卷下二：「根莖火淨，意彰兼通，
非唯子種。」（三八三頁中）

〔四一〕樹果野火所燒　簡正卷一六：「約樹被燒，其菓落地即名淨。若雖燒不落地，
不成淨，以根在地故。」（九五七頁上）

〔四二〕灰圍穀聚，恐非人偷，亦名為淨　鈔批卷二五：「立謂：灰雜、火炭故成淨也。
案祇云：謂一切穀麥，皆脫皮淨，及火淨。如拘驎提國作穀聚，畏非人偷，以
灰火遶，上作記識，即名為淨也。一提一越，俱作無犯者，謂作皮淨。又，作
火淨作此二淨，食此無罪。」（一〇一九頁下）資持卷下二：「僧祇初明託緣成
法，灰圍應帶微火，有壞種義所故。」（三八三頁中）簡正卷一六：「此須灰中
有火，觸著穀即成，反此不得。」（九五七頁上）

〔四三〕若食果核者，火淨已，聽食　資持卷下二：「『若食』下，次，明相種四句。」
（三八三頁中）

〔四四〕然火淨一法，種、相俱通　資持卷下二：「『然』下，準第二句，以示兩通。」
（三八三頁中）

〔四五〕明了論疏　鈔科卷下一：「『明』下，示合淨。」（一一六頁下）資持卷下二：
「初約物同一處，各處不得。」（三八三頁中）

〔四六〕此作淨體，本以此為法，非使物不生，故名沙門淨　資持卷下二：「『此』下，
示淨法所以。沙門淨者，謂此作法，令僧免過耳。」（三八三頁中）

〔四七〕準米中有穀，如上脫皮淨　資持卷下二：「『準』下，例通米穀。由同米聚，穀亦通淨，不名壞生。」（三八三頁中）

〔四八〕草木七種色　簡正卷一六：「青、黃、赤、白、黑、紫、縹（『敷沼』反也。）色。（原注：『色』下疑脫『縹者』二字。）說文云：青黃色也。」（九五七頁上）鈔批卷二五：「縹，（『返眇』反），釋名云：淺青色也。」（一〇一九頁下）【案】四分卷一二，六四二頁上。

〔四九〕或雖離地，從緣得生之類是　資持卷下二：「『所』下，次，明生種。離地得生，如柳榴類，其枝可栽者。從緣即水、土也。」（三八三頁中）

〔五〇〕根有五種　資持卷下二：「指律五種，即根、枝、節、子、雜種也。」（三八三頁中）

第五，受法不同

手口二受，日別恒用，若不廣明，教相難顯。略取要務，以為八門〔一〕：一、制二受意，二、受通四藥，三、對人不同，四、加法亦別，五、說淨通局，六、二受寬狹，七、重加進不，八、雜明罪相。

初門

手受五義。如薩婆多云：一、為斷盜竊因緣故；二、為作證明故；三、為止誹謗故；四、為成少欲知足故；五、為生他信敬心，令外道得益〔二〕故。廣如隨相中〔三〕。五分〔四〕：由未制戒故，各起過非。白衣訶言：「我等不喜見此惡人，著割截壞色衣，而不受食而食，名不與取〔五〕。」

次口受〔六〕意，為防護手受故。若無口法，過午便失，由有口法，乃至限滿〔七〕。又為防多罪〔八〕故，手受但防於二〔九〕，所以如下明之〔一〇〕。

二、受通四藥不〔一一〕

「手受」通四藥〔一二〕，為防盜相故；「口受」局三，除其時藥〔一三〕。亦有「口受」，不通「手受」，唯局中前〔一四〕。餘之三藥，手受亦爾〔一五〕。若加口法，通時非時〔一六〕。

十誦云：時分藥〔一七〕、猶是「非時」別名〔一八〕。七日、盡形，是三種藥，必須有病，非舉宿、惡捉者，手口「二受」得服〔一九〕。

三、所授人〔二〇〕

「手受」為五義，除自同類，餘六眾、三趣〔二一〕，皆成受。「口受」

唯對比丘，餘眾不成。

薩婆多：凡受食，為作證明〔二二〕故。若在有人處，非人、畜生及無知小兒，悉不成受〔二三〕；在無人處，天神、畜生成。廣如隨相「不受食戒」。

善見：止食有三〔二四〕，謂手、口、眼也。

四、受法差別

凡論受法，要心、境相當〔二五〕。如律中，錯受酥、油，不成受等〔二六〕，必須仰手承之，五分所云，從他淨人邊抄撥而取，非法〔二七〕。情相領當。謂僧俗二心，同緣一事〔二八〕。除其眼闇，及不喜沙門、驚急緣者，置地而受〔二九〕。既知情事多違，預前運心普受〔三〇〕。

就中分四：時藥受法既數，對法亦多，具如「不受食戒〔三一〕」及「對施興厭」中廣述。此但明加口法者，三藥別論〔三二〕。

初，明「非時藥」。

有四法〔三三〕：一、所受藥，二、能授人〔三四〕，三、所受者，四、正受法。

初明藥體〔三五〕。無八患〔三六〕者，得加口法：一、內宿；內煮；自煮；惡觸；五、殘宿；六、未曾手受；七、受已，停過須臾；僧祇：非時受不得置地停。八、手受已，變動。失本味故，類甜酢等〔三七〕。

二能授人。四法：一、漉澄水色，免非時食；二、煮沸〔三八〕，擬後重溫，生飲不須；三、以水滴淨，為壞味故；四、淨人施心，仰手持來。

三所受人。謂比丘作三法：一、先自心解前漿類別〔三九〕，與淨人情同；二、仰手受，無盜相；三、記識言。此謂含時食者，若單清漿不須之〔四〇〕。

四正加口法〔四一〕。諸部令加，不出其文，義立。應至比丘所，具儀云〔四二〕：「大德一心念：我某甲比丘，今為渴病因緣，此是薑湯，為欲夜分已來服故，今於大德邊受。」三說。若直受進飲無遺，不須如法〔四三〕。若蒲萄、梨果、蜜漿等，隨病題名牒入，但改藥名字。

七日藥，四法同上〔四四〕。

初明藥體，自無八患。唯改第八〔四五〕：非是餘比丘七日藥，或犯竟殘藥。餘七同上。

二能授淨人，四法：一、淨漉，與時食別；謂脂除肉、油除滓等。二、火煎煮；三、水滴淨；四、施心授與，心相領當。

三所受比丘，有二：初自無五過〔四六〕：一、相續畜〔四七〕——若畜至七日，即日受藥不成。僧祇：比丘有第七日石蜜，即日更得石蜜，是名相汙。問：「此既未過，云何相染〔四八〕？」答：「非犯長相汙，由前七日服訖，病猶不差，更服無益，作法不成；若得異藥，得加七日〔四九〕。」二、相續畜〔五〇〕——已曾畜藥，至八日犯長，即日得藥，入手作法，被染，更不堪服。三、曾食他第七日藥〔五一〕——即日自得，作法不成，以藥味通故；僧祇律如此〔五二〕。四、相續受〔五三〕——僧祇：比丘七日中日日受藥，受而不食，至八日不得更受，須一日不受間之〔五四〕。謂貪多過受，又不服療〔五五〕。四分無文，準用亦好。五、相續犯〔五六〕——僧祇：比丘七日恒服，至八日正可〔五七〕，不得更服。不妨受於異藥。上明相續，對一蜜藥為言〔五八〕。若得油者，亦即加法。僧祇：生酥、熟酥、醍醐，展轉易味，七日更受〔五九〕。二自作四法〔六〇〕：一、仰手受；二、分別，言作七日油想，若本心作然燈、塗足受者，不成〔六一〕，如僧祇說；三、記識言「此中淨物生，我當受」；若離時食，不須此語〔六二〕。四、展轉，受生酥作熟酥。應與淨人煮，亦得自煮〔六三〕。二種煮已，更從淨人受之〔六四〕。雖是先受，以味轉失受，不名惡觸〔六五〕。毗婆沙云：七日藥，手受、口受已，置一處，勿令淨人觸之。

四正加口法。應執藥，口云：「大德一心念：我比丘某甲，今為風病因緣，此是烏麻油七日藥，為欲七日經宿服故，今於大德邊受。三說。安淨地內，須者自取〔六六〕。餘隨對治，如前類準〔六七〕。

盡形藥，四種。

一藥無八患，如漿中說〔六八〕。

二能授人，作三法〔六九〕：一、火淨已後，無變生過；二、與餘藥別；謂含時食等藥〔七〇〕。三、施心授與，情相領當。

三所受比丘作三法：一、仰手受，心境與淨人相同；二、記識之，如上法，若單者不須〔七一〕；三、分「體」「分」〔七二〕，謂紫苑丸是藥體，而有羊腎為藥分，二法別來別受，總來合受〔七三〕。

四加法。言：「大德一心念：我某甲比丘，為氣病因緣，此是薑、椒、橘皮及鱉甲、紫苑丸〔七四〕。盡形壽藥，為欲共宿長服故，今於大德邊受。」

三說。若丸、散之中，隨其本病，對病之藥，有五十、三十別色，各依本方題名入法。如前分別〔七五〕。若買藥未足，隨得入手，即加口法〔七六〕。而體是盡形者，依本名加藥〔七七〕；若是「時藥」「七日藥」〔七八〕者，如大棗、米、麥、豉醬、羊腎、虎眼、鵄頭、白蜜、酥、油之類。遇緣〔七九〕，不得與「盡形藥頭〔八〇〕」一時受者，應加法言「今為氣病因緣，此是羊腎盡形紫苑藥分，為欲共宿」等。餘詞同上。餘者，準此例之。若往市買藥，令淨人斷價已，比丘依名，自選取多少，一處著之〔八一〕。然後令秤，次第受取，不得置地〔八二〕。即覓比丘加之，不得過限〔八三〕。今奉法者，希有一二〔八四〕。多並任癡心，抑挫佛法〔八五〕，得便進噉，何論淨穢？高談虛論，世表有餘，攝心順教，一事不徹〔八六〕。焉知未來惡趣，且快現在貪癡。有識者，深鏡大意〔八七〕！

五、說淨〔八八〕者

七日一藥，作口法竟，偏心屬已，須說淨畜〔八九〕：一、藥體貴重，貪積心多；二、久延多時，無變動義；三、氣味殊越，資身力強。制令說淨，捨封著也。手受七日，時少過希〔九〇〕，亦不須說。餘之三藥，反前不具，故不須淨〔九一〕。

淨法大同衣法，唯以「長藥」為異〔九二〕。

六、「二受」通塞〔九三〕

「手受」防盜〔九四〕，一人受已，通及餘人〔九五〕。

「口法」亦爾〔九六〕。若據對病題名，實亦不通〔九七〕；莫非以其口法，加他二通之藥〔九八〕，藥味通〔九九〕，手受通。故捨前人，受法不失。何以知之〔一〇〇〕？四分云：第七日藥，與諸比丘食之。餘如義鈔及疏說〔一〇一〕。

七、重加以不

若明手受，觸失本受，即須更受，雖重無過。

口法者，薩婆多云〔一〇二〕：五日已還，觸者，更加七日法，不作二日法。不從藥勢〔一〇三〕，正從法論〔一〇四〕。六日已去，不得重加，以藥將入淨故。

僧祇但云「藥勢相接，七日可知〔一〇五〕」。如上淨人誤觸七日油中成失〔一〇六〕。成論云：如服酥法，極至七日，堅病得消〔一〇七〕。

八、雜明諸相

薩婆多：若病比丘須七日藥，自無淨人，求倩難得〔一〇八〕，應自從淨人手受，從比丘口受已，隨著一處，七日內自取食之。若作口法竟，一日乃至五日，淨人來觸，或更以餘不受藥來雜，應加手、口「二受」，復得七日服〔一〇九〕。若至六日已去，淨人觸、餘藥雜，並不得加。若藥眾多，不知何者是本藥，應更手受、口受，然後服之。若病重不能口受，亦直爾得服〔一一〇〕。設看病比丘手受、口受，亦成受法。當稱病比丘名而受。

問：「此手口『二受』，防護何罪？」〔一一一〕答〔一一二〕：「今分四藥別論。如『時藥』：『手受』，防二罪，不受，惡觸也〔一一三〕；『口受』同之〔一一四〕。『非時漿』：『手受』，防二罪：一、防一往不受；二、防不受而捉惡觸。『口』防二罪〔一一五〕：一、防過中失受〔一一六〕；二、防過時失受惡捉〔一一七〕。『七日藥』：『手受』，防二罪，同漿中〔一一八〕；『口』防三罪〔一一九〕：一、防過時失受；二、防過中惡觸；三者，殘宿。昔云『防內宿〔一二〇〕』。此無律文，以盡形為證，例知不開〔一二一〕。『盡形壽藥』：『手受』同上。『口』防六罪〔一二二〕：一、過時失受不受；二、惡觸；三、殘宿；四、內宿；五、或有內煮〔一二三〕；六、自煮。以變生作熟故。

「因明生罪〔一二四〕。由未受故，無諸過患。今既二受，時過患生〔一二五〕。『時藥』：『手受』過中，生二罪：失受、惡觸〔一二六〕；經宿，生殘宿、惡觸二罪〔一二七〕。『非時漿』：『手』生二罪〔一二八〕，同『時藥』中；『口受』生三罪，明相出，有非時、殘宿、惡觸。『七日藥』：『手』生二罪，同上；『口』生五罪，八日明相出為言〔一二九〕，謂殘宿、非時，犯捨墮、惡觸、服尼薩耆不捨藥吉羅〔一三〇〕——具足三提二吉〔一三一〕。」

問：「云何不生不受者〔一三二〕？」答：「藥本是不受，猶加口法，失不受〔一三三〕。至八日旦起，有任運失受，非謂能生不受。不同殘宿〔一三四〕，本無殘宿，以有口法，八日有殘宿生。『非時』亦爾，藥體未有法，無有時與、非時。隨病即受，皆得。由加口法，八日旦名『非時』。盡形壽〔一三五〕者：手受同前，口受亦有生六罪〔一三六〕者。無病而服，吉羅〔一三七〕。餘如隨相「非時」「不受」「殘宿」三戒具明〔一三八〕。

問：「四藥之中，何故七日罪重，餘三輕者〔一三九〕？」答〔一四〇〕：「一、即用資〔一四一〕強，垢心厚重；二、體現常存〔一四二〕，聖開說淨，

反違佛教，過限不說，故重。餘藥反此，故輕。」

　　問：「比丘非時而食，具足幾罪？」答〔一四三〕：「『時藥』一咽，七罪：非時、殘宿、不受，三波逸提；內宿、內煮、自煮、惡觸，四突吉羅。此謂經宿已〔一四四〕，不受、自煮而噉者。若『非時』中，淨人過授，亦無不受罪。餘罪例此，有無。」

【校釋】

〔一〕略取要務，以為八門　簡正卷一六：「謂古來疏鈔，廣辨成不足相。今師約但略取要妙，引來此中，作八門解釋判也。」（九五七頁下）

〔二〕為生他信敬心，令外道得益　資持卷下二：「即外道見比丘不自取果，發心出家等。」（三八三頁中）【案】多論卷八，五五二頁上。

〔三〕廣如隨相中　簡正卷一六：「指『不受食戒』，比丘共外行，不上樹搖菓等。」（九五七頁下）

〔四〕五分　資持卷下二：「引五分，因呵而制，故知立法意為遮譏。即同多論第三意也。」（三八三頁中）【案】五分卷七，五三頁上。

〔五〕不與取　資持卷下二：「即『盜』異名。」（三八三頁中）

〔六〕口受　資持卷下二：「『口受』二意：防法、防罪。」（三八三頁中）

〔七〕若無口法，過午便失，由有口法，乃至限滿　簡正卷一六：「『非時漿』至明相，『七日藥』至第八日明相，『盡形』至病形差時。」（九五七頁下）

〔八〕防多罪　簡正卷一六：「防殘宿、內宿等。」（九五七頁下）

〔九〕手受但防於二　簡正卷一六：「一、不受，二、不受而捉，惡觸也。」（九五七頁下）

〔一〇〕如下明之　資持卷下二：「即『防罪』中。」（三八三頁中、下）

〔一一〕受通四藥不　簡正卷一六：「謂手、口二受，為總通四藥以不。（或將『不』字安下句者，錯科也。）」（九五七頁下）

〔一二〕「手受」通四藥　資持卷下二：「通義分為三：初明『手』通，次明『口』局。」（三八三頁下）

〔一三〕口受局三，除其時藥　簡正卷一六：「謂『時藥』但有『手受』，無『口受』。以局中、前，不用『口法』，是故除之。」（九五七頁下）鈔批卷二五：「明『七日』『非時』『盡形』。此三所以加『口法』者，為延時限，得非時中服，故加『口法』。若論『時藥』，過中自不合噉，何須加口法，故云除也。」（一〇一九頁下）

〔一四〕**亦有「口受」，不通「手受」，唯局中前**　簡正卷一六：「亦有口受等者，約緣辨也。謂不憙沙門，火燒鳥舍、金銀器物，貯食來（原注：『來』疑『米』。）等。准僧祇祇（原注：『祇』字疑剩。），口加三受，即贊手受也。雖是口法，亦只局中、前，無久近義，故云『唯局中、前』也。」（九五七頁下）鈔批卷二五：「立明：對上文來故明也。謂此時藥中、前，亦有須口受者。然其口受義，亦但是當於手受。若用口受，則不用手，用手則不用口受，故曰不通也。如邪見人，不喜見僧及端正女人送食，火燒馬屋之例，皆置地令比丘自取，此時應口言『受受受』，但得口受。若無此緣但手受，必局中、前。餘三藥，中、前而受亦爾。（一〇一九頁下）故羯磨中云：手口互塞者，是此義也。」（一〇二〇頁上）資持卷下二：「即有緣口加三受也。時藥有二局：一、手口互局，二、並局中、前。餘三可見。」（三八三頁下）

〔一五〕**餘之三藥，手受亦爾**　簡正卷一六：「『非時』『七日』『盡形』三也。若但手受，不加口法，但至午前，過午失受，以口法近時，故云亦爾。」（九五七頁下）鈔批卷二五：「立謂：『非時』、『七』、『盡』，若中前受之，不加口法，中後亦失。又復，若用手受，不須口受，若口受不須手受。如邪見等難緣，置地加口法『受受受』等，同於『時藥』，故曰也。」（一〇二〇頁上）

〔一六〕**若加口法，通時非時**　簡正卷一六：「謂時中，手受三藥，即加口法，不局時中，通非時中，並得服用。」（九五七頁下）鈔批卷二五：「立明：『非時』『七日』『盡形』，中、前、後，皆得服也，故言通時、非時。然若非時藥，明相出失受。今言通時，通今日中前也。」（一〇二〇頁上）

〔一七〕**時分藥**　簡正卷一六：「以菓是時藥，清汁是非時。今取清汁，是時藥之一分，（九五七頁下）故名時分也。」（九五八頁上）資持卷下二：「士誦中，初示緣開。由非正時，故云時分。」（三八三頁下）

〔一八〕**猶是「非時」別名**　簡正卷一六：「和會部別，呼喚之意也。」（九五八頁上）鈔批卷二五：「謂士誦喚『非時藥』名『時分藥』。」（一〇二〇頁上）

〔一九〕**非舉宿、惡捉者，手口「二受」得服**　資持卷下二：「『非』下，簡藥體。舉宿者，語含殘內。」（三八三頁下）簡正卷一六：「謂此藥體須淨，即加法得成。若是曾與人同宿、惡觸之藥，加法不得，以帶患故。」（九五八頁上）鈔批卷二五：「有云：士誦中明此『時分藥』『七日藥』『盡形』，此三要有病及藥，無諸患，得加口法、手口（【案】『口』疑『法』。）二法方成。若身不病，藥又不淨，加法不成。非舉宿、惡觸（原注：『觸』鈔作『捉』。）者，案士誦文中

自解舉宿義也。言舉殘食宿者，謂比丘今日手自受食，舉至明日，名舉殘食宿也。又彼律文中，一切共食宿，名為舉宿也。」（一○二○頁上）【案】十誦卷二六，一九四頁上。

〔二○〕所授人　簡正卷一六：「辨過藥人并對首者」（九五八頁上）資持卷下二：「『所授』，即過食者。」（三八三頁下）

〔二一〕「手受」為五義，除自同類，餘六眾、三趣　資持卷下二：「五義者，指上多論，由有五義，故須餘眾，不許自類。六眾，道四、俗二也。三趣，更兼非、畜也。」（三八三頁下）

〔二二〕為作證明　資持卷下二：「即上五中第二義也。論中約人有無，以明成不。」（三八三頁下）

〔二三〕非人、畜生及無知小兒，悉不成受　資持卷下二：「非畜成者，必約知解。」（三八三頁下）

〔二四〕止食有三　簡正卷一六：「謂不要名『止』也。或搖頭向兩畔，或口云『不用』，或動眼作不要之相，即不授與也。中間文義，抄文自顯。」（九五八頁上）鈔批卷二五：「立明：若止不用食者，須舉服示相，及舉手等。」（一○二○頁上）資持卷下二：「『止』即不須。『手』、『眼』現相，『口』即語示。」（三八三頁下）【案】善見卷六，七一○頁中。

〔二五〕凡論受法，要心、境相當　資持卷下二：「敘意為三。初示法。心境者，心即能緣，境謂前食。」（三八三頁下）

〔二六〕錯受酥、油，不成受等　簡正卷一六：「錯受不成者，欲受蘇（【案】『蘇』疑『酥』。）而受油等。」（九五八頁上）資持卷下二：「『仰手』是色相。『領』即心。」（三八三頁下）【案】四分卷四三，八七六頁上。

〔二七〕五分所云，從他淨人邊抄撥而取，非法　資持卷下二：「引非顯正。」（三八三頁下）簡正卷一六：「『抄』者，謂向淨人手中撮取；『撥』謂於彼手中，或手或筋撥取。並名非法。反顯上文仰手承之，方為如法故。」（九五八頁上）【案】五分卷一六，三五九頁上。

〔二八〕僧俗二心，同緣一事　資持卷下二：「釋成相領。『一事』即食境。」（三八三頁下）

〔二九〕除其眼闇，及不喜沙門、驚急緣者，置地而受　資持卷下二：「『除』下，明開。眼雖不睹，亦可聞聲，有緣置地，彼雖無心，自須起意。『不喜』即外道相嫌。『驚急』即火燒馬屋，具引如釋相。」（三八三頁下）

〔三〇〕既知情事多違，預前運心普受　資持卷下二：「『既』下，教通。『受』謂先須
　　　起念，是食皆受，後或心差，亦得成法。」（三八三頁下）

〔三一〕不受食戒　鈔科卷下一：「初，指時藥以總標。」（一一六頁上）簡正卷一六：
　　　「如不受食戒，辨食器相對、身心相對、單心無對，三段之文對施，即下篇
　　　『修觀門』處辨也。」（九五八頁上）

〔三二〕此但明加口法者，三藥別論　資持卷下二：「『此』下，次標三藥。分位以明，
　　　故曰別論。」（三八三頁下）簡正卷一六：「『此但』已下，約三藥以辨，正立
　　　斯意也。」（九五八頁上）

〔三三〕有四法　資持卷下二：「『非時』，四位。」（三八三頁下）

〔三四〕能授人　簡正卷一六：「問：『前云所授即是淨人，今言能授亦是淨人，何故二
　　　文能所不定？』答：『前對能受是比丘，淨人即是所授也。今云能授是淨人，
　　　即對所受之藥，故不定也。』」（九五八頁上）

〔三五〕初明藥體　鈔科卷下一：「『初』下，列三藥以示法。」（一一六頁上）

〔三六〕八患　資持卷下二：「初中八患，謂八種過。前五染觸，通自他犯；後三約受，
　　　唯據自論。六是不受，七、八即失受。第七且據中後為言，中前無過，如注所
　　　簡。」（三八三頁下）

〔三七〕失本味故，類甜酢等　簡正卷一六：「初甜後酢，後即失本性也。下文亦有明
　　　『八患』處，指此段文也。」（九五八頁上）資持卷下二：「即前『轉變體』中
　　　中論所說。謂果漿變為甜醋，即失受法。」（三八三頁下）【案】參見前「三、
　　　明轉變者」中文及注。

〔三八〕煮沸　資持卷下二：「謂生果汁必是。熟者，則不須之。」（三八三頁下）

〔三九〕先自心解前漿類別　簡正卷一六：「前漿類別，流類差別也。」（九五八頁下）
　　　資持卷下二：「如上體中，果、蜜等漿，有差別故。」（三八三頁下）

〔四〇〕此謂含時食者，若單清漿不須之　簡正卷一六：「注文料簡不許一列也。」（九
　　　五八頁下）

〔四一〕正加口法　資持卷下二：「諸律無文，有事故須義立。」（三八三頁下）

〔四二〕具儀云　資持卷下二：「詞中六句：初，令專審，恐異緣故。二、稱己名，簡
　　　非他故；準下科中，病重不堪，得（三八三頁下）代加之，應稱病者名字。三、
　　　稱病緣，明非濫託。四、云薑湯，別指藥體；五、云夜分，期定時限；六、於
　　　他受，求前對證。（下二法，分句同此。）」（三八四頁上）

〔四三〕若直受進飲無遺，不須如法　資持卷下二：「由加口法，本為延時，必無所留，

但直手受。」（三八四頁上）

〔四四〕**七日藥，四法同上**　簡正卷一六：「玄云：既言『同上』，即科為牒，不合云標也。」（九五八頁下）鈔批卷二五：「私云：同前非時藥中，有四法：一、所受藥，二、能授人，三、所受者，四、正加法是也。礪云古師有解云：油、蜜等，若加口法，得七日服；若無口法，（一〇二〇頁上）但得時服。此非正解。」（一〇二〇頁下）

〔四五〕**唯改第八**　簡正卷一六：「改第八者，此無變動義，以餘比丘犯長，七日藥為第八也。問：『此與前第五殘宿何別？』答：『前約自殘宿藥，今此是他者，不唯殘宿，兼有惡觸、非時等罪也。』」（九五八頁下）鈔批卷二五：「謂前明藥有八患，加法不成，其第八患則是手是犯，轉變則不得，更加口法。今此七日藥，亦有八患，上七同前，其第八則別非，是餘比丘犯竟殘藥，加法不成。」（一〇二〇頁下）資持卷下二：「以酥、油等，無變動故，犯竟殘藥，異上殘宿。但是受已，經夜非犯竟者，（昔約自他分異，非非。）能授四法，大同於前。」（三八四頁上）扶桑記釋「昔約」：「會正：第五殘宿，約自畜者，今約他犯藥耳。」（三三一頁上）

〔四六〕**自無五過**　鈔批卷二五：「私云：如下自列之，一、相續畜；二、相續畜已等，如文；三、曾食他第七日藥；四、相續受；五、相續犯也。可尋。」（一〇二〇頁下）資持卷下二：「五過，初過分二：初正明，二問答。正明又三：初句標過，『若』下，示相，『僧』下，引證。」（三八四頁上）【案】「所受者」分二：初，自無五過；二、自作四法。

〔四七〕**相續畜**　簡正卷一六：「約七日已來相續畜，次引僧祇文證也。」（九五八頁下）

〔四八〕**此既未過，云何相染**　鈔批卷二五：「立明：此問意云：若至第八日犯長竟，容可相染。今既但得七日，何為即染耶？」（一〇二〇頁下）資持卷下二：「由未犯長，制受不成，故須問決。」（三八四頁上）

〔四九〕**若得異藥，得加七日**　資持卷下二：「答中。前釋不成，後簡異藥。第二長染不成。」（三八四頁上）簡正卷一六：「問答意道：前藥所污名相染，非是過也，文相分明。若得異藥者，如同是蘇（【案】『蘇』疑『酥』。）即不得。若為別病，更受蜜等，並許也。」（九五八頁下）

〔五〇〕**相續畜**　簡正卷一六：「此正約日過相染也。過日者，為能染，旋入手為所染也。」（九五八頁下）

〔五一〕**曾食他第七日藥** 簡正卷一六:「曾服他犯長第七日所染藥,今所受藥,與彼藥味同,不合加法故。」(九五八頁下)鈔批卷二五:「意謂:同是油或蜜,故言通也。若食他蜜已,今自受油應成。又解,以藥味通者,謂一人受得此藥,合通一切比丘,以食味是通。今既食他第七日油,即是食他服滿之藥,更即當日受油,理故不合。思之。(後解為正。)」(一○二頁下)資持卷下二:「藥味通者,義同共畜故。」(三八四頁上)

〔五二〕**僧祇律如此** 鈔批卷二五:「謂上明服他第七日藥已,自身當日,更受別藥。加法不成者,此是祇文也。」(一○二○頁下)資持卷下二:「若據本宗理應自成。」(三八四頁上)【案】僧祇卷一○,三一七頁中、下。

〔五三〕**相續受** 簡正卷一六:「由未服用,故不犯長。但為誡貪心,須間隔一日,許更受之。」(九五八頁下)

〔五四〕**須一日不受間之** 資持卷下二:「初引制法。『一日』,即第八日。」(三八四頁上)

〔五五〕**謂貪多過受,又不服療** 資持卷下二:「『謂』下,顯意。上句示間日,下句明非犯。據本不服,理應成受。制須間日,為抑貪情。又心曾服食,八日成犯,後受相染。今由不服,故得間受,立法有以故令準用。」(三八四頁上)

〔五六〕**相續犯** 簡正卷一六:「謂說淨藥,藥恒服至第八日。雖無長罪,若更服者,以後續前,名相續犯。若別藥即開也。」(九五八頁下)

〔五七〕**正可** 資持卷下二:「藥恰盡也。雖無染犯,不許續加。」(三八四頁上)

〔五八〕**上明相續,對一蜜藥為言** 鈔科卷下一:「『上』下,結指。」(一一六頁下)資持卷下二:「決上相續,須約同藥。」(三八四頁上)【案】此句至「七日更受」,是「五過」的結語。

〔五九〕**展轉易味,七日更受** 資持卷下二:「引僧祇,一體轉易,可證異味,不妨續受。」(三八四頁上)

〔六○〕**自作四法** 簡正卷一六:「約自己作四法也。」(九五八頁下)

〔六一〕**若本心作然燈、塗足受者,不成** 資持卷下二:「然燈塗足,由非服食,義無加受。(古云:油以除風,塗足能履水。西竺多用。)下指所出,義須依準。」(三八四頁上)

〔六二〕**若離時食,不須此語** 簡正卷一六:「謂合時藥,恐中後失受,故須記識。今既無者,不要記也。」(九五九頁上)鈔批卷二五:「謂加記識之意,但為中含時藥,擬轉變故,須加記識。今既無時藥味,故不用加記識也。」(一○二

頁下）資持卷下二：「『記識』用舍不定，故注示之。」（三八四頁上）

〔六三〕應與淨人煮，亦得自煮　簡正卷一六：「約無淨人也。」（九五九頁上）資持卷下二：「注釋展轉之義，油蜜不轉，經煮不失，是以文中唯簡二酥。得自煮者，以生酥先熟，非變生故。」（三八四頁上）

〔六四〕二種煮已，更從淨人受之　簡正卷一六：「有淨人令彼煮，無即自煮。非謂兩煮也。」（九五九頁上）資持卷下二：「『二煮』即上自、他。據本生酥，限滿有觸，味轉失受，事同新物，再受而捉，故不成觸。」（三八四頁上）

〔六五〕以味轉失受，不名惡觸　簡正卷一六：「謂正煮之時，味由未轉，口法尚在，不名惡觸。纔味轉失，受後不得更觸，故不名惡觸。若觸即成惡觸也。」（九五九頁上）

〔六六〕安淨地內，須者自取　資持卷下二：「注安淨地，離內宿也。須自取者，免觸失也。古謂七日藥，開內宿，故持點之。」（三八四頁上）

〔六七〕餘隨對治，如前類準　簡正卷一六：「此文且舉風病加油之法，或熱或冷，服蜜等藥，類前受法。牒病緣及藥名字為異也。」（九五九頁上）資持卷下二：「文舉風病，油藥為法。餘皆準改，故云類準。」（三八四頁上）

〔六八〕藥無八患，如漿中說　資持卷下二：「初，位指前。」（三八四頁上）鈔批卷二五：「謂如上『非時藥』中，明八患等過也。」（一〇二一頁上）

〔六九〕能授人，作三法　資持卷下二：「初須火淨，且據生者為言，二與餘別，必約藥分相雜。」（三八四頁上）

〔七〇〕謂合時食等藥　簡正卷一六：「謂此藥中，或媽頭未麥，即合時食，與非時七日別也。」（九五九頁上）

〔七一〕若單者不須　鈔批卷二五：「謂單是一味，無轉變者，不用加記識也。」（一〇二一頁上）

〔七二〕「體」「分」　簡正卷一六：「如有甘味藥，其中必隨一味，名為某丸，即是藥體。其餘相位者，名藥『分』者。」（九五九頁上）鈔批卷二五：「『體』『分』，謂紫苑等者。立謂：如藥有二十味，其中必隨一味立名，名為某丸散。從此得名者，是藥體也。若其餘相從者，曰藥分也。今應須識，別其體分也。」（一〇二一頁上）資持卷下二：「體謂正藥，分即餘助。二法者，即手、口『二受』。（有云：即體分二藥，屬法所收，故云二法。）」（三八四頁中）

〔七三〕二法別來別受，總來合受　簡正卷一六：「約其藥體分，前來前受，後到後受，若一時來一時受，故曰總來合受也。」（九五九頁上）鈔批卷二五：「謂

體分前後授，須前後受。若一時授、一時受，故言總來合受等。」（一〇二一頁上）資持卷下二：「『別來』謂不同時買，『別受』謂隨得隨加。」（三八四頁中）

〔七四〕薑、椒、橘皮及鱉甲、紫苑丸　資持卷下二：「注牒諸藥。此約藥味未和合者，必是成現丸散，單牒藥君，如云黃蓍散、阿魏丸等。『若』（【案】『若』疑『薑』）下，指例。隨何藥病，準上改牒。」（三八四頁中）【案】「加法」釋文分二：初「言大德」下；二、「今奉法」下。初又分三：初，「言」下；二、「若買」下；三、「若往」下。

〔七五〕如前分別　簡正卷一六：「如上出體中，取分數多者，為藥主。若買藥中，辨先後別受相也。」（九五九頁上）資持卷下二：「即指上注，別標藥目。或可同上，須辨體分，或可指相和體文。彼云隨以藥首標目，餘則藥『分』稱之是也。」（三八四頁中）

〔七六〕若買藥未足，隨得入手，即加口法　鈔科卷下一：「『若』下，別受法。」（一一六頁下）資持卷下二：「初，敘有緣別來。」（三八四頁中）

〔七七〕而體是盡形者，依本名加藥　資持卷下二：「『而』下，明別受。又二：初，加藥體，同上不出。」（三八四頁中）鈔批卷二五：「立謂：買藥未足，但得藥分來，未得藥體來者，以藥分是時藥耳。今言且加法，須牒其盡形藥名，道此『時藥』是彼其丸、散，『盡形藥』之分等。下自出其加法之文。」（一〇二一頁上）【案】「藥」，他本或為「法」。

〔七八〕「時藥」「七日藥」　資持卷下二：「上八物是『時藥』，下三物即『七日藥』。」（三八四頁中）

〔七九〕遇緣　資持卷下二：「他事所阻。」（三八四頁中）

〔八〇〕盡形藥頭　資持卷下二：「即藥體之君。文中且舉一味『時藥』，餘可例牒，故注示之。」（三八四頁中）

〔八一〕若往市買藥，令淨人斷價已，比丘依名，自選取多少，一處著之　鈔科卷下一：「『若』下，自買法。」（一一六頁下）資持卷下二：「令淨人斷價，離販賣故。得自選者，由非己物，不成觸故。」（三八四頁中）

〔八二〕然後令秤，次第受取，不得置地　簡正卷一六：「恐停須臾失受故。」（九五九頁下）鈔批卷二五：「謂放地經須臾失受，有惡觸等過生。後加法者，不得成就也。」（一〇二一頁上）

〔八三〕即覓比丘加之，不得過限　資持卷下二：「有則就市，無則還寺。不然且令淨

人持還，後從手受，事則容緩。不過限者，時內不過中，非時不過須臾。」（三八四頁中）

〔八四〕**今奉法者，希有一二**　鈔科卷下一：「『今』下，斥世不行。」（一一六頁下）資持卷下二：「初，敘恣情慢法。希有一二，言其極小，斯時尚爾，於今可知。」（三八四頁中）

〔八五〕**抑挫佛法**　簡正卷一六：「抑挫者，抑遏不依佛語，即是挫折。」（九五九頁下）資持卷下二：「聖制不行，即是滅法，故云『抑挫』。『抑』謂抑遏，『挫』謂摧挫。」（三八四頁中）

〔八六〕**高談虛論，世表有餘，攝心順教，一事不徹**　資持卷下二：「『高談』下，斥有言無行。『高談』謂超世之語，『虛論』謂言過其實。攝心則動無自任，順教則專奉律儀。此明好大者，據說則超出世表，撿行即混跡常流。一事行之不徹，則無量法行滅於身矣。」（三八四頁中）

〔八七〕**有識者，深鏡大意**　資持卷下二：「『有』下，勸其詳審。鏡，鑒也。」（三八四頁中）簡正卷一六：「今奉法順教，而抑挫貪心，以藥資形，念之為道，即鏡大意也。」（九五九頁下）

〔八八〕**說淨**　鈔科卷下一：「說淨通局。」（一一六頁上）簡正卷一六：「辨七日藥，須說淨，其（原注：『其』疑『具』。）三義故。如抄列（云云）。防護明相，正出時、畜長、非時等過，故手受但局中前，反須臾故，云時少也。」（九五九頁下）

〔八九〕**七日一藥，作口法竟，偏心屬己，須說淨畜**　鈔科卷下一：「初，正明須否。」（一一六頁下）資持卷下二：「初明七日。又二：前明口受須說，文列三義，即體、力、味三，皆強勝，故多貪著。」（三八四頁中）鈔批卷二五：「礪云：其七日藥，加法竟，即得說淨，義亦無妨，不是要滿六日始淨故也。至第八日明相出，『受法』及『說淨法』俱失。所以爾者？『說淨』假於『二受』，受法既失，枝條焉在！又『說淨法』，為防於長，『受法』在時，有長可防。受法既失，（一〇二一頁上）體自無長，焉用淨為？問：『未至八日，無其長罪，若至八日受法失時，淨法復失，何用說為？』答：『若不說淨，越第七日至八日時犯長。以說淨故，越此分齊，則無長過故爾。』問：『說淨竟，藥得服用不？』答：『不得服用。』問：『若俱不得，何用淨為？』答：『若不加淨，染下長生，故必須淨。謂若不說，即犯長。又能染後來淨藥，故須說之。』『若爾，衣作淨竟，應不得用？』答：『內外不同故，如長衣說淨，本為後著，豈得言藥加

說淨！本意為服，以過限藥，雖說淨竟，不得服故。但是恐染後來淨藥，故說淨也。又防現藥之長，故須說也。又長藥不說淨，不開迦提月。迦提本為衣開之，非為藥等開迦提也。』（一〇二一頁下）資持卷下二：「文列三義：即體、力、味三，皆強勝故，多貪著。」（三八四頁中）

〔九〇〕手受七日，時少過希　資持卷下二：「後明手受不須。雖具三義，止齊中、前，故時少，貪畜心薄，故過希。希亦少也。」（三八四頁下）

〔九一〕餘之三藥，反前不具，故不須淨　簡正卷一六：「『時藥』具初、後二義，『非時』具後一，『盡形』具前二，皆互有闕。不具前義，不須說淨，淨法如衣，促段（原注：『促段』疑『但改』。）為『服用隨因緣』也。」（九五九頁下）資持卷下二：「『餘』下，二明三藥不須。『時藥』有第三義，『非時』有初義，『盡形』有第二義，或復兼二，但不具三，故云『反』義等。」（三八四頁下）

〔九二〕淨法大同衣法，唯以「長藥」為異　鈔科卷下一：「『淨』下，略指淨法。」（一一六頁下）資持卷下二：「藥、缽二淨，詞句無別，唯改一『衣』字耳。」（三八四頁下）

〔九三〕「二受」通塞　簡正卷一六：「明『手』『口』受寬狹。」（九五九頁下）

〔九四〕「手受」防盜　簡正卷一六：「『手受』，准『不受食戒』及『七日藥戒』。」（九五九頁下）資持卷下二：「一、不對病，二、不題名，故通自他。」（三八四頁下）

〔九五〕一人受已，通及餘人　簡正卷一六：「是寬。」（九五九頁下）

〔九六〕「口受」亦爾　簡正卷一六：「有兩解，此初解也。即與『手受』通義不別，故云亦爾。」（九五九頁下）

〔九七〕若據對病題名，實亦不通　鈔批卷二五：「私云：若據二人，病殊則一人受已，不通餘人。今為將『口法』加他二通之藥，故得分他共食也。」（一〇二一頁下）簡正卷一六：「『若據』已下，第二解，即不通也。所以然者？對病別故，彼病非此病；又題名別故，某甲比丘，名字不同也。」（九五九頁下）

〔九八〕莫非以其口法，加他二通之藥　簡正卷一六：「『莫非』下，卻明通義也。所以爾者，謂口法加二通之藥，注文自辨，謂藥未失法，與餘比丘服得，即是寬。故於前人受法不失，正釋寬義。」（九五九頁下）資持卷下二：「初，約縱奪以明。謂據法雖局，論藥則通，注示二通。」（三八四頁下）鈔批卷二五：「加他二通之藥者，此是雲律師解也。謂『藥味』本是通『手受』，又是通故，合得與他人食也。謂既『手受』與『藥味』通，一切比丘得食，是汝加法。重加此

藥，豈得味得便有別！今雖加口法，據本得通他食，不（原注：『不』疑『下』。）
文引『七日藥』與諸比丘食。諸比丘既食他第七油竟，（一〇二一頁下）更不
得自受七日油，故知『藥味』是通也，但病緣不通耳。上下諸文，每言食味是
通者，賓云：一、准人情，凡所食噉，理須共人；二、准文驗，如一比丘作殘
法竟，一切共食，皆不犯足。由此二義，故知通，若論鉢衣，必是別屬。如有
一人，作淨施竟，若與餘人，更須作法，故知別屬。上下諸文，數有此義，准
此應知，更不復辨。」（一〇二二頁上）

〔九九〕藥味通　資持卷下二：「資身治病，兼彼此故。手通如上。」（三八四頁下）

〔一〇〇〕何以知之　資持卷下二：「『何』下，引文為證，即長藥戒文。彼明捨有三
別，『六日藥』還主得服，『七日』如鈔引，『八日藥』捨與淨人。」（三八四
頁下）

〔一〇一〕餘如義鈔及疏說　簡正卷一六：「大疏、義鈔也。大疏云：論其『口法』，稱
己名受，於己有法，未捨與人，得就我食，不失『受法』。（九五九頁下）若
決捨與他，『二受』即失故。善見云：藥未滿七日，若捨與人，即失受法，
不應更食也。」（九六〇頁上）

〔一〇二〕薩婆多云　簡正卷一六：「初引多論約日重，正從法說。戒疏云：多論兩斷，
此是初解，不從藥勢，二日但從法論，作七日受，得二日服。舉例，如夏中
受七日法也。」（九六〇頁上）【案】上文「六、二受通塞」已明手受，今又
再明，故為重加。多論卷六，五三九頁中。

〔一〇三〕不從藥勢　資持卷下二：「釋上不作二日也。」（三八四頁下）

〔一〇四〕正從法論　資持卷下二：「正從法論，釋上更加七日也，下引文證。」（三八
四頁下）

〔一〇五〕藥勢相接，七日可知　鈔批卷二五：「首疏引祇云：以藥經宿不得服，故曰
『求覓疲苦』。佛問醫師：『比丘欲使幾日畜藥得安隱耶？』醫答佛言：『藥
勢相接，七日可知。』佛言：『從今日後，聽七日畜。如上淨人誤觸。』」（一
〇二二頁上）【案】僧祇卷一〇，三一六頁下。

〔一〇六〕淨人誤觸七日油中成失　簡正卷一六：「如上護淨中，淨人悞捉七日油。注
云准口法有失，明知更許受。」（九六〇頁上）鈔批卷二五：「對古師言加口
法，准祇不失，今不同古。」（一〇二二頁上）資持卷下二：「誤觸即『護淨』
中，亦僧祇文。此明觸失，顯有重受。」（三八四頁下）

〔一〇七〕極至七日，堅病得消　簡正卷一六：「又為證相接七日也。」（九六〇頁上）

資持卷下二：「『堅病』謂重病也。」（三八四頁下）【案】成論卷一，二四六頁上。

〔一〇八〕**若病比丘須七日藥，自無淨人，求倩難得**　資持卷下二：「初，敘本制緣。」（三八四頁下）簡正卷一六：「准論，若有淨人，即令收掌，日從彼受，不要對比丘加法。必無淨人收掌，即須加口法已，若要時，即自取之。」（九六〇頁上）鈔批卷二五：「立謂：向若有淨人，則不用加口法，但令淨人掌之，日日從其受取。今為無有淨人，故令其加口法，此是生起加法之意也。」（一〇二二頁上）【案】明「雜相」文分為二：初，「薩婆多」下；次，二、「問此手」下，三對問答。「倩」即請。多論卷六，五三九頁中。

〔一〇九〕**或更以餘不受藥來雜，應加手口「二受」，復得七日服**　資持卷下二：「『若作』下，二、明遇緣再受。即如上引，更加餘藥相雜。」（三八四頁下）簡正卷一六：「『若作口法』下，重引多論也。作法加已，從一日至第五日已來，被觸失許，再作七日受。若六日已去觸者，不許重加，以將滿位故。問：『此段文，從一至五，觸失，（九六〇頁上）更加二受，復得七日服，豈非從重受日，更數取七日？前段文中，但約藥勢相接，取七日不從法論，同是多論一文，何得前後俛楯？』答中，初依搜玄和會，云：『雖同多論，二師意殊。前師恐於律教從急，故相接七日以言。後師意在接機，稍似寬緩。二執不定，恡事隨依。（已上略彼大意也。）鏡水大德云：諸記家雖釋此文，並未知前後引用之意，前重加進不，科中單約觸失，以辨重受義竟。若約將餘未受藥來，雜王受之藥，亦成觸失。重加受失分齊，日數如何，是以向此第八科中，名為雜相也。若不作此分開，即前後兩文，皆明重加受法，前既述了，後文論量，可不重疊（此且分抄前後文意。）也！若解義者，搜玄釋由未了。今解云：若但觸而失受，即還他前段文收，必若重加，但相接取其七日也。若以餘未受藥來，投此受了之藥觸失，即須分強弱，必受了舊藥多，未受新藥少。來觸失者，雖再加七日法，據藥勢相接，亦但至七日。或舊抄少新多，重加受法，即隨所觸日，更斬新數滿七日，正屬此文之意。如斯解判，亦准論文，誠非濫說。」（九六〇頁下）鈔批卷二五：「礪云：此七日藥，加『二受』竟。若淨人觸，即便失受。如淨菓已不受，佛言更受。又，多論云：說口受已，淨人若觸更受，故知失。（一〇二二頁上）問：『觸既失受，何故口法為防失受？』答：『口防任運失，不防遇緣失。淨人觸者，以緣強故，口法不防。又，復若遣口法，防遇緣失受者，遇緣失受，通該四藥，

口法受之。亦應通時亦然，時無法明防任運。又有一義，遇緣無過，口法不防故。使多論中觸聽更受，既隨聽服，何須口法？以防遇緣，任運時過，有其觸宿，明須口受，預防任運。』」（一○二二頁下）

〔一一○〕**若病重不能口受，亦直爾得服**　資持卷下二：「『若病』下，四、明重病代受。」（三八四頁下）

〔一一一〕**此手口『二受』，防護何罪**　鈔科卷下一：「初，問防罪多少（二）。初，正明防罪（二）。」（一一七頁中）資持卷下二：「制加二受，本為離過，欲明所防名相多少，發問示之。」（三八四頁下）【案】初問答下分二：初，問答；二、「因明」下。

〔一一二〕**答**　簡正卷一六：「正答防罪數。『時藥』手受，正防不受，義兼惡觸。以不受便捉，有惡觸故。『口受』亦爾。不防餘者，午後即失，故無『二宿』及『非時』。以現受食故，不防二煮。四藥『手受』，防二罪亦同也。」（九六一頁上）【案】此答句結構複雜，分四種，每種又分「手受」和「口受」兩種。每種又各有分列。

〔一一三〕**手受，防二罪，不受，惡觸**　鈔科卷下一：「『如』下，四藥別論。」（一一七頁下）鈔批卷二五：「立謂：向若不手受，一往而食，得不受罪，手（原注：『手』疑『并』。）惡觸罪。」（一○二二頁下）資持卷下二：「次，別論中。罪相交雜，以類收之。手防二罪，四藥並同，『不受』是提，『惡觸』得吉。口受四別，時藥口加，但替手受，亦不延時，罪同手受。餘之三藥，過中失受，『不受』提，『惡觸』吉。此之二罪，則通三藥。『殘宿』一提，通後二藥。『內宿』等三，不開『七日』，唯局『盡形』。（戒疏『盡形五罪無內宿』者，文誤。）」（三八四頁下）扶桑記：「文誤，疑即寫誤。……據律文中，內宿一罪，盡形藥開。」（三三四頁上）

〔一一四〕**口受同之**　鈔批卷二五：「謂難緣置地受時，口言『受受受』，喚此為『口受』，還防『不受』、『惡觸』二罪，故云同然也。四藥之中，『手受』皆能防此二罪。」（一○二二頁下）

〔一一五〕**口防二罪**　簡正卷一六：「過午一瞬恐失，故過午失受，便任運有惡觸。今口能防。下二藥『惡觸』，義同此說。不防餘四者，但得四明相，故無『二宿』，況是熟藥。或生飲者，無二煮也。」（九六一頁上）

〔一一六〕**防過中失受**　鈔批卷二五：「過午一昫髮，即失受也。今加口法，故不失也。」（一○二二頁下）

〔一一七〕**防過時失受** 鈔批卷二五：「立謂：既過午，失受而捉，即有惡觸罪也。」
（一〇二二頁下）

〔一一八〕**手受，防二罪，同漿中** 鈔批卷二五：「同上非時藥中，一防不受，二防惡
觸。昔云防內宿。」（一〇二二頁下）

〔一一九〕**口防三罪** 簡正卷一六：「防三者，上二同前，更防殘宿，以受經夜。今有
此罪，今口法能防。『昔云防內宿』下，大疏云：『若還置淨廚者，用結何
為？』」（九六一頁上）

〔一二〇〕**防內宿** 簡正卷一六：「大疏云：『若還置淨廚者，用結何為？』」（九六一頁
上）

〔一二一〕**此無律文，以盡形為證，例知不開** 鈔批卷二五：「立謂：此破古人義。古
人云：七日藥，若加法竟，『共宿』無『內宿』之過。今不同之。不防『內
宿』，雖加口法，須置淨廚中。所以知者？藥揵度云，諸比丘如是念：『盡形
壽藥，得界內共宿、內煮、自煮不？』（一〇二二頁下）佛言：『聽盡形壽藥，
界內共宿、內煮、自煮。』（述曰：）此則四藥之中，唯開『盡形』，言無內
宿。其『七日藥』不有開文，明知七日不開內宿。然又僧祇比丘往淨廚，取
七日油，誤將淨油來，既七日藥在淨廚中，明和（【案】『和』疑『知』。）
不得同宿。古師不許。既不得同宿，用法何為！『若爾，祇文何通？』答：
『祇據不加法，油故置廚中耳。』」（一〇二三頁上）簡正卷一六：「藥法中，
波離問佛佛（原注：『佛』字疑剩。）：『盡形藥，得內宿、內煮不？』佛言：
『得。』既不對七日為問，證知七日不開也。」（九六一頁上）

〔一二二〕**口防六罪** 簡正卷一六：「或有『內煮』，若合成丸散，則無。若湯等，界內
煮煎之，則有『內煮』，故能防得。亦防『自煮』者，以變湯生成熟，故亦
能防。」（九六一頁上）

〔一二三〕**或有內煮** 鈔批卷二五：「慈云：若出界內則有，故言或也。」（一〇二三頁
上）

〔一二四〕**因明生罪** 鈔批卷二五：「明不淨藥得罪多少也。」（一〇二三頁上）資持卷下
二：「次生罪中。此明二受，合論防罪，翻防故生。寄論名數，故云因明。」
（三八五頁上）【案】「因明生罪」下，分明初時藥、非時藥、七日藥、盡形藥。

〔一二五〕**今既二受，時過患生** 簡正卷一六：「生罪者，謂因『二受』失受之後，卻
有罪生也。」（九六一頁上）資持卷下二：「注示罪生，還從受法。」（三八
五頁上）

〔一二六〕**失受、惡觸** 簡正卷一六:「時藥生二:過午,失受惡觸。經夜坐,殘宿生惡觸,不異前也。『口受』同之。四藥『手受』,皆同此例。『非時』(【案】指『非時藥』。)口生三罪,殘宿、惡觸如上,更加『非時』(【案】指『非時罪』。)。」(九六一頁上)資持卷下二:「『手受』二罪,四藥並同,皆云惡觸,即是二吉。若準戒疏,但云:過午生惡觸,夜盡生殘宿,則一吉一提。疑今『殘宿』下,多『惡觸』字。詳之。『口受』中,『時藥』同上『手受』。『非時』三罪:二提、一吉,通後三藥。『七日』更加犯捨一提,服用一吉,故有五罪。戒疏止生四罪,彼云有人立五,謂服此藥,今解不然。服則有罪,不服無過。不同上四,不服罪生,故知今鈔猶存昔解。」(三八五頁上)

〔一二七〕**經宿,生殘宿、惡觸二罪** 鈔批卷二五:「此約不服,但得二罪。若服者,礪云應得七罪,三提四吉,謂非時、不受、殘宿、內宿、惡觸、內煮,若是生物,有自煮故。」(一〇二三頁上)

〔一二八〕**手生二罪** 鈔批卷二五:「謂同上文,一是過中生二罪,即失受惡觸也。經宿又生殘宿、惡觸也。立謂:若直爾過中即生一罪,若經宿即生二罪。上言『失受惡觸』及『殘宿惡觸』等者,非謂更捉,方有此惡觸,但是藥體限滿,自生此罪。今縱不觸冥之,有此罪生,口生三(【案】『三』疑『五』。)罪等者,此亦約不服故爾。若過服,礪云:六罪謂過服非時藥,有三提三吉,謂非時、不受、殘宿、內宿、惡觸、內煮。(一〇二三頁上)既是熟藥,無有自煮之愆。」(一〇二三頁下)

〔一二九〕**八日明相出為言** 鈔批卷二五:「謂此七日藥生罪者,要是八日明相出,方生此罪也。」(一〇二三頁下)【案】「七日藥」文分為二:初,明罪相;二、「問云何」下。

〔一三〇〕**犯捨墮、惡觸、服尼薩耆不捨藥吉羅** 鈔批卷二五:「立謂:此是不應之吉,服此藥故,通得一個不應罪也。」(一〇二三頁下)

〔一三一〕**具足三提二吉** 鈔批卷二五:「謂殘宿、非時、犯捨墮,三提;惡觸并服不淨藥,二吉也。此約生罪,未論服之得罪多少。礪云:『七日藥』過七日已,且起服之,一咽七罪:三提、四吉——謂非時、不受、殘宿、內宿、惡觸、內煮、自煮。食犯捨墮等吉,各不相假,業一緣異故。一咽七罪,亦有殘而非觸,謂遇緣觸失受者是也。此解與鈔不別。鈔文雖無不受之罪,謂至八日,任運失受,非謂能生不受也。此約生罪,未論服之得罪。今若服者,應同礪判。」(一〇二三頁下)

〔一三二〕云何不生不受者　資持卷下二：「戒疏云：有人復立生於不受，今不標古直示今義。」（三八五頁上）簡正卷一六：「意道雖有『不受』罪，且非是因口法生，是本來有，故不言也。不同諸罪，因口法而生故。」（九六一頁下）鈔批卷二五：「立謂：此問意七日藥明相出。既能生三提二吉，何故不生不受罪也？」（一〇二三頁下）

〔一三三〕藥本是不受，猶加口法，失不受　資持卷下二：「答中。初明不生之意，非謂無不受罪，但不因口法而生故耳。」（三八五頁上）鈔批卷二五：「答意云：謂藥先有不受，以本加法，故延於時限，加法時限，加法時防其不受，則無不受罪。至八日旦，受法既謝，其藥任運，復本不受之位，非是能生不受也。皆謂至八日，任運自然失受。若失受已，更不受而食，（一〇二三頁下）則有不受之罪。今既不噉，故無不受。文相易知，細尋自悟。答意云：一切藥等，皆本性是不受。由加口法時，失卻不受法，至八日朝，任運失受法，歸本不受法，非是能生不受法也。」（一〇二四頁上）

〔一三四〕不同殘宿　資持卷下二：「『不同下』舉非殘對顯。」（三八五頁上）鈔批卷二五：「不同殘宿，本體無殘宿，以有口法，至八日旦，即有殘宿生，此則由加法故，得生殘宿。」（一〇二四頁上）

〔一三五〕盡形壽　簡正卷一六：「別辨盡形生六罪：一、失受，二、惡觸，三、殘宿，四、內宿，五、內煮，六、自煮。更添無病，而服得吉。」（九六一頁下）

〔一三六〕手受同前，口受亦有生六罪　簡正卷一六：「亦有者，不定義也，謂乾藥即無二煮故。」（九六一頁下）鈔批卷二五：「礪云：盡形藥無過。既言盡形壽，受法畢竟不失。若無病緣，但得小罪，更無餘咎。若不作口法者，唯無非時一罪，餘悉同有。勝云：言同前者，上有口法防六罪，今無口法，手受既失，還生前六罪。」（一〇二四頁上）資持卷下二：「口生六罪者，牒古解也。古謂生不受故，同上防罪，名數可知。」（三八五頁上）

〔一三七〕無病而服，吉羅　資持卷下二：「『無病』下，顯今義。即戒疏云：口不生罪，由聖開加法不失故，縱令被觸，亦不失受。律中，無病服但吉羅，以有法也。若不加法，還同墮矣。準此但結違教一吉，既不失法，則不生罪也。」（三八五頁上）

〔一三八〕餘如隨相，「非時」「不受」「殘宿」三戒具明　簡正卷一六：「『非時食戒』云：無緣服，得吉。不受食戒中，有決意失受，及遇緣失受等。殘宿戒，亦明殘宿罪。已上六罪，由決意失受，及遇緣觸失本受，不重加法，故有此罪

也。」（九六一頁下）資持卷下二：「『餘』下指證。三戒並云盡形壽藥無病因緣而服，吉羅。」（三八五頁上）

〔一三九〕四藥之中，何故七日罪重、餘三輕者　資持卷下二：「次問中。七日犯長，與三藥別，欲彰制意，故問申之。」（三八五頁上）簡正卷一六：「且約『時藥』七罪。若『非時漿』坐飲，但五罪，無『二煮』也。若變生，或具七日藥，至八日服，更加犯捨捉。『盡形藥』作法加者，病差後，但得一吉。若不加法者，亦同『時藥』。問：『前明非時受不成，今何故云淨人過受，免不受罪？』答：『前約持戒，午後不食，故受不成。今約嗔等者，受亦成故，免於罪犯也。』」（九六一頁下）

〔一四〇〕答　資持卷下二：「答中二義，初是貪畜，二即違教。」（三八五頁上）

〔一四一〕用資　扶桑記：「用資，疑寫倒。」（三三五頁上）扶桑記：「通釋：據此時藥儲畜過中，非時漿留畜至明日，盡形藥無病畜積，上諸罪之外，別可有輕罪歟！」（三三五頁上）

〔一四二〕體現常存　鈔批卷二五：「首疏云：對『時藥』等，雖現既用資強，然體現交盡，多無久畜，聖不制說，無應說之過也。賓云：體現常存者，謂堪久時貯畜也。」（一〇二四頁上）

〔一四三〕答　資持卷下二：「三問答中。初言七罪，約具為言。」（三八五頁上）

〔一四四〕此謂經宿已　資持卷下二：「『此』下，示有無不定。」（三八五頁上）

鉢器制聽〔一〕篇第十九房舍眾具，五行調度，養生物〔二〕附

養生眾具，殷湊繁多〔三〕。隨報開聽，事資道立〔四〕。雖在緣廣被，而法據有準〔五〕。違則斯制，犯則無赦〔六〕。既混其體貌，故分其條格〔七〕。略言來意，別舒如後〔八〕。

【題解】

簡正卷一六：「玄云：上明累形須蔽，法式已彰；次辨段食竟靈（原注：『竟靈』疑『充虛』。次同。），廣論受淨。既曉所盛之藥，須有能盛之器，故次明也。」（九六一頁下）鈔批卷二五：「上明衣藥受淨，無時不須，衣則蔽體御寒，藥則充虛繫命。然藥雖備辨，假物盛持，持藥之能，莫過應器。故次藥後，即明此篇。」（一〇二四頁上）

【校釋】

〔一〕鉢器制聽　簡正卷一六：「若具足梵名『鉢多羅』，此曰『應器』，今但云『鉢』，存略梵也。又解，『鉢』是道具之別名，『器』是盛貯之通號。鉢准正畜立。次，

制名，餘約緣開，故加德稱。……先來意。前明累形須蔽，法式已彰，後辨段食竟靈（【案】『竟靈』疑『充虛』）。次明四藥。既有所盛之食，理有能盛之器，故於罪（原注：『罪』字疑衍。）四藥之後，有此鉢器篇來。釋云者，梵語『鉢多羅』，此云『器應器』，皆存略名，鉢是道具之別名，器乃盛貯之通號，鉢准正畜，故云『制名』。餘後緣開，故加『聽號』，即下法附是開聽也。……若依輕重儀釋，鉢是制教，器屬聽門。」（九六二頁上）鈔批卷二五：「鉢者，是道具之嘉名。器者，盛貯之通稱。鉢則制令畜用，違必獲殃，由是恒沙諸佛聖標，（一〇二四頁上）故制令畜，故曰『制』也。自餘眾具，為物故開，食以下品，一器未足資身，故許鍵鎀等物，違順兩許，故言『聽』也。字體作『鉢』，此形聲字也。『皿』即鉢之形也。上『犮』，『伴鉢』反，即鉢之聲也。（【案】此處所言即『盋』字。）」（一〇二四頁下）資持卷下二：「『鉢』是梵言，『器』即華語。『鉢』則局收器皿，『器』則名通眾具。具云『鉢多羅』，此翻『應器』。準下加法云『應量受』，則是應量之器，對法為名。（有取『三如』釋者亦通，但無據耳。）準章服儀云：堪受供者，用之名為應器，此即對人為目。或處（【案】『處』字不詳，或為『別』字。）說云：量腹而食，故云『應器』，即對食為名。上二字，總所攝之物；（三八五頁上）下二字，即能攝之教物。雖眾多，二教攝盡，一鉢制持，有違結罪。眾具聽畜，方堪受用，故約二教，通收一切。」（三八五頁中）扶桑記：「堪受，有云：下至不犯小罪，而堪可受信心施主之供者，必用此器，故云應器也。」（三三五頁下）【案】本篇文分為二：初，「養生」下；二、「就中」下。

〔二〕**五行調度，養生物**　簡正卷一六：「金、木、水、火、土，此五是造眾具之本，人所流用，故號為『行』，此五攝盡。『調度』即是作具總號。濟形所須，故云『養生』。附此聽門而出也。」（九六二頁上）鈔批卷二五：「由金、木、水、火、土，皆能助道資緣故，又附出也。羯磨疏云：然出家務道，本不謀食，然有待之形，假資方就。俗則餚饍方丈，無思厭背；道則不雜種食，一鉢知足。然古佛道法，以為標幟，故制受畜，無宜缺矣。所制隨身者，由出家之人，虛懷為本，無有住著，有益便停，故制隨身。若任留者，更增餘習。於彼道分，曾無思擇。有人云：累形須蔽，法式已彰，假食充虛，理憑應器，故於藥後次辨鉢器篇也。」（一〇二四頁下）資持卷下二：「『調度』謂調養具度，即眾物之通名。」（三八五頁中）

〔三〕**養生眾具，殷湊繁多**　簡正卷一六：「養育生靈，所須不少，故云『眾具』。殷，盛也。湊，聚也。繁，多也。（九六二頁上）……養育生靈資身，所須不

一,故云眾具。殷,盛也。湊,聚也。謂其物盛聚數曰繁雜,即多名也。」(九六二頁上)資持卷下二:「但明聽門眾具,以制唯一缽,義無相濫,故不敘之。初二句,示物之多。殷,眾也。湊,聚也。」(三八五頁中)鈔批卷二五:「殷者,詩傳云:殷,由象也,大也。言繁多者,如房舍、器皿,資身養體,所須之物非一,故曰也。」(一〇二四頁下)

〔四〕**隨報開聽,事資道立** 資持卷下二:「次二句,明開畜之意。上士一缽,足以存生,下流少缺,不堪進道,故云隨報也。事資是緣備,道立是行成。」(三八五頁中)簡正卷一六:「謂隨上根畜一缽,中器十六枚器,一切所須,皆是隨報開聽,意在事資,希於道立。(九六二頁上)……隨報開聽者,隨上、中、下根,報有殊也。如上根唯一缽,中根許十六枚器,下一切開畜,(九六二頁下)意在事資望其道立也。」(九六三頁上)鈔批卷二五:「謂上士高節,能常乞食。三衣掛體,四海為家。樹下端坐,足堪進道。但中下之流,報力微劣。若制同上,交喪溝壑,縱使勵力前修,而道根後退。故如來大慈門中,聽畜房舍一切重物,意存為道,故佛許之,故曰隨報開聽也。若不為道,一納之衣不許服,一杯之水不可進。(一〇二四頁下)今既開者,為成道業,故曰事資道立。立謂:開其養生調度,資益身器,令道得安立故也。」(一〇二五頁上)

〔五〕**雖在緣廣被,法據有準** 資持卷下二:「『雖』下,明須依法。初句躡前,次句示法。雖云聽畜,非無限量。」(三八五頁中)簡正卷一六:「在緣廣被者,謂資道之緣,廣被末代。法據有准者,而所作法體量色,受用加法,皆處(原注:『處』疑『據』。)制聽之教,一一有憑准也。(九六二頁上)……雖在緣等者,雖在資道之緣,廣被末代,然其所作須具三,如受用加持,須憑教典,故云法據有准也。」(九六三頁上)鈔批卷二五:「立明:雖開畜房舍、重物、百一諸長,此是為緣也。然須據法,有得畜者,有不可畜者,故言『有准』。」(一〇二五頁上)

〔六〕**違則斯制,犯則無赦** 簡正卷一六:「違則斯制者,若於教有違。斯,由此也,即此制與罪。犯則無赦者,若有所犯,此犯終無赦免之斯(原注:『斯』疑『期』。)。不類俗中,遭赦得脫,其罪必須洗滌,方應清淨故。(九六二頁上)……違則斯制者,謂若有違此教,則制之與罪。犯則無赦者,既有違犯,終無赦免之期,不同俗中有過之徒,天恩放赦,則免罪也。」(九六三頁上)資持卷下二:「下二句。明違犯。『斯制』謂制犯赦放也。」(三八五頁中)

〔七〕**既混其體貌,故分其條格** 資持卷下二:「『既』下,顯今篇意。眾具非一,畜

用有濫，故云『混』也。貌，即物之相狀。格，式也。」（三八五頁中）簡正
卷一六：「既混其體貌者，混，亂也。體即本合泥、鐵而成，今用漆、木、銅、
石等，其乖本合。如孔雀青、黑等色，今用素丸、白鐵等，豈非體之與貌相雜
混亂也？故分條格者。（九六二頁上）故者，因由上來混雜繁亂，致分別制聽，
兩種條流，使其格正。（九六二頁下）……既混其體貌者，混，亂也。體合土、
鐵。今乃漆、木、金、銀等乖謂也，乖合是孔雀咽鴿色、或黑或青，今乃捉
鋭、素瓦之非，豈無雜亂也？故分制、聽二種條流，使其格正。此且略明，下
文廣述。」（九六三頁上）鈔批卷二五：「謂既不識或開或制之物相狀如何，及
鉢量之大小等，故下文具列呈露也。」（一〇二五頁上）

〔八〕略言來意，別舒如後　資持卷下二：「指如後者，即下『聽門』。〔有云：前段
敘『聽門』，『既昆』（【案】『昆』疑『混』。）下明制教。非也。〕」（三八五頁
中）簡正卷一六：「略言來意者，結前也。別舒如後，即生下制、聽二文之意。」
（九六二頁下）

就中，先明鉢器〔一〕。

是制教也，故初明之。

餘有養生眾具，入聽門攝，自如後列。初中分七：一、制意，二、
體如，三色，四、量，五、受法，六、失受相，七、受用行護法。

【校釋】

〔一〕鉢器　鈔科卷下一：「初，鉢器是制教。」（一一七頁上～中）【案】「就中」下
　　分二：初，制意，又分七；二、「次，聽教中」下。

初，制意者

僧祇云：鉢是出家人器，非俗人所宜〔一〕。十誦云：鉢是恒沙諸佛
標誌，不得惡用〔二〕。善見云：三乘聖人，皆執瓦鉢乞食資生，無有因
〔三〕，四海以為家居，故名比丘〔四〕。中阿含：鉢者，或名「應器〔五〕」。

【校釋】

〔一〕鉢是出家人器，非俗人所宜　資持卷下二：「僧祇明異俗意。非所宜者，不相
　　應故。」（三八五頁中）鈔批卷二五：「匡山遠法師云：裂裟異朝宗之服，鉢盂
　　非廊廟之器。又，宣云：裂裟無領，標解脫之衣。鉢盂無底，表難量之器。」
　　（一〇二五頁上）【案】僧祇卷二九，四六二頁上。

〔二〕鉢是恒沙諸佛標誌，不得惡用　鈔批卷二五：「遶云：誌者，記也。如見墓誌，

即知是厶家之陵。若見比丘執鉢，即知是佛在世，知是佛之弟子。佛不出世，世無有人解作此鉢。故佛初成道，受四天王石鉢，明是古佛道標，每食常用。有云：鉢之為義，大矣哉。處六物以孤標，對三衣而迥出。則佛佛樹下，各各受持，豈可僧僧眾中，人人共有！」（一〇二五頁上）簡正卷一六：「標，表示也，認也。知是佛弟子故，外道所無。」（九六三頁上）資持卷下二：「十誦、善見，並倣聖意。誌，記也。除受供外，並名惡用。」（三八五頁中）【案】十誦卷三九，二八二頁中。

〔三〕無有因　簡正卷一六：「謂持鉢乞食，以資身命，無有莊因（原注：『因』疑『田』。次同。）、店肆興販，為養生因。故見論云：乞食者，皆是善人之行。捨家學道，棄因業俗務，而行乞食，資生無有也。」（九六三頁上）資持卷下二：「彼論正作『無所依』，食飲居處，皆非己有故。」（三八五頁中）扶桑記釋「無所依」：「現行論本作『有無皆依』。彼云：佛、辟支佛、聲聞，悉行乞食。或貧或富，捨家學道，棄捨牛犢、田業，及治生俗務，而行乞食，資生有無，皆依四海以為家居，是名比丘。」（三三五頁下）【案】善見卷七，七一七頁下。

〔四〕四海以為家居，故名比丘　簡正卷一六：「家者，以隨到處即止住，無繫戀心，乞食資形，乞法資神故，故號比丘。」（九六三頁上）資持卷下二：「天地四外，皆低大海，故云四海。」（三八五頁中）

〔五〕應器　鈔批卷二五：「立謂：是應量之器也，亦云應供之器也。宣云：應供者執之，名應器也。有云梵音『波怛羅』，今言『鉢多羅』，訛也。出要律儀音義云：外國呼為『三波羅育』。又，多云『應量器』者，呼量為『摩那』、（一〇二五頁上）呼器為『頗闍那』。此非正譯。今言應器者，謂是應供之器也。」（一〇二五頁下）

二、體者

律云：大要有二〔一〕，泥及鐵也。五分：有用白銅鉢〔二〕者，佛言：此外道法，若畜得罪。佛自作鉢坯，以為後式〔三〕。十誦：畜金、銀、琉璃、銅、鑞、木、石等鉢，非法，得罪〔四〕。四分亦爾〔五〕。五分：畜木鉢〔六〕，偷蘭。僧祇云：是外道標故，又受垢膩。今世中有夾紵鉢〔七〕、棍瓦鉢〔八〕、漆鉢、瓷鉢〔九〕，並是非法，義須毀之〔一〇〕。

【校釋】

〔一〕大要有二　簡正卷一六：「寶云：准律雜法中，聽畜六種鉢，即鐵鉢、蘇摩鉢、憂伽羅鉢、憂伽賒鉢、黑鉢、赤鉢，成六也。此總而言，不出二種：一鐵，二

瓦，故云大要。故業疏云：雜寶為器，濫在家人，木鉢外道，石鉢唯佛。比丘俱離，但用泥鐵，由離諸濫，省事易得也。」（九六三頁下）資持卷下二：「泥即瓦器。」（三八五頁中）【案】四分卷九，六二二頁上。

〔二〕白銅鉢　扶桑記：「婆羅門女常用白鉢，彼女出家，猶用銅鉢，故制不畜。尼鈔云：用白銅鉢及木鉢等，此是外道法。若畜，得偷蘭遮。」（三三五頁下）

〔三〕佛自作鉢坯，以為後式　資持卷下二：「鉢坯，即未燒者。佛自作者，彼律云：佛在蘇摩國作鉢坯，令窯師燒成金鉢，次成銀鉢，皆言：『王若知者，謂我能作金銀寶。』乃令埋之。後燒作鐵鉢，佛令用之，曰『蘇摩鉢』，從國為名。則知制度，非出凡謀。如前篇云：佛教阿難裁製三衣，良以古佛道法，非佛親示，餘無知者，凡在奉持深須自慶。」（三八五頁中）【案】五分卷二六，一六九頁下。

〔四〕畜金、銀、琉璃、銅、鑞、木、石等鉢，非法，得罪　資持卷下二：「業疏云雜寶為器，濫在家人，木鉢外道，石鉢唯佛。比丘俱離，但用泥鐵。由離諸濫，省事易得故也。後引五分決上罪相，仍引僧祇彰犯（三八五頁中）所以。總判諸鉢，白銅及木，可結偷蘭。餘但非法，準同犯吉。」（三八五頁下）標釋卷三五：「大論云：木鉢受垢膩，不淨故，不聽畜。瓦鐵鉢不熏，亦不聽畜，以熏不受垢膩故。佛自畜石鉢，不聽比丘畜者，以其重故。佛乳哺力，勝八萬白香象，是故不以為重。又是天王鉢，難得故，又欲令佛與弟子異故。」（九二四頁上）【案】阿毘達磨大毘婆沙論卷三〇，一五六頁中。十誦卷三七，二六九頁中。

〔五〕四分亦爾　簡正卷一六：「准四分雜法聚，瓶沙王施僧木鉢，比丘白佛。言（原注：『言』上疑脫『佛』字。）：『不得畜。此外道法；若畜，如法治。』次，以石鉢施佛。佛言：『此是如來法鉢，不應畜；若畜，得偷蘭。金、銀、瑠璃、雜寶等鉢，並云不得畜，畜即如法治也。』」（九六三頁下）【案】四分卷二二，九五一頁下。

〔六〕木鉢　簡正卷一六：「是栴檀木鉢。佛言：『此外道影詰，畜得偷蘭，謂能受膩等。』問：『諸鉢非法，故不開畜。（九六三頁下）石鉢既如法，佛尚自畜自受，如四天王所獻，四鉢合為一鉢而用，何故比丘畜得罪耶？』答：『佛畜鉢者，准智論說：一、是四王、四山頭自然而生；二、此石細滑；三、如來乳哺力強，敵百香象，不以為重。今若開比丘畜者，既無自然，必須求作，妨癈道業。又，石麤受膩，及無力能持，卻生疲惱，故不許也。』又問：『其時四王

所獻四鉢，何故合為一耶？』答：『若受此不受彼，恐違平等之心。又，若俱受四鉢，以無多用，故累於左手之中，重重而着。右手按之，合成一鉢，表利濟無私。』（准見論：賈人施麨時，無鉢受，所以四天王獻也）。」（九六四頁上）鈔批卷二五：「又云：石有麤細，細不受膩，故佛自畜。所以不聽比丘畜者，以其重故。」（一〇二五頁下）【案】智論卷二六，二五二頁下。

〔七〕夾紵鉢　簡正卷一六：「脫空布漆所作也。」（九六四頁上）鈔批卷二五：「謂今時脫空染作是也。」（一〇二六頁上）資持卷下二：「夾紵，即今木骨布漆者是。」（三八五頁下）

〔八〕棍瓦鉢　簡正卷一六：「以石磨瓦上，用土脂捏，使燒更不薰。」（九六四頁上）資持卷下二：「昔云以石磨後，用土脂捏，便燒而不熏者。」（三八五頁下）行宗記卷一五：「『捏』，合作『䃺』，謂揩磨出光。」（七八九頁下）【案】「棍」通「混」。

〔九〕瓷鉢　簡正卷一六：「今瓷瓦器是也。」（九六四頁上）鈔批卷二五：「今時俗人家所用者，是瓷瓦之鉢也。」（一〇二六頁上）資持卷下二：「瓷鉢，即上油燒者。」（三八五頁下）

〔一〇〕義須毀之　資持卷下二：「或令自毀。或準善見，持戒比丘見持木鉢，即須打破，不為損盜。」（三八五頁下）

　　三、色是非

　　四分云：應熏作黑色、赤色。僧祇：熏鉢作孔雀咽色、鴿色〔一〕者，如法。

　　若準律文，並須熏治。律文廣具熏法〔二〕。而世有素瓦〔三〕、白鐵，棍鋧〔四〕「堅硯」反〔五〕。為色者；或先熏鐵鉢而剝落者；先熏瓦鉢，但捏不磨〔六〕，色淺落受膩者；有用麻油塗者——並為非法。親問翻經三藏，云：「中國無用油鉢者；若此土行用〔七〕，一度訖，即打破，不許再用。」五百問中不許受畜。準此，瓦澡罐，義同油鉢。

　　善見云：鐵鉢五熏已用，土鉢二熏已用受持。諸部律並明熏法〔八〕。此方用熏二徧入籠〔九〕，猶未變色，但用法不同。

【校釋】

　　〔一〕熏鉢作孔雀咽色、鴿色　簡正卷一六：「僧祇有三種色，二如抄文，三如迦陵伽鳥色，即赤色也。如『鴿』，即灰青色，『孔雀明』即項上深碧色也。」（九六四頁上）鈔批卷二五：「案祇二十九云：鉢作鴿色者，謂作鴿鳥色也。總有

三種色：一者，作孔雀咽色，賓云：綠光也。二者，如毗陵伽鳥色，相傳云不知似何，今詳蓋赤色也。三、如鴿色。謂謂（原注：『謂』字疑衍。）灰青色也。佛言：『熏時，當作此色，名如法也。』」（一○二六頁上）資持卷下二：「僧祇『青翠』。今多黑色耳。亂（【案】『亂』疑『孔』。）雀咽，即取咽項毛色，鴿色多別。今取青者。」（三八五頁下）【案】僧祇卷二九，四六一頁下。

〔二〕**律文廣具熏法**　資持卷下二：「四分令以泥作熏鉢鑪，以灰平地作熏鉢場，安支以鉢鑪覆上，以灰壅四邊，手按令堅，以巨摩（牛糞）壅四邊燒。今多安鑪在下，僧圓籠覆上，籠中用鐵條橫架，安鉢在中，以竹煙熏之。」（三八五頁下）標釋卷三五：「毗尼母經云：佛聽作熏鉢爐。若麻子，若胡麻子，擣破，用塗鉢爐上。安鉢在中熏之。此爐熏鉢已竟，好舉，莫令見雨。」（九二四頁下）

〔三〕**而世有素瓦**　資持卷下二：「『而』下，斥非。前列五種。」（三八五頁下）簡正卷一六：「素瓦者，即今瓦器。」（九六四頁上）

〔四〕**棍錕**　鈔批卷二五：「『棍』謂作坏（【案】『坏』同『坯』。次同。）已，不熏，但棍坏令光淨，然後燒之也，如北地棍瓦之類也。錕者，如今鐵匠作物已，安火中上鑒是也。今若錢鉢，火中上鑒，非也。字體作『鑒』（『結些』反）。強，上聲也，見說文。案凡造劍之類，初從火出，以水染其刃，使剛強名鑒也。又，音『豎』（【案】『豎』疑『堅』。），見切韻，今作『錕』字，未見。」（一○二六頁上）資持卷下二：「棍錕，古云：燒成後入火，錕令牢也。但棍不磨者，準須熏已，磨退，然後再熏——鐵鉢五遍，瓦鉢二遍。若但一熏，棍令牢者，則色落受膩。油塗似今瓷器，上油燒者。」（三八五頁下）【案】「棍」通「混」，有本作「棍」。

〔五〕**反**　【案】底本為「瓦」，據敦煌甲本、敦煌乙本及弘一校注改。

〔六〕**但棍不磨**　簡正卷一六：「凡作鉢，先須磨上簾（原注：『簾』一作『麁』。）土，次棍，後方入籠熏。今不先磨，但棍便熏也。」（九六四頁上）

〔七〕**此土行用**　資持卷下二：「謂梵僧來此用也。」（三八五頁下）

〔八〕**諸部律並明熏法**　簡正卷一六：「四分明作鉢法：先作爐，種種泥塗，以杏子、麻子、泥裹以灰，（九六四頁上）平地作熏。鉢場安友（【案】『友』疑『支』。），以鉢於上鉢爐覆上，灰壅四邊令堅。次以巨摩壅四邊燒之等。」（九六四頁下）【案】善見卷一五，七七八頁中。

〔九〕**此方用熏二徧入籠**　資持卷下二：「業疏云：西來鐵熏由牢固者，解熏法也。」

（三八五頁下）簡正卷一六：「入籠者，鉢籠也，以鐵作，內安鉢竟，以籠籠，內塗麻油，以牛糞火燒之，得內油烟上鉢上也。」（九六四頁下）

四、量是非

四分：大鉢受三斗，小者受斗半。中品可知。此斗、升不定，此律姚秦時譯，彼國用姬周之斗。此斗通國準用，一定不改。量法俗算有八〔一〕：圭、抄、撮、勺、合、升、斗、斛，謂因增法名也。準唐斗〔二〕，上鉢受一斗，下者五升。

十誦斗量同四分〔三〕。又彼律云：下鉢受一鉢他飯，半鉢他羹，餘可食半〔四〕。僧祇：「鉢他羅」者，受四升〔五〕也。薩婆多云〔六〕，鉢量，論師種種異說，然以一義為正〔七〕：謂一鉢他受十五兩飯；秦秤三十兩〔八〕飯，是天竺粳米釜飯〔九〕。時人咸共計議：上鉢受三鉢他飯、一鉢他羹，餘可食者半〔一〇〕；三鉢他飯，可秦斗二斗；一鉢他羹，可食物半，復是秦斗一斗；上鉢受三斗。律師云「無餘可食物〔一一〕」，直言上鉢受三鉢他飯、一鉢他羹，留上空處，食指不觸中。中、下二鉢，可以準知〔一二〕。見一肆上好鉢，圓正可愛〔一三〕。律師云：「佛初出世，眾僧無鉢，佛敕帝釋，令天巧工作十萬鉢在世間。」肆上鉢者，是彼天鉢，非是人造。毗尼母云：不滿斗半，若過三斗者，不成受持。

然則諸部定量，雖無一指，然多以三斗、斗半為限〔一四〕。但此器名「應器」，須依教立。律云「量腹而食，度身而衣，趣足而已〔一五〕」。言通增減，必準正教〔一六〕。世執小鉢者多，大者全希，豈非狹局貪著數受多益之相？既號非法，不合說淨、受持〔一七〕。

【校釋】

〔一〕量法俗算有八　資持卷下二：「孫子算經：十粟為圭，十圭為抄，十抄為撮，十撮為勺，十勺為合，十合為升，十升為斗，十斗為斛。相因增法，示可準據。」（三八五頁下）扶桑記：「十粟，濟緣一上、四上，及會正、簡正、鈔批等，並六粟為主；今記及正源記十粟為圭，恐孫子算經有異本歟！」（三三六頁上）【案】「八」，底本為「粟」，據大正藏本改、貞享本、敦煌甲本、敦煌乙本、敦煌丙本及弘一校注改。

〔二〕唐斗　資持卷下二：「唐朝雜令，用姬周三斗為一斗。今此俗中，例用唐斗，宜準為量。」（三八五頁下）簡正卷一六：「十舛大斗，計與小斗三斗，其義不

殊也。」（九六四頁下）

〔三〕十誦斗量同四分　資持卷下二：「上二句標同，謂三品大小也。」（三八五頁下）鈔科卷下一：「『十』下，引他部同異。」（一一七頁下）

〔四〕下鉢受一鉢他飯，半鉢他羹，餘可食半　資持卷下二：「『又』下，示異。彼明『下鉢』受兩鉢他。『鉢他』，即梵國量名。準下（【案】『下』疑『此』。），一鉢他半為周一斗，即唐三升三合強。餘半鉢他，（三八五頁下）為周三升三合，即唐一升強。總計唐升四升已上，為下品量，故註引僧祇合之。應知彼律四升即據下品。」（三八五頁下）簡正卷一六：「彼律更有鉢他之言，而不辨鉢他大小也。」（九六四頁下）【案】十誦卷七，五三頁中。

〔五〕鉢他羅者，受四升　簡正卷一六：「玄云：若計此律，下鉢似大，除餘可食物，亦有六舛（【案】『舛』疑『升』。次同。）。雖此注之，簡除不取，但引多論解之。（有記中云祇下鉢有八舛故，成大也。）」（九六四頁下）資持卷下二：「『鉢他羅』，『他與多』音之轉耳。僧祇在宋朝翻，尺、斗並依元魏，大同唐朝，故用四升為下鉢也。」（三八六頁上）標釋卷一〇：「楞伽經以一鉢他翻為一升，準論僅可七合。此或時代不同，升有大小也。」（五四二頁上）

〔六〕薩婆多云　資持卷下二：「次，引婆論會同四分，文為五段。」（三八六頁上）簡正卷一六：「謂彼論師多有異說解判，然論中自以一義為正，謂『鉢他』受十五兩飯。（寶云：十五兩是西五秤也。）」（九六四頁下）

〔七〕鉢量，論師種種異說，然以一義為正　資持卷下二：「初，標示論師，即彼論自指。」（三八六頁上）鈔批卷二五：「案多論第五六：鉢者三種，謂上、中、下者。受三鉢他飯、一鉢他羹，餘可食半羹，是名上鉢也。下者，受一鉢他飯、半鉢他羹，餘可食物半羹，是名下鉢也。上下兩間，是名中鉢。若大於大鉢、小於小鉢，不名為鉢。『鉢他』者，律師云：諸師以種種異說，然以一義為正：謂一鉢他，受十五兩飯，秦稱三十兩飯，是天竺粳米釜飯。時人咸共議計，謂上鉢受三鉢他飯、一鉢他羹，餘可食者半羹。三鉢他飯，可秦升二升，一鉢他羹，餘可食者半羹。三鉢他飯，可秦斗（原注：『斗』本文作『升』。）二斗，一鉢他羹。餘可食物半羹，是一鉢他半也。復得秦斗一斗，上鉢受秦斗三斗。」（一〇二六頁下）

〔八〕秦秤三十兩　簡正卷一六：「玄云：是姬周所用秤也。」（九六五頁上）

〔九〕天竺粳米釜飯　資持卷下二：「『釜飯，謂釜中煓熟者。」（三八六頁上）簡正卷一六：「似今埯飯也。簡非北地水漬粟米濕飯故。彼論第五云：鉢有三種，

上者受三鉢他飯、一鉢他羹，餘可食半。下者受一鉢他飯，（九六四頁下）半鉢他羹，餘可半食物。上、下中間，是名中鉢。若過若減，不名為鉢也。」（九六五頁上）鈔批卷二五：「謂是倒餕飯也。先將來（【案】『來』疑『米』。）煮取半熟，更上甑炊，名為釜飯。又云：先半煮已，漉取除汁，更著釜中乾炊者是也。」（一〇二六頁下）

〔一〇〕**時人咸共計議：上鉢受三鉢他飯、一鉢他羹，餘可食者半**　資持卷下二：「『時人』下，三、合鉢量。餘可食者，謂蔬菜等。則上鉢共受四鉢他半。一鉢他，秦斗計有六升六合半強，（唐二升二合強。）四鉢他，總二斗六升六合半強，（唐九升弱。）餘半鉢他，計三升三合強，（唐一升計。）共成三斗。（唐為二斗。）」（三八六頁上）簡正卷一六：「時人共議者，西土人也。」（九六五頁上）

〔一一〕**無餘可食物**　資持卷下二：「『律師』下，四、引異議。中、下例餘二品，斗半為下品，即今五升。中間為中品。」（三八六頁上）簡正卷一六：「多論云律師作此斷也。直言上鉢受三鉢飯、一鉢他羹。更無餘可食物，是留鉢上空處也，令指不觸着飯。」（九六五頁上）鈔批卷二五：「無餘可食物者，立謂：鉢中有三鉢他飯、一鉢他羹已，更無餘可食物，則是留上，既空時，指不觸著飯也。」（一〇二七頁上）

〔一二〕**中、下二鉢，可以準知**　簡正卷一六：「中、下二鉢，可以准知，亦是除餘食物。但令食上空處，令指不觸也。（玄曰：文中餘可食物者，應是菜蔬等類也。）問：『四分自有三品量，即當部自是，何須更引十、多？』答：『當部雖有正文，然諸部大小不定，古人多引通文，隨其大小通得。故今師廣引十、四、多、母等教和會。取多分為限，皆是三斗一斗半為量。又，約人有三品食量，不同應彼根機，方名應器，故重引他部也。』」（九六五頁上）

〔一三〕**見一肆上好鉢，圓正可愛**　資持卷下二：「此文欲明親承古式，則前定品量有所準據矣。」（三八六頁上）簡正卷一六：「『見一肆上』等者，亦是論文。圓如珠三分除一，又如鳥卵三分去一。彼羅漢、律師皆知此鉢緣起。」（九六五頁上）鈔批卷二五：「謂薩婆多論主、律師所見也。」（一〇二七頁上）

〔一四〕**然則諸部定量，雖無一指，然多以三斗、斗半為限**　鈔科卷下一：「『然』下，斥世非法。」（一一七頁下）資持卷下二：「初，指定教量。」（三八六頁上）簡正卷一六：「雖無一指者，諸部不同也。五分：上鉢，三鉢他飯，除羹菜；下鉢，受一鉢他飯，除羹菜。」（九六五頁上）

〔一五〕**量腹而食，度身而衣，趣足而已**　資持卷下二：「『律』下，別斥非法。又二。

初，遮妄執。前引彼所據。業疏云，有人言：律制量腹而食，何定量也？隨得成受，未必依論。此不標古，直爾遮之。」（三八六頁上）【案】四分卷五三，九六二頁。「趣」通「取」，有本據四分改為「取」。

〔一六〕**言通增減，必準正教** 資持卷下二：「『言』下，正斥，上句是縱，下句是奪。」（三八六頁上）鈔批卷二五：「意謂：律雖言量腹而食、度身而衣，此言通過量、通減量，故曰『言通減增』也。今不可依此言而用。必須依三手之量，故必准聖教也。故羯磨疏云：鉢量者，有人言，律制量腹而食、度身而衣，此則何定量之大小也？隨得制受。今解不然。人食少多，自須量斷，及論鉢量，須准聖言。今時有不食之人，或有食一斗者，二食之人則嫌鉢大，一食之人則嫌鉢小。俱須依量，不容臆說。必若過減，無任受淨，審知違教，故受獲罪。」（一〇二七頁上）簡正卷一六：「謂量復而食之言，通於增減。若論鉢量，須依正文。」（九六五頁下）

〔一七〕**既號非法，不合說淨、受持** 簡正卷一六：「非法長者，不須說淨。唯一不用受持，以不合畜故。」（九六五頁下）資持卷下二：「號非法者，違教量故，以須如法，方堪受淨故。」（三八六頁上）

五、加受法

四分無文〔一〕，但言應受持之，今用他部文。

十誦云〔二〕：「大德一心念：我某甲此鉢多羅應量〔三〕受，常用〔四〕故。」三說。善見云〔五〕：若無人時，得獨受持鉢。文準上〔六〕。僧祇云：若十日內捨故受新，十日一易〔七〕。觀其文意，似是獨住比丘法〔八〕。

【校釋】

〔一〕**四分無文** 簡正卷一六：「羯磨疏云：以覺明論主誦本東傳，至於番時，隨出便寫，責成部袟，無暇覆疎，尋復返西，故多缺也。余問于闐國僧：『彼既大弘四分，何以律無論諸受受日等持法（原注：一無『受』等五字。）』答：『此無但脫略耳。』（已上疏文。）受法詞句如文。」（九六五頁下）

〔二〕**十誦云** 資持卷下二：「加受中。二，前引十誦對首法。言應量者，明合法也。體色少濫，品量多乖，故特標之。或可『量』即『教量』，通目三種，並須應法，方得受持。」（三八六頁上）【案】十誦卷二一，一五五頁下。

〔三〕**應量** 資持卷下二：「明合法也。體色少濫，品量多乖，故特標之。或可『量』即『教量』，通目三種，並須應法，方得受持。」（三八六頁上）

〔四〕**常用** 資持卷下二：「示受意也。衣常披著、鉢用有時，故加此語，憶持不忘。」

（三八六頁上）

〔五〕善見云　資持卷下二：「『善見』下，次引心念法。」（三八六頁上）【案】善見
卷一五，七八八頁中。

〔六〕文準上　資持卷下二：「但除初句對告之言。」（三八六頁上）

〔七〕十日一易　資持卷下二：「『僧祇』下，示轉易。謂畜二鉢，無人說淨故。」（三
八六頁上）鈔批卷二五：「謂是元不說淨，人有長鉢，更互受淨，故得十日一
易。」（一〇二七頁上）資持卷下二：「十日內互易受，捨則不犯長，文如二衣
中。」（三八六頁上）【案】僧祇卷一〇，三一四頁下。

〔八〕觀其文意，似是獨住比丘法　簡正卷一六：「破古也。古云是無不（【案】『不』
疑『人』。），不說淨人有長鉢，更互受捨，如衣法。今注但為無人對，故令捨
故受新，即是恒常說淨之者。問：『復有人，要重加法否？』答：『直爾心念永
成，以是嚴制故，不同長衣是聽教，許開十日得人。今無人，且權心念，後若
有人，仍須再說。此是制教，纔得不持即犯，故許獨許受得成也，獨六失法。」
（九六五頁下）

六、明失法諸相。

善見：雖先受持，若穿如粟米，失受持〔一〕。若以鐵屑補塞已，更須
受。若偏、斜、破，並不成受〔二〕。

善見：若買他鉢未還直，不成受〔三〕。其主雖言「但受持」，亦不成
〔四〕。若過十日，不犯長。若買鉢度價竟，鉢主熏已，報比丘知，不往
取，過十日犯捨。若餘人知熏竟，傳向比丘說，聞語不往，無犯〔五〕。

四分：鉢盂孔罅，食入中〔六〕，但洗；餘不出，無犯。準此，不漏故
不失受。

問：「但畜一鉢，不加受法，過限犯捨不〔七〕？」答：「不犯〔八〕。由
是制畜，事同三衣，但犯『不受持鉢』罪。若有長者，準衣說淨。」

【校釋】

〔一〕雖先受持，若穿如粟米，失受持　鈔科卷下一：「約穿損明失法。」（一一七頁
下）資持卷下二：「明失受分齊。」（三八六頁上）【案】本處善見卷一五，七
八八頁中。

〔二〕若偏、斜、破，並不成受　資持卷下二：「『若』下，次，明加法不成。」（三
八六頁上）

〔三〕若買他鉢未還直，不成受　鈔科卷下一：「『善』下，約價直辨成不。」（一一

七頁下）資持卷下二：「明未度價。」（三八六頁上）

〔四〕其主雖言「但受持」，亦不成　資持卷下二：「主言不言，並判不成。」（三八六頁上）

〔五〕聞語不往，無犯　資持卷下二：「未定實故。」（三八六頁中）

〔六〕鉢盂孔罅，食入中　鈔科卷下一：「『四』下，明不漏不失。」（一一八頁下）資持卷下二：「孔罅，謂未穿者。罅，『呼訝』反。」（三八六頁中）【案】四分卷一四，六六三頁中。

〔七〕但畜一鉢，不加受法，過限犯捨不　鈔科卷下一：「『問』下，明不加非犯。」（五九一頁上）資持卷下二：「前篇所明三衣不加，過日非長。今欲例同一鉢，故問釋之。不受持罪，即違制吉。」（三八六頁中）簡正卷一六：「又准疏中問曰：『若有二鉢俱未加法，何者犯長？』」（九六五頁下）

〔八〕不犯　簡正卷一六：「前來者不犯，以約鉢是制收，令受持故。後得是長，合淨施故。今若不說，即名犯也。若一時得者，好不犯惡者。若無好惡，隨一不用者，犯長也。」（九六五頁下）

七、明受用行護法

五百問云：若一日都不用鉢食，犯墮〔一〕；重病者，開不用。若出界去，經宿不失〔二〕。五分：諸比丘鉢中歠粥，苦熱不可捉，聽別作歠粥器〔三〕。

毗尼母〔四〕：不得用麤澡豆〔五〕洗鉢，壞色。當熟擣，細物篩而用之。乃至病，亦不得用雜香澡豆洗身。乃至乞食時，各自作鉢絡〔六〕盛鉢，自持之。因與淨人鉢行乞，外道投藥鉢中，比丘死，便制也。僧祇：若洗鉢無坐處者，當僂身踞坐〔七〕，離地一搩手。不得用灰，令色脫。當取樹葉汁、無沙巨磨。謂牛糞也。不得臨岸危處。應先洗師鉢，後洗己鉢〔八〕。不得持己鉢中殘水寫〔九〕師鉢中。乃至洗訖，當踞坐，持鉢囊帶串臂〔一〇〕，著膝上盛之。乃至浣染衣者，先與師染浣。勿以師衣裏〔一一〕己衣漬之。若被綴破鉢〔一二〕，要須食竟，解綴淨洗已，曬令燥，還持繩綴，舉著常處。勿在地上。下至無物，以水洒之安設也。

十誦：鉢是諸佛標誌，不得惡用〔一三〕；新熏鉢，酥著，一心三洗〔一四〕，是名淨；又不得日中，炙令津出〔一五〕，吉羅。毗尼母：不應鉢內洗手。一切處不應用，除病〔一六〕。敬之如目。五分：護鉢如眼睛，洗鐵鉢，聽去地一尺，瓦鉢離地五六寸許。宜著好處安置。不得不拭著日

中曝。若安地上，盛宿食，煖湯洗，盛藥，並得罪〔一七〕。四分〔一八〕：守護此鉢，不得著瓦石落處，若倚刀杖下，若懸物下，若當道中，若石上，若果樹下，或不平地；若戶限內、戶扉下，若繩牀、木牀下——除暫著；若牀間、牀角頭——除暫著。若立盪鉢等，並不合。不得一手捉兩鉢，除指隔中央；或一手捉兩鉢開戶，除用心。乃至足令鉢破等〔一九〕。僧祇：惡心破鉢、三衣、塔、像，解界，破僧房等，皆偷蘭〔二〇〕。好心壞者，文中並開。四分〔二一〕：不得作非鉢用，一切長物不得內鉢中〔二二〕。若畫鉢中華、像、卐字、己名，一切不得〔二三〕。破，不得都塓、纏鉢四邊〔二四〕；若口，應塓兩分〔二五〕，留一分；若星孔多，應盡塓之。用白鑞、鉛、錫也。不得著地，熏〔二六〕壞故；應以泥漿灑地安之，若葉，若草上，若鉢支。故壞者，以白鑞塓底〔二七〕。不得雜沙牛屎〔二八〕洗。以器盛水，漬牛屎，澄去沙用。以外用葉，用華，若果汁洗，取令去膩。若手執難持，作囊盛，繫口，帶絡肩上，挾鉢掖下，鉢口外向〔二九〕。不爾，作函盛之。恐相搪〔三〇〕者，以衣、樹葉隔之，安置杙上。五百問：不得覆鉢壁上，應巾裹懸著壁上〔三一〕。善見：瓦鉢帒串左肩，青色。

【校釋】

〔一〕若一日都不用鉢食，犯墮　鈔科卷下一：「初，受用。」（一一八頁中）資持卷下二：「五百問，二段：初，明制用，彼判犯墮，準律應吉。」（三八六頁中）

〔二〕若出界去，經宿不失　資持卷下二：「『若』下，次明開離，雖不失法，非無違教。」（三八六頁中）【案】五百問，九七八頁下、九七七頁下。

〔三〕諸比丘鉢中歊粥，苦熱不可捉，聽別作歊粥器　資持卷下二：「引五分，緣開不用。歊，『昌悅』反，大欲也。（欲，『呼令』反。）苦，猶患也。」（三八六頁中）簡正卷一六：「歊粥器者，謂口向食呼吸曰歊。器即淺闊鐵、瓦鉢也。文中『苦』字，（去聲呼，音『庫』，患也。有抄中，段作『若』字，非也。）」（九六六頁上）鈔批卷二五：「深云：向食呼吸，名為歊也。准五分文，鉢唯得大、小二食，不得餘用故。彼文云：諸比丘過中用鉢，故佛言：『過中，不應用鉢飲，（一〇二七頁上）聽作飲器。用銅鐵瓦作之也。』」（一〇二七頁下）【案】五分卷二六，一七一頁下。

〔四〕毗尼母　資持卷下二：「母論二節。初明洗物，因制洗身。『乃至乞食』下，次制自持，仍示緣起。」（三八六頁中）

〔五〕澡豆　標釋卷二八：「十誦云：佛聽用小豆、大豆、摩沙豆、踔豆、胡豆屑、

梨頻陀子等。……母經云：比丘法，不得用雜香澡豆洗身，乃至病亦不得用。根本羯磨云，如佛所說，有三種物可用洗手：一是鹹鹵土，二是乾牛糞，三是澡豆。此是開聽。如夜合樹華、木槵、皂莢、澡豆之類，咸堪洗沐。既非遮許，無毒無蟲，用之非過。（……胡豆即秥豆。䑛豆即䎩豆，亦云豌豆。有一類蓽豆，人家亦種，堪食，若用為澡豆，極佳）。」（八三五頁上～下）

〔六〕鉢絡　扶桑記：「絡，縛也。謂以布縛鉢，乃袋耳，以『用』名『體』。」（三三七頁上）

〔七〕當僂身踞坐　資持卷下二：「僧祇初示洗法。」（三八六頁中）簡正卷一六：「踞，蹲也。僂身亦得，簡其直立正。」（九六六頁上）鈔批卷二五：「踞坐者，立云：右腳五指，及膝拄地，腳根以尻坐腳上，左腳平著地上者是也。」（一〇二【案】僧祇分三：初，「若洗」下；二、「應先洗」下；三、「若被綴」下。七頁下）

〔八〕應先洗師鉢，後洗己鉢　資持卷下二：「『應』下，次明兼洗師鉢法。先師後己者，尊人重法，隨事表心故。」（三八六頁中）

〔九〕寫　扶桑記：「尼鈔作『瀉』。」（三三七頁上）

〔一〇〕裏　扶桑記：「尼鈔『裏』作『共』。」（三三七頁上）

〔一一〕串臂　資持卷下二：「串，『古患』反，穿也。後明洗衣，相因而引漬浸也。」（三八六頁中）

〔一二〕若被綴破鉢　資持卷下二：「『若』下，明用破鉢法。」（三八六頁中）

〔一三〕鉢是諸佛標誌，不得惡用　鈔科卷下一：「初，不得非用。」（一一八頁中～下）資持卷下二：「初科，三段，雜明敬護，誡絕非用。十誦一心，謂專意也。」（三八六頁中）【案】十誦卷三九，二八二頁中。

〔一四〕三洗　簡正卷一六：「正三洗者，以是皂莢汁，或水三遍洗之。」（九六六頁上）

〔一五〕令津出　鈔批卷二五：「私云：只是汁出，名為津液也。」（一〇二七頁下）資持卷下二：「日炙津出，為損色故。」（三八六頁中）簡正卷一六：「即肥膩也。」（九六六頁上）

〔一六〕一切處不應用，除病　資持卷下二：「唯除中齋，遮斷餘用。」（三八六頁中）

〔一七〕若安地上，盛宿食，煖湯洗，盛藥，並得罪　資持卷下二：「『若』下，避非。『煖湯』謂沸湯，亦損色故。或是將燒湯洗物即非用，故得罪，並制吉羅。」（三八六頁中）

〔一八〕四分　鈔科卷下一：「『四』下，安著守護。」（一一八頁下）簡正卷一六：「准玄記，科為二：初，明守護法；二、『四分』下，雜辨非法。初又分二：初，正明守護；二、引祇證。」（九六六頁上）資持卷下二：「次科四分。前列十三種安處非法；『不得』下，次，明將持非法。」（三八六頁中）

〔一九〕乃至足令鉢破等　簡正卷一六：「謂所安鉢處，但使得破，便不合也。」（九六六頁上）鈔批卷二五：「謂足使得鉢破也。」（一〇二七頁下）【案】「足」，義為因具有不妥狀況而「足以致鉢破」。四分卷九，六二三頁下。

〔二〇〕惡心破鉢、三衣、塔、像、解界，破僧房等，皆偷蘭　資持卷下二：「僧祇六事並蘭，謂壞三寶，同外道故。今取壞鉢，餘皆因引。」（三八六頁中）簡正卷一六：「輕果蘭，二人悔也。」（九六六頁上）【案】僧祇卷二七，四四四頁下。

〔二一〕四分　鈔科卷下一：「『四』下，破洗持行。」（一一八頁下）資持卷下二：「四分六節。」（三八六頁中）

〔二二〕不得作非鉢用，一切長物不得內鉢中　資持卷下二：「初，制別用。」（三八六頁中）

〔二三〕若畫鉢中華，像、卍字、己名，一切不得　資持卷下二：「『若』下，次，制雕刻。『萬』字，梵體作卍，佛胸前德，人多濫用。今或刺於衣角，是教所開。」（三八六頁中）

〔二四〕不得都墁、纏鉢四邊　資持卷下二：「『破』下，三、明補治。」（三八六頁中）簡正卷一六：「若口纏邊，應留一分。孔多開總漫也。」（九六六頁上）

〔二五〕墁兩分　資持卷下二：「凡鉢上、下、中，分三分故。」（三八六頁中）

〔二六〕熏　資持卷下二：「熏即熏色。」（三八六頁中）【案】「熏」為名詞。

〔二七〕以白鑞墁底　資持卷下二：「用上四物藉之，猶故色壞，方令以鑞墁其鉢底。」（三八六頁中）【案】「故」義為破舊。

〔二八〕牛屎　資持卷下二：「牛屎，西國所貴，此方不用。」（三八六頁中）扶桑記引法苑珠林卷七九：「耶舍法師傳云：西國士俗，以牛能耕地，出生萬物，故以牛糞為淨；梵王帝釋，及牛並立神廟以祀之，佛隨俗情，故曰為淨。」（三三七頁下）

〔二九〕鉢口外向　簡正卷一六：「一解云：不得礙肘。（此非釋也。）二云：以比丘鉢，口向外倒地，鉢緣損身骨折，因制不許也。」（九六六頁上）

〔三〇〕搪　資持卷下二：「二鉢相觸。」（三八六頁下）

〔三一〕不得覆鉢壁上，應巾裹懸著壁上　資持卷下二：「五百問明掛鉢。當使巾裹，

與壁相懸。不令以口覆壁，亦恐損色。」（三八六頁下）簡正卷一六：「如北地用墻作壁，析梁之邊墻，頭長一尺許，於此空處，不得安處鉢，以危險故。」（九六六頁上）

次，聽教中〔一〕

既曰「眾具」，故雜列之。

四分開十六枚器〔二〕，謂：大釜、釜蓋、大盆及杓，小釜、釜蓋、小盆及杓，洗瓶、瓶蓋、盆及杓，水瓶、瓶蓋及盆、杓——則有二釜〔三〕、四盆〔四〕、二瓶〔五〕、四蓋〔六〕、四杓〔七〕。又，有鐵作者出家〔八〕，欲作鉢，佛開作之：須爐、椎、鉗、韛囊〔九〕、錯〔一〇〕、鏃器〔一一〕，並得畜，作帒盛懸杙上。亦開畜熏鉢調度法用等〔一二〕。若縫衣時〔一三〕，須繩墨、赤土、白墡、雌黃、絣線〔一四〕、尺度、縷線、鍼、刀子，補衣等物，並開之，作帒盛之；患鍼零落，作鍼氈及箭，安塞。治鉢須鑽、鍱，並得〔一五〕。蘭若比丘開以火術出火，火母、火子及鑽等竝得〔一六〕。若得七日藥〔一七〕，應著鍵鎔〔一八〕、小鉢、次鉢、大鉢中，不作淨施，大鉢義須〔一九〕。安著杙上、龍牙杙上〔二〇〕。不得畜皮、木鉢〔二一〕。出要律儀：鍵鎔為助食器；鼻奈耶〔二二〕：鍵鎔者，淺鐵鉢也。

四分：老病不堪步涉，聽作步挽車，若輦，若乘〔二三〕；除牸牛、騍馬〔二四〕。若得輦，聽畜，須輦轅及皮繩〔二五〕；若枕、橙，並得〔二六〕。應使寺民、優婆塞、沙彌擔牽〔二七〕。若得車，亦爾，應除織皮繩〔二八〕、髮繩。

十誦：比丘無鍼，不得外行〔二九〕。

五分：非行來處〔三〇〕，若大小便及洗手腳時，聽著屐。四分亦爾。僧祇：畜塼瓦擬揩腳。

十誦：犛牛尾拂，用拂佛塔，故受〔三一〕。僧祇：自今已去，聽捉線拂、裂氈、樹皮等，除犛牛尾、馬尾〔三二〕；金銀柄，一切不聽捉；若白色，染壞用；不得如淫女捉，作姿作相——是名拂法。五百問云：若僧中說法，高座上，不病，不得憑几。捉塵尾，犯墮〔三三〕；非毛者，得。四分：得尾拂，開畜，不得畜織毛毺〔三四〕。多殺細蟲，不得畜之。

十誦：四人已上坐處，長床〔三五〕所攝。

四分：木師出家，一切作器，不應畜〔三六〕。制髮人出家，不得畜剃刀〔三七〕。眾僧得畜剃刀、木作器。角器聽用盛油。別人亦畜油器。若得衣

須浣，開畜浣器及板、剪刀。若不解事數，聽用算子，以帒盛，懸杙上。為治病故，畜剦刀〔三八〕。若煮藥銚〔三九〕，若銅釜、鐵釜、土釜〔四〇〕及三種瓶〔四一〕，煎餅鏉、銅杓、銅鐏，眾僧亦得。若不正，作鉢支。塵坌者，作蓋。若須薪、染草〔四二〕、牛屎等，無人處得持之。見白衣，下著地〔四三〕。寺內得自移礨石、材木等。擣藥須杵、臼、簁箕、筵、掃帚，並開。為治眼故，得畜瑠璃篦〔四四〕。若灌鼻箭〔四五〕，煙箭〔四六〕、吹火箭，若鉗，若椎火把〔四七〕、煖水瓶、注水箭〔四八〕，并洗腳者，供澡槃〔四九〕、洗腳器，所須應與。若得大小豆、麥、胡麻、粳米，應以鉢器為量，不得畜升、斗、秤〔五〇〕。若酥油等須秤量者，聽刻木作銖〔五一〕兩，齊四五兩作，準為斤數。五分初如四分〔五二〕，後與他物，雖多猶瞋少，佛令僧私畜十、斛、升、合及秤。

　　四分：供給和尚，聽用銅槃，若案，若几，所食之物，盡持置上，一時授與〔五三〕。得果多壓取汁飲，開畜厭具。若夜集，闇須燈器——燈炷〔五四〕、鐵著〔五五〕、鐵炷〔五六〕、轉輪燈樹〔五七〕、火爐、燈籠、掃帚、扇——並得別人受。若為護衣故，寺內聽以樹皮，若葉、若竹作蓋，供給蓋具，一切得畜。為補革屣故，開畜錐。得熟皮作革屣，須刀、裁板、劃、磨石等，並開。若刀、錐、籤、毛、縷、皮、劃迸散，聽作囊盛。若織竹作籠，若樹皮籠，聽以毛囊裹外，亦得趣用十種衣作囊，不得以皮作。若刀生壞〔五八〕，聽以氍〔五九〕、劫貝〔六〇〕、大皮等裹刀。若髮長者，開剃刀及鞘，應以劫貝等障，勿令壞。若刃卷，手上波〔六一〕，石上磨，其石納刀囊中。刀鈍者，開畜刮刀〔六二〕。髮散，畜盛髮器。又開鑷子、剪爪刀、刮舌刀、搲齒物、挑耳篦。

　　供給住房比丘法中。聽與大小繩牀、大小木牀、枕、戶排、戶鉤〔六三〕、杖、蓋、扇、水瓶、洗瓶、盛水器、浴室瓶及牀、刮汗刀等〔六四〕。一切白衣器，種作耕犁、撈等〔六五〕，不應畜。一切寶物作諸器，並不得。若道行，恐蛇蝎諸蟲者，當執錫杖〔六六〕搖，若箭盛碎石，若破竹作聲。不得執空中杖〔六七〕，若畜，如法治。若僧集，患熱，聽作大扇；若作轉關扇車〔六八〕，令沙彌推之。若作餅，作豆麨，須麨銚、量麨器、盛鹽敧〔六九〕。此等字錯，應作「奩」字，音「廉」。若酒瓶、木檈〔七〇〕、木匜〔七一〕、匕杓、椀等，皆開。若食飲多，不節成患者，開作浴室。若住房內臭，以香泥乃至四角懸香。

　　增一云，告諸四眾，造浴室五功德：除風，差病，去塵垢，身輕便，得肥白。比丘當方便造立。十誦：邊屏處安浴室，所須者辦之。僧祇：浴時不病，令人揩者，越；五眾自揩〔七二〕亦越，互揩亦越。毗尼母，浴室中，上座應為浴僧說淨因緣〔七三〕：不為嚴身淨潔〔七四〕故；但令除身中風冷，得安隱行道；當為厭患身法；調伏心法，應生慈心〔七五〕；為令得少欲知足故。如是一一事〔七六〕，並有上座說法儀式，隨事誡敕，不復具之。

　　毗尼母，聽畜刀子六種：一、用割皮，剪甲，破瘡，裁衣，割衣上毛縷，六、用淨果。乃至食時種種須故。五分：聽畜拔鼻毛鑷。

　　大論：供給坐禪法〔七七〕，禪杖〔七八〕、禪毱〔七九〕、禪鎮〔八○〕、骨人〔八一〕、禪經〔八二〕、好師、好照〔八三〕、衣服〔八四〕等。

　　毗尼母：比丘止得畜三衣、鉢、坐具、鍼線、囊、瓶、盆等是。不合畜者，女人、金銀、一切寶物、一切鬪戰具、盛酒器等。生人嫌疑故。

　　五分：畫牀不合坐；凡所用盆瓦器物腳，不得作人畜腳相〔八五〕；諸有器皿，各儲備一，擬後破失。

　　四分：若染時，須釜、銅盆、器、鑊、斧、繩、簸〔八六〕，並得；若水井池水欄楯〔八七〕，一切供給。天雨患濕，上安屋；露地有薪，作屋覆之。

　　增一：作房施僧，名「招提僧施〔八八〕」。四分：檀越為比丘作堂，如王住殿，一切所須並開受。諸比丘欲作房〔八九〕，佛令隨作房法，一切聽與。律文事事具出〔九○〕，略不明也。若分得破房，修理不具，不肯取，佛令隨力多少應治，一切所須供給。十誦：佛自執木作具治寺門，僧得畜一切作具〔九一〕。僧坊壞，得持一房賣，治一房〔九二〕，亦得用敷具賣治之。僧坊上座、私房上座，每有破壞雜事，先自手作〔九三〕。迦葉數數蹋泥，泥僧房〔九四〕。云云。比丘得自造舍上木〔九五〕。

　　僧祇：比丘作房，欲自泥壁，五彩畫之〔九六〕，並得，唯除男女和合像〔九七〕；餘山林、人馬，並得。四分：亦不得用〔九八〕。不應文繡裝挍，聽用餘雜色禽獸文〔九九〕者。阿難得別房，開受。若僧地中作私房，有客來應起，不起，還僧地〔一○○〕。以無僧地入己。若營屋者，不得卒成，以不堅牢。若作大重閣堂，聽十二年〔一○一〕經營，餘者隨大小量宜。若營事比丘作房成，莊嚴香熏，所須具足者，與房住。九十日一移〔一○二〕。

不得更受餘房。若有俗人能治破房〔一〇三〕者，白二與之〔一〇四〕。五分：諸房上皆題「某甲檀越房〔一〇五〕」。十誦：若以房施僧，轉施尼者，是非法施、非法受、非法用〔一〇六〕。若施尼轉與僧，亦爾。若房舍、臥具有檀越者，但得看視，不得奪一與一〔一〇七〕。治壞房者，六年與住，作新房者，十二年住〔一〇八〕。僧祇：先是僧房破壞，更易戶響，二三年，隨功夫多少〔一〇九〕，羯磨與住。若空房不任住治事者，應與一時住〔一一〇〕。若牀几、枕褥垢膩破，更染浣補治者，亦一時住〔一一一〕。

【校釋】

〔一〕聽教中　鈔科卷下一：「『次』下，眾具入聽門。」（一一七頁上）【案】聽教中，鈔科分為十四。

〔二〕四分開十六枚器　資持卷下二：「四分七段。初明眾器。枚，枝也。今但取箇數耳。『謂』下，列名，即二釜、二瓶，各有四物。」（三八六頁下）簡正卷一六：「此之十六，居須說淨，僧得直畜。」（九六六頁下）【案】四分卷二四，七三二頁上。

〔三〕二釜　鈔批卷二五：「一大一小也。」（一〇二七頁下）

〔四〕四盆　鈔批卷二五：「淨穢上下用也。」（一〇二七頁下）

〔五〕二瓶　鈔批卷二五：「一是房中淨用，一以大小便用也。」（一〇二七頁下）

〔六〕四蓋　鈔批卷二五：「兩个覆釜、兩个覆瓶也。」（一〇二七頁下）

〔七〕四杓　鈔批卷二五：「一瓷各用一杓也。」（一〇二七頁下）

〔八〕鐵作者　資持卷下二：「『又』下，次明鐵作具。」（一〇二七頁下）【案】「鐵作者」即鐵匠。四分卷五二，九五二頁中。

〔九〕鞴囊　資持卷下二：「鞴，『薄拜』反，韋囊，吹風入鑪。」（三八六頁下）

〔一〇〕錯　資持卷下二：「『錯』即是鑪。」（三八六頁下）鈔批卷二五：「『千各』反，鑪也，北人呼為錯，南人曰鑪子也。」（一〇二七頁下）

〔一一〕鏇器　資持卷下二：「鏇，音『旋』，古作去呼，謂轉軸用以裁器。（似今錯木塑車。）」（三八六頁下）鈔批卷二五：「『似絹』反，圓鑪也，謂以繩轉軸裁器具便員者。」（一〇二七頁下）簡正卷一六：「規車也。銅作家轉軸裁器也。」（九六六頁上）

〔一二〕開畜熏鉢調度法用等　資持卷下二：「『亦』下，三、明熏鉢物。即熏鑪、熏籠等。」（三八六頁下）

〔一三〕若縫衣時　資持卷下二：「『若』下，四、明作衣具。」（三八六頁下）【案】此

處四分卷二二，九五二頁～九五四頁。

〔一四〕絣線　資持卷下二：「絣線，振墨取直也。」（三八六頁下）鈔批卷二五：「私
　　　云：如墨斗中線，似彈物令直也。此中諸文，皆依律中衣房草等揵度錄出，故
　　　多少瑣。昔有論師，見講皮革揵度，調捋講律者云：律中都無深義，科文但言
　　　始從『刀子柄』，終乎『乳腳錐』。」（一〇二七頁下）

〔一五〕治鉢須鑽、鍱，並得　資持卷下二：「『治』下，五、明補鉢具。鑽，『子算』
　　　反，錐也。鍱，音『葉』。」（三八六頁下）

〔一六〕蘭若比丘開以火術出火，火母、火子及鑽等竝得　資持卷下二：「『蘭若』下，
　　　六、明火具。火母所鑽物，如竹木等。火子取火物，如乾艾等。鑽即火鑽，亦
　　　用竹木為之。」（三八六頁下）鈔批卷二五：「火術者，濟云：鑽火調度，通名
　　　術。琳云：火珠是也。」（一〇二八頁上）簡正卷一六：「火術者，（謂出火具
　　　通名。）火子，（律云：須鑽火子，聽作等。）」（九六六頁上）扶桑記：「博物
　　　志：削冰令圓，舉以向日，以艾承其影得火，號冰臺。」（三三七頁下）

〔一七〕若得七日藥　資持卷下二：「『若』下，七、明諸鉢。初因得藥，令置四種鉢中，
　　　故知得畜，文中通云不作淨施。」（三八六頁下）

〔一八〕鍵鎡　扶桑記：「僧祇律音釋云：鍵鎡，梵語也，此云淺鐵鉢，今之鐼子也。
　　　鍵，音虔；鎡，音咨；鐼，音訓。百丈清規謂：小鉢曰鐼。」（三三七頁下）

〔一九〕大鉢義須　資持卷下二：「然大鉢應量，理必須說，故注決之。（據律，應是
　　　『不應量』者。）」（三八六頁下）簡正卷一六：「鈔意：若斗半已上、三斗已
　　　下應量大鉢，義須說淨。今律既云不作淨施，應是三斗已上過量大鉢盞，聽畜
　　　用，不許說淨受持。若是應量，不令非用，理須須（【案】『須』疑剩。）施，
　　　恐人濫將應量大鉢盞不說淨，故此簡之。」（九六六頁下）

〔二〇〕龍牙杙上　資持卷下二：「杙頭雙出，像龍牙故。」（三八六頁下）

〔二一〕不得畜皮、木鉢　資持卷下二：「故知上四，並據泥鐵為體者。」（三八六頁
　　　下）

〔二二〕鼻　【案】底本為「毗」，據敦煌甲本、敦煌乙本、敦煌丙本及鼻柰耶改。鼻
　　　柰耶卷五，八六九頁上。

〔二三〕老病不堪步涉，聽作步挽車，若輦，若乘　資持卷下二：「老病開作。挽，即
　　　牽也。輦謂小車，或用畜駕，或是人荷牸牛。」（三八六頁下）簡正卷一六：
　　　「器用之輦，天子所乘也。自秦已前，輦舉（【案】『舉』疑『輿』。）不分，
　　　並一名也。秦李斯分二，天子所乘名輦。」（九六六頁下）【案】四分卷三九，

八四八頁下。

〔二四〕除牸牛、騍馬　簡正卷一六：「此據比丘說也。」（九六六頁下）資持卷下二：「皆謂雌者之異名。深防觸染，故簡除之。」（三八六頁下）鈔批卷二五：「除草馬者，此據比丘。（一〇二七頁下）若尼，反此。此皆為老病故開。今人少壯而乘者不合，騎他背上已是不可，更加鞭打，事亦難容。今時京中，律師亦出即乘驢馬，將橫帔垂覆驢尾，何成護淨？在房未能事師，出道為驢扇涼。又，多不用坐具敷於鞍上。然街頭賃驢，而驢鞍大有不淨，以雜人騎，女婦亦以曾騎，乃至無褌漢亦乘。即將袈裟塔上，此如何也？然蜀地人不多騎驢，乍可乘峯牛而行也。故彼俗人，賭唱以負者，多遣乘驢。令諸小兒打破皷，或打破瓷，破灌逐後，唱喚用以相恥。」（一〇二八頁上）

〔二五〕若得輦，聽畜，須輦轅及皮繩　資持卷下二：「『若得』下，次明他施得畜。」（三八六頁下）簡正卷一六：「若施僧得畜。如晉恒帝施已（原注：『恒』疑『桓』。）違大師（【案】『違』疑『遠』。），至今由存等。（云云。）輦轅者，舉是人擔之輦，有轅人率也。」（九六六頁下）

〔二六〕若枕、橙，並得　資持卷下二：「枕、橙，並輦上所須。」（三八六頁下）【案】「橙」同「凳」。四分為「橙」。四分卷三九，八四八頁下。

〔二七〕應使寺民、優婆塞、沙彌擔牽　資持卷下二：「『應』下，明駕輦人。簡比丘故。」（三八六頁下）

〔二八〕皮繩　資持卷下二：「『應』下，簡非。織皮，有華文故。髮繩，同外道故。」（三八六頁下）簡正卷一六：「皮繩生虫，髮繩法也。」（九六六頁下）

〔二九〕比丘無鍼，不得外行　鈔科卷下一：「『十』下，畜針。」（一一七頁上）資持卷下二：「彼以針綴衣無，故衣解形露，因制帶行。今用鈎紐，則不須之。此中但明聽畜耳。」（三八六頁下）

〔三〇〕非行來處　鈔科卷下一：「『五』下，洗足具。」（一一八頁上）鈔批卷二五：「非行來處者，立謂：是大小便處等是也。」（一〇二八頁上）資持卷下二：「非行來處，即僻隱處也。」（三八六頁下）【案】五分卷二一，一四六頁下。

〔三一〕犛牛尾拂，用拂佛塔，故受　鈔科卷下一：「『十』下，諸拂。」（一一八頁上）資持卷下二：「十誦尾拂得受，非已用故。犛牛，『莫交』反，多出西方，鬃尾皆赤，多用為拂。」（三八六頁下）【案】十誦卷三八，二七四頁上。

〔三二〕自今已去，聽捉線拂、裂氎、樹皮等，除犛牛尾、馬尾　資持卷下二：「僧祇中，初明（三八六頁下）自畜，則簡畜尾。裂氎，謂剪絹布為條。樹皮，即麻

苧、楊樹等。今多用梭櫚為之。今時後生持扇執拂，多作女態，教名婬女，豈不懷慚！」（三八七頁上）簡正卷一六：「裂疊，即雜帛為之。」（九六六頁下）【案】僧祇卷三二，四八八頁中。

〔三三〕捉塵尾，犯墮　資持卷下二：「塵謂鹿之大者。群鹿行時，看尾指處，即隨所往。講者持拂指授，聽眾故以為名。但不得畜毛為之，故制犯罪。」（三八七頁上）簡正卷一六：「捉塵尾者，鹿之大者曰塵。犯墮者，為損虫命故也。」（九六六頁下）

〔三四〕毢　簡正卷一六：「（『所交』反），鞭頭毢也。」（九六六頁下）

〔三五〕長床　鈔科卷下一：「『十』下，坐床。」（一一八頁上）資持卷下二：「長床即明開畜。」（三八七頁上）

〔三六〕木師出家，一切作器，不應畜　鈔科卷下一：「『四』下，諸雜物。」（一一八頁上～中）【案】「四分」下至「以香泥乃至四角懸香」明雜具，分三：初，「四分木」下；二、「四分供」下；三、「供給住」下。

〔三七〕制髮人出家，不得畜剃刀　資持卷下二：「文相交雜，故細節之。初文為十。初，明器具。剃刀隔絕本習，故不聽畜，餘人應得。」（三八七頁上）【案】此處提到器具共有：剃具、衣具、算子具、治病具、鉢具、擔物、藥具、食具、澡具、斗秤等十種。

〔三八〕剙刀　資持卷下二：「『為』下，明治病眾具。剙，『符碑』反，剝也。」（三八七頁上）鈔批卷二五：「剙刀者，（音『皮』。），廣雅云：剙，剝也。字『金』邊著『皮』，鈹，（『送皮』反。）說文云：大針也。醫家用以破癰也。見應師經音義。」（一〇二八頁上）

〔三九〕銚　簡正卷一六：「銚，（『徒帛』反。）無足，上有銅襻。」（九六六頁下）鈔批卷二五：「音『遙』。」（一〇二八頁上）

〔四〇〕土釜　簡正卷一六：「即耳鍋，玄云合藥用之，以赤膠泥，以赤馬尾剉之，合丹用也。」（九六六頁下）

〔四一〕三種瓶　簡正卷一六：「亦是銅、鐵、土也。」（九六六頁下）

〔四二〕若須薪、染草　資持卷下二：「『若須』下，明擔物。染草謂可染衣者。」（三八七頁上）

〔四三〕見白衣，下著地　鈔批卷二五：「私云：為俗人見，不生善故也。」（一〇二八頁上）資持卷下二：「見白衣放下，護譏嫌故。」（三八七頁上）

〔四四〕瑠璃篦　鈔批卷二五：「以其滑故，將治眼瞙。今醫家多用金邊作也。」（一〇

二八頁上）

〔四五〕灌鼻筒　簡正卷一六：「以蘇等藥置筒中，而注鼻中也。」（九六六頁下）鈔批卷二五：「或竹作筒，以融蘇灌其鼻也。」（一〇二八頁上）資持卷下二：「酢灌鼻治頭痛。四邊流出，須筒灌之。」（三八七頁上）標釋卷一三：「正法念處經云：此足跟通于眼脈。以油灌鼻，以油塗足，能令眼明淨。」（五九三頁上）

〔四六〕煙筒　資持卷下二：「『煙』下，明食具。煙筒引煙出舍。」（三八七頁上）

〔四七〕火把　簡正卷一六：「把，（『步苴』反，用犯火也。）」（九六六頁下）

〔四八〕注水筒　簡正卷一六：「引水入瓮釜中也。」（九六六頁下）

〔四九〕澡槃　簡正卷一六：「供澡槃者，洗手面承水槃也。」（九六六頁下）資持卷下二：「『并』下，明澡洗物。澡槃，謂灌手者。」（三八七頁上）

〔五〇〕斗、秤　資持卷下二：「『若得』下，明斗秤。二十四銖為一兩。」（三八七頁上）【案】四分卷四三，八七六頁下。

〔五一〕銖　【案】底本為「鉢」，據敦煌甲本、敦煌乙本及四分改。

〔五二〕初如四分　資持卷下二：「謂前制兩同，後開出彼。」（三八七頁上）【案】五分卷二六，一七四頁下。

〔五三〕所食之物，盡持置上，一時授與　鈔科卷下一：「『四』下，引供給和尚文。」（一一八頁中）資持卷下二：「五段。初，明食飲具。一時授與，謂先從人受然後奉師。」（三八七頁上）簡正卷一六：「明養生物。」（九六六頁下）【案】本節文分為五：一、「四分」下；二、「若夜集」下；三、「若為護」下；四、「為補革」下；五、「若刀錐」下。

〔五四〕燈炷　資持卷下二：「然燈器。」（三八七頁上）

〔五五〕鐵著　簡正卷一六：「桃燈杖也。」（九六七頁上）

〔五六〕鐵炷　資持卷下二：「持燈爐者。」（三八七頁上）簡正卷一六：「以鐵為棬，上安鵶觜，（九六六頁下）用秉燈心，免燒燈盞也。」（九六七頁上）

〔五七〕轉輪燈樹　資持卷下二：「轉輪燈樹，謂作層輪，周匝安燈機關，運轉形如樹焉。」（三八七頁上）

〔五八〕生壞　簡正卷一六：「謂刀生秀也。」（九六七頁上）資持卷下二：「生壞，謂上垢也。」（三八七頁上）

〔五九〕毲　鈔批卷二五：「細毛衣也。」（一〇二八頁上）

〔六〇〕劫貝　鈔批卷二五：「樹華衣，亦云草華織以為衣也。」（一〇二八頁上）標釋卷二〇：「或云吉貝，木綿也。」（七一二頁上）【案】或云「結貝」。

〔六一〕手上波　資持卷下二：「手上波，謂於掌上翻覆如波。」（三八七頁上）

〔六二〕刮刀　資持卷下二：「刮刀，削刀上垢也。」（三八七頁上）

〔六三〕鉤　【案】底本為絇，據大正藏本改、敦煌甲本、敦煌乙本、敦煌丙本及弘一校注改。

〔六四〕浴室瓶及牀、刮汗刀等　資持卷下二：「『浴』下，洗浴具。」（三八七頁上）
　　　　【案】「汗」，底本及敦煌甲本、敦煌丙本为「汙」，據四分（為「污」）改。

〔六五〕一切白衣器，種作耕犁、撈等　資持卷下二：「『一切下』遮諸俗物。犁，耕田器；撈，治田具。今俗呼為杷（『白駕』反）。」（三八七頁上）簡正卷一六：「撈，（『力到』反。）破土用之。江東呼為把，山東名撈，關內名磨。」（九六七頁上）鈔批卷二五：「撈，（『力違』反。）應師云：編棘為足，之（【案】『之』疑『以』。）用平土塊。山東名撈，關中名磨也。（一〇二八頁上）私云：京中城西曽見也。編棘樹子作，將樹尾織相，著狀似擺（去聲），留樹頭向後，以當擺齒，其陸田稀竟，即將此物牛牽，以石與土壓上使重，用平田也。」（一〇二八頁下）【案】此處四分卷五二，九五四頁～九五六頁。

〔六六〕錫杖　資持卷下二：「『若』下，明執杖。錫杖者，據律本為警蟲獸。（三八七頁上）準錫杖經，乃持乞食，振之使聞。……破竹作聲，俗謂散杖是也。」（三八七頁中）

〔六七〕空中杖　簡正卷一六：「律云比丘執空杖，外道故（【案】『故』疑『放』。）刀釰於內，白王：『比丘有惡意。』王檢得，煞比丘。故佛制也。」（九六七頁上）鈔批卷二五：「立明：腹空，故曰空中也。以腹空有細虫，若捉用，傷虫命也，若傷虫即犯提。直畜捉得，不應吉，故曰如法治也。又解云：外道將刃及餘惡物著中也。」（一〇二八頁下）

〔六八〕轉關扇車　資持卷下二：「轉關，謂作輪旋轉，繞輪插扇，以鼓風也。」（三八七頁中）

〔六九〕鹽毿　資持卷下二：「律本並作『斂』。準字書，合作『奩』，或作『籢』，平底器也。『斂』字，本是上呼，竊疑律本脫『竹』頭耳。」（三八七頁中）簡正卷一六：「鹽（原注：『鹽』字未詳。）毿，合是『匲』字，底平如函也。」（九六七頁上）

〔七〇〕木欓　簡正卷一六：「木欓，（『他朗』反。）有記中作『橖』字，（『他朗』反，竹器短於桶相也）。」（九六七頁上）鈔批卷二五：「欓者，（『他朗』反。）字合『竹』下作『甬』。說文云：大箭也。以木若瓦為之，短闊於桶，律文作『攩』

（【案】四分為『櫺』。）字，（『當朗』反。）廣疋云：櫺莱，莫也，櫺非此義。私云：此物全木，作空中央也。如泉州人蜜筩是也。」（一〇二八頁下）資持卷下二：「櫺，音『儻』，即短桶也。」（三八七頁中）【案】此處四分卷四三，八七七頁中。

〔七一〕匜　簡正卷一六：「匜，（音『移』。）說文云：圓器也，受四舛已匙也。」（九六七頁上）資持卷下二：「匜，合作『巵』，音『支』，謂酒器也。」（三八七頁中）【案】「匜」四分為「巵」。

〔七二〕五眾自揩　資持卷下二：「僧祇明揩洗。自相揩者，謂本眾各相揩也。」（三八七頁中）鈔批卷二五：「五眾自揩亦越者，約當眾為言。」（一〇二八頁下）【案】僧祇卷三九，五四一頁上。

〔七三〕淨因緣　資持卷下二：「淨因緣是通標。」（三八七頁中）【案】「淨」，毗尼母為「洗」。

〔七四〕不為嚴身淨潔故　資持卷下二：「『不為』等者，正示。初，教離過。」（三八七頁中）

〔七五〕當為厭患身法，調伏心法，應生慈心　資持卷下二：「『當』下，教觀行。上句觀身，即不淨九想等。下二句觀心，調伏是止惡，生慈即修善。」（三八七頁中）扶桑記：「文頗省略。本文云『當為說厭患身法，復為說調伏心法，當生慈心』等，如文。通釋：若依本文科分，厭下二句是所說觀行。應下，屬能說人，應生慈心說者本軌，大慈悲為室故。為令下，正顯說意。」（三三九頁上）

〔七六〕一一事　資持卷下二：「一一事，謂大小食、一切眾集等。」（三八七頁中）

〔七七〕供給坐禪法　鈔科卷下一：「『大』下，坐禪具。」（一一八頁上）鈔批卷二五：「案智論第九十一卷云：菩薩供給坐禪者衣服、飲食、醫藥法、禪杖、禪毱、禪鎮，令得好師好照；令得好弟子，受作與骨人令觀；與禪經，令人為說禪法。如是三十七道法因緣之義。」（一〇二八頁下）【案】智論卷九一，七〇五頁。

〔七八〕禪杖　簡正卷一六：「准祇三十五，諸比丘坐禪互睡。佛言：『從今已後，應行禪杖法。』」（九六七頁上）鈔批卷二五：「立謂：將一杖，長數尺，如馬鞭形，以綿纏兩頭。眾人正坐時，恐為睡者。當一人捉，次第巡行，見有睡者，將杖頭拄地一頭，拄其睡者胸前。其人覺已，自起行之，（一〇二八頁下）待得替竟，方得自坐。若未有睡者，且出戶外，小時即入來伺之。又解，用舍羅草，作此杖也。案僧祇云：用竹作，若簟作，長八肘，物裹兩頭，下座應行。行時

不得覆頭著革屣。若有睡者，不得卒忽亦同，不得擣脅，當併邊以杖拄前三挫。復不覺者，若左邊，當拄右膝。若右邊，當拄左膝。覺已，當取杖而行，喚起前法。」（一〇二九頁上）

〔七九〕禪毬　簡正卷一六：「如毛毬，遙擲睡者，令覺。准十誦，五法：一、為怜愍，二、不為惱他，三、為睡，四、頭倚壁，五、舒腳。」（九六七頁上）鈔批卷二五：「立云：『求掬』反，用毛作丸，極輕耎，如世毛毬。坐時恐睡，用放其頭頂。若覺已，即落膝上，不使痛也。」（一〇二九頁上）資持卷下二：「禪鞠如毛鞠，遙擲以警睡者。」（三八七頁中）

〔八〇〕禪鎮　簡正卷一六：「如笏，在頂上作孔，施紉串耳上。昏睡時，即墮地。佛言：一墮，聽舒一足；二墮，申二足；三墮，應起經行。」（九六七頁上）鈔批卷二五：「用骨可角者，可方一寸許，亦如前用法。若有睡者，放著頂上。頭若正時，則不落。若睡時頭動，則落膝上。」（一〇二九頁上）

〔八一〕骨人　鈔批卷二五：「立謂：畫作人骨，坐時觀之。如白骨觀法，觀身亦爾。因得白骨觀成。」（一〇二九頁上）資持卷下二：「即今枯骨圖。假彼色相，以助禪法。」（三八七頁中）

〔八二〕禪經　鈔批卷二五：「立謂：教坐禪法，用經語也。即止觀及禪祕要經等是也。」（一〇二九頁上）

〔八三〕好師、好照　簡正卷一六：「自能入其正，觀物我一如，名好師。令如此師，好教照弟子，名好照也。」（九六七頁上）鈔批卷二五：「立謂：教坐禪師匠也。好照者，立謂：由有好師，能教得理解觀照，知如實法相。若有異見，則是外道也。」（一〇二九頁上）資持卷下二：「好師，凡欲坐禪，必先求師。以決疑事，須通大小乘三學，解行兼備，善識時宜之者，故云好也。好照，有說：坐禪處，多懸明鏡，以助心行；或取明瑩現像，或取光影交射。」（三八七頁中）

〔八四〕衣服　鈔批卷二五：「立謂：坐禪所須，衣服資緣，以養身也。若衣服破，則多蚤虱，坐則不安也。」資持卷下二：「衣服謂觸淨換易故。」（三八七頁中）

〔八五〕人畜腳相　資持卷下二：「似今床器，作獸面豹腳之類。」（三八七頁中）

〔八六〕籤　資持卷下二：「籤，『七廉』反，釘橛，用絞衣也。」（三八七頁下）

〔八七〕若水井池水欄楯　資持卷下二：「『若』下，護井。」（三八七頁下）簡正卷一六：「欄楯者，縱曰欄，橫為楯。若通言之，皆邊作者，皆名欄楯也。」（九六七頁下）扶桑記：「水井，律各出別緣，非寫倒。」（三三九頁上）【案】「水井」，底本為「井水」，據四分文義、大正藏本、貞享本等及資持文義改。四分

卷四九，一七一頁下；卷五〇，九四一頁下。

〔八八〕**招提僧施** 鈔科卷下一：「『增』下，作房等法。初，開受房法」（一一八頁上～中）簡正卷一六：「招提僧施者，為四方僧作來住者，施主自供須也。」（九六七頁下）資持卷下二：「初科，前明受他施。招提通四方僧受用。」（三八七頁下）【案】「增一作」下至末，分三：初，「增一作」下，開受房法；二、「十誦佛」下，明自營治；三、「僧祇比」下，引五部明賞功。

〔八九〕**諸比丘欲作房** 資持卷下二：「『諸』下，次，明開自造。但須應量，如『二房』中。」（三八七頁下）【案】四分卷五〇，九三七頁上。

〔九〇〕**律文事事具出** 資持卷下二：「『律』下，指廣。即房舍犍度中，彼明作房法。……一一白佛。佛並言聽，故云『事事』等。」（三八七頁下）

〔九一〕**佛自執木作具治寺門，僧得畜一切作具** 鈔科卷下一：「『十』下，明自營治。」（一一八頁中）資持卷下二：「次科五節。初明佛自執作。佛在阿羅毘國，見寺門楣損，乃自修之。『僧』下，明作具。」（三八七頁下）鈔批卷二五：「案十誦云：佛在阿羅毗國時，寺門楣破，佛問阿難：『是寺門楣，何以破耶？』答言：（一〇二九頁上）『木師忙懅，不得作。』佛即令求木作具來，阿難取已，佛以自治塔門楣。治已，語諸比丘：『從今聽畜一切木作具，隨比丘得治者應治。』」（一〇二九頁下）【案】十誦卷三八，二七七頁中。

〔九二〕**僧坊壞，得持一房賣，治一房** 資持卷下二：「『僧坊』下，迴易修治。」（三八七頁下）

〔九三〕**僧坊上座、私房上座，每有破壞雜事，先自手作** 資持卷下二：「次『僧坊』下，制上座自作，以勵餘人猶恐目恃，仍引迦葉為況。多論云：舍利弗經營祇桓精舍，目連經營五百精舍。彼論問曰：『諸弟子所作已辦，何故方復棲棲有所經營，作諸福業？』答：『一、為報恩故；二、為長養佛法故；三、為滅凡劣眾生作小福業，自貢高故；四、為將來弟子拆伏憍豪心故；五、為發起將來眾生福業故。』」（三八七頁下）

〔九四〕**迦葉數數蹋泥，泥僧房** 鈔批卷二五：「迦葉數蹋泥，泥僧房者，佛在王舍城時，瓶沙王往詣竹園觀看。王問：『長老大迦葉今何在？』比丘答言：『今在耆闍崛山上蹋泥。』王即往見。問言：『大德何故自作？』答言：『大王，誰當為我作？』王言：『我當與作人。』語已便還。後時，王又到竹園觀看，如前問覓大迦葉。諸比丘答言：『在耆闍崛山上蹋泥。』王往見，如前問答。王言：『我當與作人。』迦葉答言：『大王數作此語，而不見與。』王時慚愧，問大

臣：『我先有此語耶？』答言：『王先有是言。』問：『何時？』答言：『某時日
月。』即計先語已來，逕五百日。時人捕得五百群賊，送與王，令殺。王問賊
言：『汝能供給善人不？』答：『能。』王欲令此五百人供給比丘。恐其偷奪諸
比丘物，多給田宅人民，倍與稟食，去竹園不遠，立作淨人聚落，常供給眾
僧。私云：鈔第三云『守竹園寺五百淨人』，意疑指此文。有人云是也。」（一
〇二九頁下）【案】十誦卷三四，二五〇頁。

〔九五〕比丘得自造舍上木　資持卷下二：「『比丘』下，開道眾役務。『上』字上呼。」
（三八七頁下）

〔九六〕五彩畫之　鈔科卷下一：「『僧』下，莊嚴賞功。」（一一八頁中）資持卷下二：
「僧祇開畫壁。」（三八七頁下）【案】僧祇卷三三，四九六頁下。

〔九七〕男女和合像　資持卷下二：「即作婬像。」（三八七頁下）

〔九八〕亦不得用　資持卷下二：「四分，初明嚴飾。『亦不得用』，同上，除男女合像。」
（三八七頁下）簡正卷一六：「房舍法中，不得作男女合像，同祇文也。」（九
六七頁下）

〔九九〕不應文繡裝挍，聽用餘雜色禽獸文　簡正卷一六：「謂不得盡（【案】『盡』疑
『畫』。次同。）作文繡綵也。雜含獸文也，盡作龍、虬、丘馬等像也。」（九
六七頁下）

〔一〇〇〕有客來應起，不起，還僧地　資持卷下二：「『若』下，明僧地造房。由地屬
僧，理須讓客。占據不起，奪地還僧。」（三八七頁下）簡正卷一六：「不起
還僧地者，以在僧地上造房，有客來，應避與住，不合永占。僧祇入己故。」
（九六七頁下）【案】四分卷五一，九四四頁下。

〔一〇一〕十二年　資持卷下二：「極一紀故。」（三八七頁下）

〔一〇二〕九十日一移　資持卷下二：「取一安居期故。」（三八七頁下）

〔一〇三〕若有俗人能治破房　資持卷下二：「『若有』下，明治故房。律中，比丘自力
不搆，俗人相兼。由同俗治，必須和眾，故制羯磨與之。」（三八七頁下）

〔一〇四〕白二與之　簡正卷一六：「一別與僧治房，一則與白衣令治。意云先須和僧，
方與。」（九六七頁下）鈔批卷二五：「立謂：僧作白二羯磨，與俗治此壞房
也。私云：律中有兩个白二：一則與僧治房，（一〇二九頁下）一則與俗人
治也。要白二和僧方得。若不和，不得與治。」（一〇三〇頁上）

〔一〇五〕某甲檀越房　簡正卷一六：「以多施主為僧造房，故題記之。」（九六七頁
下）鈔批卷二五：「謂俗人為僧於寺內造房者多，故題施主之名，使知之處

也。」（一〇三〇頁上）資持卷下二：「別標為記故。」（三八七頁下）

〔一〇六〕非法施、非法受、非法用　資持卷下二：「十誦初明僧尼互施。『非法施』是
比丘過，不合與尼故。『非法受』者，僧尼共有是過。『非法用』是尼過。或
可非法受用，並屬尼。」（三八七頁下）【案】十誦卷五〇，三六九頁中。

〔一〇七〕若房舍、臥具有檀越者，但得看視，不得奪一與一　資持卷下二：「『若房』
下，誠主者自任。奪一與一，約人為言。此謂檀越既存，止可隨人看守，（三
八七頁下）不可偏情，將同己物，輒生與奪，護施心故。」（三八七頁下）
簡正卷一六：「不得奪一與一者，但隨其位者，供給不得，隨情與奪也。」
（九六七頁下）

〔一〇八〕治壞房者，六年與住，作新房者，十二年住　資持卷下二：「『治』下，明賞功。
作新同前，修舊減半，功多少故。」（三八八頁上）鈔批卷二五：「此是十誦律
文。若准祇文，稍異。案祇云：檀尼迦於僧地上作房，房成，住未久，多有上
座來，依次第與住。如是漸更造眾，多房盡被僧分。便起怨言：『我辛苦作房，
不避寒暑，作房未成，上座已奪。』諸比丘白佛。佛言：『自今已去，營事比
丘作房，應與五年住。當來僧中，互跪乞法。僧作白四羯磨，與五年住也。』」
（一〇三〇頁上）扶桑記：「作新，濟鈔云：『指上十二年經營之文歟！』而今
十誦文何指同上四分乎！但指上極一紀之邊耳。四分與住，不過九十日故。通
釋：準次科記隨經營年數，亦與賞住，彼作新房，既經十二年，故賞功還與十
二年住；六年亦爾。今且指經營邊，故云作新同前歟！」（三四〇頁上）

〔一〇九〕二三年，隨功夫多少　資持卷下二：「僧祇初明治破房。隨工多少者，謂二
年修治，得二年住。三年，得三年住。」（三八八頁上）

〔一一〇〕若空房不任，住治事者，應與一時住　資持卷下二：「『若』下，次，治空房，
謂非破壞，但闕受用者。」（三八八頁上）鈔批卷二五：「應與一時住者，立
謂：一年有三時，時（【案】『時』前疑脫『一』字。）有四月。今與四月住，
故曰一時也。」（一〇三〇頁上）

〔一一一〕更染浣補治者，亦一時住　資持卷下二：「『若』下，三、明治受用。謂有什
物，但故舊耳。一時，同上九十日。」（三八八頁上）

對施興治〔一〕篇第二十

　　夫福出淨田〔二〕，道起少欲〔三〕。為福之家，唯重唯多〔四〕；受施之
者，唯少唯節〔五〕。多供無厭，是為福之法〔六〕；少受限量〔七〕，信行者

之儀。律云：檀越雖施無厭，而受者應知足也。

但出家之士，形參聖服，有待之形，假資方立〔八〕。施時不取，後須難得。若善應於法，則能所無瑕〔九〕；必於事莫準，使規成何寄〔一〇〕。如能善省時資〔一一〕，令有力無事〔一二〕者，可謂道緣義立，行從此生〔一三〕。

何者？貪心出於情著，無染良由自節〔一四〕。縱心則非味起迷〔一五〕，約志則美膳生厭〔一六〕。所以善惡發於中懷，升沈寄乎方寸〔一七〕。是故為行人者，無宜輕縱，不思時緣〔一八〕，任事生滯，都無儉約。脫漏深網〔一九〕，豈不悲哉！

然渴愛難滿，如海吞流〔二〇〕。若裁之以法，眾患俱息〔二一〕。既能形服異世〔二二〕，標懷遠大，何得於事容斯穢迹〔二三〕？但九流子俗〔二四〕，尚鄙恥衣食〔二五〕，泥三寶聖種，而滯於發足〔二六〕，方墜泥塗〔二七〕，一何可歎！

今略述由漸，下引誡文，使懷道之士，詳而斂跡〔二八〕焉。

【題解】

簡正卷一六：「上衣食事足，房舍器周，實得資形，以修道業。（九六七頁下）若受納乖式，即箸趣遄流，故對資緣，應須作觀，故次辨也。」（九六八頁上）鈔批卷二六：「前篇明鉢，本為受食，對食進噉，理須合儀。若不立觀，斯成苦本，故有此文來也。言對施者，然耕田種殖，非出道之儀；飯食資緣，皆是信心所奉。既對茲厚利，理須靈（原注：『靈』疑『虛』。）情節儉，絕於貪染。但為資道，不是養怨，自量己行，應斯法不。必若無道，一杯一衲，尚自難消；能除我倒，日受百萬，聖皆聽許。故須對施，興起治門，故曰也。對是能受之人，施謂所施之物。興者，起也。治，由理也。對茲所受，立觀治之，故曰也。濟云：『對施』二字是所，『興治』二字是能，謂對所施物起對治也，能所通舉故曰也。」（一頁上）【案】從此處開始，鈔批釋文見於卍續藏經第六八冊。

【校釋】

〔一〕對施興治　簡正卷一六：「『能受』名『對』，『所與』名『施』，因施作觀，故號興治篇。」（九六八頁上）資持卷下二：「『對』即能受之人，通於五眾；『施』謂所受之物，總彼四事。『興治』即能觀之智，『三毒』是所治之過。然出家閑曠，不治田蠶，四事資緣，率由信施。且身衣口食，無時不須，必能隨事對治，則出生世善，厥或恣情貪染，則墜陷冥途。尋此一門，極為心要。自非負卓拔之，識標出離之懷，則對面千山，咫尺萬里也。」（三八八頁上）【案】本

篇分二：初，「夫福出」下敘總意；二、「就中分」下開章釋。

〔二〕**福出淨田**　鈔科卷下一：「初，敘施受二法。」（一一八頁中）簡正卷一六：「言『夫』至『也』者，明受施知足也。福出淨由（原注：『由』疑『田』。）者，寶云：夫有漏福，假二種田，一悲，二敬。『悲』謂悲愍，如國家置養、病坊等（云云）。二、敬田，即聲聞四果，下至凡夫，出家五眾，嚴持戒品之者，敬心供養，即生其福。如世良美之田，能生嘉苗等。今淨田是斯意也。」（九六八頁上）鈔批卷二六：「立明：剃染幢相，奉禁清淨，名為淨田。堪受人天四事供養，能令施主護反報之福，故曰福出淨田。意如羅漢，名為『應供』。又五分云：為解脫出家者，得受僧次。故知，今若為道出家，方名為僧。希名利者，非福田也。宣云：今時行者，但受福田之資，多無解脫之念，（一頁上）疣佛意也，但躓頓神識耳。濟云：佛田最淨，羅漢次淨，以施佛之福，多於羅漢，乃至凡僧福漸劣也。由佛煩惱盡故，得名淨田。」（一頁下）資持卷下二：「初文四節，二句雙標福道之本。福是善業，必從勝境而生，故云出淨田也。田有三種：三寶為敬田，父母為恩田，貧病為悲田。田名雖通，今明對施，別指僧寶。」（三八八頁上）

〔三〕**道起少欲**　簡正卷一六：「修行之人，於此淨田，專心愨重，傾財惠施也。玄云：經說輕心有施，但感邊地之福故。」（九六八頁上）鈔批卷二六：「立云：以少欲之人，無為無事，與道相應，故曰也。如經云：少欲之人，則有涅槃是也。直爾少欲，尚應修習，何況少欲能生諸功德也！直疏：何名少欲？如涅槃經云：於未得之財不生貪名少欲，於已得之財不生貪名知足，故知足是現在，少欲是未來，聖種之體也。謂知足現在處起，少欲未來處起，現在不取一錢難，未來捨轉輪聖王易。」（一頁下）資持卷下二：「道體清靜，少欲順道，為道之始，故云起少欲也。即四依、十二頭陀等行也。」（三八八頁上）

〔四〕**為福之家，唯重唯多**　資持卷下二：「『為』下，次，別示。初明，上句由田淨故，發彼施心，故云唯重唯多也。」（三八八頁上）鈔批卷二六：「謂能施之人，是為福之家，既求福故，唯須多施厚施也。今知事人，供養大眾，唯須盡心，反言汝俗家父母，豈有如此餅食耶？其堂中僧，乍須念我家父母萬日，豈有如此食耶？須生慚愧，其知事僧，必不得作此言也。」（一頁下）

〔五〕**受施之者，唯少唯節**　資持卷下二：「『受』下，釋次句。重與節約心，多少據物。」（三八八頁上）簡正卷一六：「受施之人，知前施物難消，唯自節量，省少而受也。」（九六八頁上）鈔批卷二六：「謂所施之人，荷彼信心之供，知施

難消，故須節量，不得多受長貪結業，故大莊嚴論第三云：能展手施者，此手名嚴勝，受者能縮手，嚴勝復過彼。若人言施與，是語價難量，受者言我足，難量復過彼。又云：無病第一利，（一頁下）知足第一富，善友第一親，涅槃第一樂。」（二頁上）

〔六〕**多供無厭，是為福之法**　簡正卷一六：「明作福合如此也。」（九六八頁上）鈔批卷二六：「此明能施之人也。」（二頁上）資持卷下二：「『多供』下，三、明合法。」（三八八頁上）

〔七〕**少受限量**　簡正卷一六：「明受施之人，理合順教信行者，起深信心，依佛四依少欲之教也。」（九六八頁上）鈔批卷二六：「約所施之人也。」（二頁上）

〔八〕**但出家之士，形參聖服，有待之形，假資方立**　簡正卷一六：「傷不知足之非也。」（九六八頁上）資持卷下二：「初二句示異俗，意明受施，不可無法。袈裟是三乘標誌，故云聖服。『有』下，次明受施。」（三八八頁上）鈔批卷二六：「此明形服雖妙，但學聖之儀，然形命猶羸，故假食以資待。」（二頁上）

〔九〕**若善應於法，則能所無瑕**　資持卷下二：「『若』下，三、明合教。施者無吝，受者不貪，故云『能所無瑕』。」（三八八頁上）鈔批卷二六：「字林云：應者，當也。謂根法相稱曰眾（原注：『眾』疑『應』。）。立明：若然護持禁戒，不汙受體，名為善應於法也。則令能施、所施，不為施所墮，故曰『能所無瑕』。此下數句，厭忻並陳，得失雙顯。」（二頁上）簡正卷一六：「施犯獲福，可受能消，不為施墮，名無瑕也。」（九六八頁上）

〔一〇〕**必於事莫準，使規成何寄**　簡正卷一六：「規者，規摸（【案】『摸』疑『模』。）。寄，由托也。內空腐爛、外現晃淨之人，於施不消，反成過罪，使福兩道（【案】『兩道』疑倒。）規，（九六八頁上）成無所托。」（九六八頁下）鈔批卷二六：「莫，由無也。規者，圓也。若不能持戒習定，對引施事，則有違失，故曰於事莫準，使令福道兩規，無寄附也。慈有二解：一、規者，圓也。矩，由方也。謂方圓之法也。若非法受施，則規矩之用，無所寄附也。又解：規者，求也。檀越施食，本擬規求福業。今比丘非法，令他檀越求福也，（原注：『也』疑『之』。下同。）義無寄也。」（二頁上）資持卷下二：「莫，無也。規繩即喻法律。『成』字，音誤。規是圓規。繩即繩墨。法律不行，隨處覆滅，故云何寄。」（三八八頁上）

〔一一〕**如能善省時資**　資持卷下二：「『如』下，結勸。善省即興治。時資即四事。」

（三八八頁上）簡正卷一六：「『如能』下，省，（音『省』。）。律云：食知止

足，亦不貪味，以養其身。亦不貢高憍慢，趣得支身，令無過患。使得修行，

故苦消滅，新苦不生，無有增減，有力無事。（已上律文。）」（九六八頁下）

〔一二〕**令有力無事**　鈔批卷二六：「礪云：以能善者，不多不少，無有增減也。以自

支身，故曰有力。言無事者，謂無增（原注：『增』下疑脫『滅』）多少苦事也。

私云：希求聖果者，則道緣有力也。又云：得濟形，名為有力。靜思而不貪求

者，名為無事。立謂：上品依四依行，中、下開百一諸長，皆得資足，無苦惱

事，故曰也。」（二頁上）資持卷下二：「有力謂身安，無事謂少欲。」（三八

八頁上）簡正卷一六：「從食知足，文（【案】『文』疑『云』。）身明有力。從

『令無下』，明無事也。」（九六八頁下）

〔一三〕**可謂道緣義立，行從此生**　鈔批卷二六：「道緣義立者，謂衣食是修道之緣也。

行從此生者，由此資緣具故，戒行從此生也。又可戒、定、慧行，方能生也。」

（二頁下）資持卷下二：「資成道行，故名道緣。若但養身，則是苦因耳。」

（三八八頁中）

〔一四〕**貪心出於情著，無染良由自節**　資持卷下二：「『貪』下，示其心行。上二句，

明貪厭由心。著故生貪，節則無染。」（三八八頁中）簡正卷一六：「謂情懷之

樂着，即起心自節者。若自節約，即無染着也。」（九六八頁下）

〔一五〕**縱心則非味起迷**　鈔批卷二六：「立謂：若縱恣貪心，實非可口之味，亦生迷

逸也。且如酒是狂藥，飲竟損耗家產，迷荒婬亂，此非良味。為人貪飲者，良

由縱心故也。」（九六八頁下）

〔一六〕**約志則美膳生厭**　簡正卷一六：「古未（【案】『未』疑『來』。）高僧，凡所食

物皆以水添，不貪其味，即美膳生猒也。」（九六八頁下）鈔批卷二六：「約，

由限也。志者，心也。若能限截其心，縱對天廚，不廢生於穢想。且如乳是美

饍，若作膿血想，則厭心生也。」（二頁下）資持卷下二：「下二句，顯本非前

境。此明心之迷厭，不由食之美惡。如智論云：一老母賣白髓餅，有婆羅門貪

著飽食，後無色味，因即問之。老母曰：我家夫人隱處生癰，以麵、酥、甘草

傅之，癰熟膿出，和合作餅，是以餅好。今夫人癰差，是以餅無色味。婆羅門

聞已嘔之。縱心謂貪著，約志即對治。」（三八八頁中）

〔一七〕**所以善惡發於中懷，升沈寄乎方寸**　資持卷下二：「『所』下二句，結示因果。

善惡是因，升沈約果。中懷方寸，並目於心，謂心在身中四方寸。」（三八八

頁中）鈔批卷二六：「善惡發於中懷者，謂於食生愛生厭，皆由心使也。言『中

懷』者，人心居中，中懷於心，故曰『中懷』也。昇（原注：『昇』鈔作『升』。）沈寄方寸等者，謂卻釋上句也。方寸亦心也。人心居腹中，只在方寸之間。其色絕赤，故桀、紂割賢人心是也。若能修禁戒，於食生厭是善，則昇人天，至涅槃道。若毀損於行，廣造眾罪（原注：插入『罪』字。）於食生貪是惡，則沈三塗之道也。此上諸句，得失備明，是非僉顯也。」（二頁下）簡正卷一六：「方寸者，心之異名，沈墜昇勝，皆由心也。」（九六八頁下）

〔一八〕**不思時緣**　資持卷下二：「時緣即供事。」（三八八頁中）簡正卷一六：「時即日夜。六百三十八萬剎那，念念衰謝，如是之時，為身遷變之緣，何不思審！」（九六八頁下）鈔批卷二六：「愛養此身，終歸死去，此名時緣。」（三頁上）

〔一九〕**脫漏深網**　資持卷下二：「深網或約罪科，或喻苦趣。」（三八八頁中）簡正卷一六：「脫，去也。漏，落也。教判入於天，三塗是深網也。謂貪心受畜之人，身命終，必落於此，無出期也。」（九六八頁下）鈔批卷二六：「立謂：教網也。為僧既無儉約，違佛教網，名為漏也。不在法網之中，故曰漏也。」（三頁上）

〔二〇〕**然渴愛難滿，如海吞流**　鈔科卷下一：「『然』下，指過激勵。」（一一八頁中）簡正卷一六：「『愛渴』等者，如海吞於萬流，其海終不言滿也。」（九六八頁下）資持卷下二：「初，喻貪毒猛盛。」（三八八頁中）

〔二一〕**若裁之以法，眾患俱息**　資持卷下二：「『若』下，明法能禁制。」（三八八頁中）簡正卷一六：「裁量以無染之法也，何患而不息！」（九六八頁下）

〔二二〕**既能形服異世**　資持卷下二：「『既』下，明形心相反。」（三八八頁中）

〔二三〕**何得於事，容斯穢迹**　資持卷下二：「『既』下，明形心相反。」（三八八頁中）鈔批卷二六：「『事』謂四事供養也。『迹』是心迹也。謂對於衣食等事，故容受如此穢也。」（三頁上）

〔二四〕**但九流子俗**　資持卷下二：「『但』下，舉俗以況。……『子俗』寫倒。」（三八八頁中）鈔批卷二六：「子俗者，謂百家諸子：惠子、老子、劉子、孔子，諸俗人也。」（三頁上）

〔二五〕**尚鄙恥衣食**　簡正卷一六：「書云：子展食，不貳味，居不重席。家語云：晏子一孤裘，以終三十載。」（九六九頁上）

〔二六〕**滯於發足**　鈔批卷二六：「立明：如欲遠行，必假其足能遠出。若滯於發足，何有所之？今比丘護戒，戒喻趣菩提之足。方今既破戒，是滯其發足。不然發故斷惑，終獲道益。（三頁上）故文云：譬如人毀足，不堪有所出。」（三頁下）資持卷下二：「發足，謂入道之始。」（三八八頁中）

〔二七〕方墜泥塗　鈔批卷二六：「謂既破戒足，當招三途之報，故曰也。」（三頁下）
資持卷下二：「方，猶反也。泥塗喻惡道。」（三八八頁中）

〔二八〕斂跡　資持卷下二：「上句結前，次句生下。『使』下彰意。斂謂收攝。跡謂麤相。」（三八八頁中）

就中分五〔一〕：初，明受施之人，二、明厭治方便，三、明立觀有教，四、明作觀方法，五、明隨治雜相。

【校釋】

〔一〕就中分五　資持卷下二：「初，是簡人；次三立法。二中，二是方便；三明所出；四即正觀；自餘雜法，總攝後科。」（三八八頁中）

初中

善見云：比丘受用施物有四種〔一〕：一者，盜用〔二〕——若比丘破戒受施，名為盜用。二、負債用〔三〕者——受施之時，必須作念，不作得罪，負人信施。三、親友用〔四〕——謂七學人受供〔五〕。四、主用〔六〕——阿羅漢。

毗尼母云〔七〕：受人信施，不如法用，放逸其心，廢修道業，入三塗中，受重苦故〔八〕——若不受苦報者，食他信施，食即破腹出，衣即離身〔九〕。若知前人無業而施與者，能施、所施，二俱為施所墮〔一〇〕。

智論明「能施清淨，受者不淨」，如是四句〔一一〕。若出家人無戒、無慧〔一二〕，食於信施，入銅檋地獄〔一三〕，受鐵丸、鐵漿二苦。

四分〔一四〕：乃至犯突吉羅以上罪，無故受他利養，及持戒比丘禮敬，並不合受〔一五〕。

【校釋】

〔一〕比丘受用施物有四種　資持卷下二：「善見：四用約事比顯。前二凡夫，持破分之。初，唯薄地；二、通內外兩凡；後二，聖人，學無學異。」（三八八頁中）鈔批卷二六：「案見論云：一者盜用，二負債用，三親友用，四者主用。」（三頁下）【案】初明受施人。

〔二〕盜用　簡正卷一六：「破戒之人，財法並亡。今受施物，即是盜也。」（九六九頁上）鈔批卷二六：「若比丘無戒，依僧次受施飲食是也。」（三頁下）資持卷下二：「無德輒受，同劫掠故。」（三八八頁中）

〔三〕負債用　簡正卷一六：「身雖有戒，若受他施，應先作念：『衣為障暑慚恥，食

為飢渴疾病而受。」若不作者，名負債也。」（九六九頁上）鈔批卷二六：「比丘受人飲食衣服，應先作念，（【案】此處疑脫『不者』二字。）是名負債用。若利根比丘，至受食時，口口作念；若鈍根者，未食時，先作一念。受衣時，利根者，日日作念，房舍臥具准此；若鈍根者，先作一念。不者，名負責用。」（三頁下）資持卷下二：「必償他故。言得罪者，違制教故。負信施者，酬業報故。」（三八八頁中）

〔四〕親友用　鈔批卷二六：「七學人受用施物，如子受父物無異，故曰親友用。」（三頁下）資持卷下二：「分屬己故。」（三八八頁中）

〔五〕七學人受供　鈔批卷二六：「七學者，三果四向也。『三果』可知。『四向』謂四果之前，未入正位，名為『向』也。此七人，結習未都盡，非真應供。若至羅漢，三界惑盡，方堪應供，故如己物故。論明施清淨，受者不淨。」（三頁下）【案】善見卷一五，七七八頁上。

〔六〕主用　簡正卷一六：「羅漢之人，三界或盡，方堪應供，如己不異，名主用也。」（九六九頁上）鈔批卷二六：「直人羅漢，受用施物也。」（三頁下）資持卷下二：「得自在故。」（三八八頁中）

〔七〕毗尼母云　資持卷下二：「母論：前明受施，後辨能施。」（三八八頁下）【案】毗尼母卷二，八一〇頁上～中。

〔八〕受人信施，不如法用，放逸其心，廢修道業，入三塗中，受重苦故　資持卷下二：「前文又二。初，示結業。不如法者，或無厭治，或將非用。『入』下，次，明感報。」（三八八頁下）

〔九〕若不受苦報者，食他信施，食即破腹出，衣即離身　資持卷下二：「上句是生報，『若』下即現報。今時作惡，受施不見此相者，由有生報故也。或可現纏惡疾，有同腹破，遭刑反俗，即衣離身。」（三八八頁下）

〔一〇〕若知前人無業而施與者，能施、所施，二俱為施所墮　資持卷下二：「能施中。無業謂無行業，知穢故施心不清淨。亦獲苦報，故二俱墮。」（三八八頁下）簡正卷一六：「施破戒人不消，即墜惡道，能施得福微少，不免輪迴，還墮三惡，或可知他，無德施他。今也墜因施物故，施主亦有愆也。若淨僧得成佛，福是無漏，當生有佛之世，不溺三塗故矣。云施不淨田，果報減少，（九六九頁上）或可無報也。」（九六九頁下）

〔一一〕智論明「能施清淨，受者不淨」，如是四句　資持卷下二：「智論初通簡能所。四句中，但出初句。謂施心無厭、受者貪染。第二句反上。三、俱淨，四、俱

不淨。四中，唯俱淨者名施，餘三非施。」（三八八頁下）簡正卷一六：「智論
四句：一、施者淨，受者不淨。二、施者不淨，受淨；三、俱淨；四、俱不淨。
（唯第三句名『檀波羅蜜』也。）」（九六九頁下）鈔批卷二六：「案故論（【案】
『故』疑『智』。）云：說般若波羅蜜經時，他方諸佛，各令菩薩送華來，上
釋迦文佛。釋迦受此千葉金色蓮華，又散他方，如恒河沙諸佛土中佛上，以佛
故十方佛是第一福田，故以供養，是福倍多。何以故？多佛自供養，佛法中有
四種布施：（三頁下）一、施者清淨，受者不清淨；二、施者不清淨，受者清
淨；三、施者清淨，受者亦清淨；四、施者不清淨，受者亦不清淨。今佛施藥
者，是為二俱清淨，是福最大也，是人即得如實法者。有云：謂觀五陰、四相
俱空，使獲人空，意是羅漢，猶有法執。賓敘崇云『夫人空者，聲聞所得，法
空觀門，菩薩位有』。賓破不許。謂聲聞人，亦不得法空也。」（四頁上）【案】
智論卷一〇，一三二頁中；阿毘達磨集異門足論卷八，大正藏第二六冊，四〇
二頁上。

〔一二〕若出家人無戒、無慧　資持卷下二：「『若』下，別示所施。無戒是德薄，無慧
即愚暗。」（三八八頁下）

〔一三〕銅橛地獄　資持卷下二：「銅橛，即地獄別名。」（三八八頁下）

〔一四〕四分　資持卷下二：「四分即『疑惱戒』不犯文。彼云：犯波羅夷乃至惡說，
故云吉已上也。恐妄受利開語，令知如法懺悔，用斯自檢，寧復有人堪受施
者？若但養身，此何足議，苟能反己，豈不懷慚！上引諸文，並約戒淨。復須
臨境起治，方堪應供。必非此二，俱為苦因。佛語無虛，固當信奉。」（三八
八頁下）【案】四分卷一七，六七九頁下。

〔一五〕並不合受　簡正卷一六：「如寶梁經受持，或人禮得八輕法等。」（九六九頁
下）

　　二、明厭治方便

　　如大集中〔一〕：云何比丘觀所著衣，作不樂想？若縫衣、見衣、觸
衣、著衣、脫衣，觀如是時，如血塗皮，爛臭可惡，蟲所住處；如是觀
時，於衣貪心，即時除滅。云何修習食不樂想？若有比丘執持鉢時，如
血塗髑髏，爛臭可惡，蟲所住處；若得食時，應觀是食如死屍蟲；若
見麨時，如末骨想；得飯漿時，作糞汁想；得諸餅時，作人皮想；所
執錫杖，作人骨想〔二〕；得乳酪時，作膿〔三〕血汙〔四〕想；若得菜茹，
作髮毛想；得種種漿，作血想。是名於食生不樂想。云何於房舍生不

樂想？若入房時，念如地獄受諸苦惱。如是房舍，即是和合〔五〕，所有材木，即是人骨，土是人肉；乃至一切牀榻、被褥，亦復如是。作是觀時，即名世間不可樂想〔六〕。若能觀察如是想者，是人即得如實法〔七〕也。

四分〔八〕：寧以熱鐵為衣，燒爛身盡，不著信心男女衣服。寧在鐵牀燒身焦爛，不受信心好牀臥具；寧受鐵屋中住燒身，不受房舍在中止宿；寧吞熱鐵鉤燒爛五藏，從下而出，不受信心飲食；寧以熱戟刺腳，不受信心接足作禮；寧以熱斧自斬其身，不受信心手捫摸其身。何以故〔九〕？不以此因墮三惡道。若非沙門、非淨行〔一〇〕，自言是沙門、淨行；破戒行惡，都無持戒威儀，邪見覆處作罪；內空腐爛，外現完淨〔一一〕；食人施故。以不消信施，墮三惡道，長夜〔一二〕受苦。是故，當持淨戒，受人信施，一切所須，能令施主得大果報，所為出家作沙門，亦得成就。

若明惡報，如僧護中廣述五十六事〔一三〕。涅槃、阿含等大小乘經論，並種種厭觀云云。

【校釋】

〔一〕大集中　資持卷下二：「大集觀察四事，文無湯藥，隱在食中。或可食含四藥，離開房褥。次列如文。此謂以智轉境，還伏狂情。」（三八八頁下）簡正卷一六：「先引大集明作觀，興猒止欲，起之貪因。先衣、次食、後舍。」（九六九頁下）鈔批卷二六：「『大集云』等者，案瑜伽二十、婆沙百六十、六七『釋十想』中，廣明此義。謂於食等生猒世不可樂者，意顯聖道加行也（【案】『也』疑剩。）文也。復次，食厭想者，謂修行者起厭食時，觀手中食知從穀等，穀等復從田中種子，種子復從泥土糞穢。展轉既從不淨而生，誰有智者，於中貪著？又，乞食時，晨朝澡漱、嚼楊枝時時（原注：『時』字疑剩。），水作尿想，楊枝作枯骨想。著衣入聚落時，衣作濕人皮想，腰條作人腸想，鉢作髑髏想，錫杖作脛骨想。於道見礫石，作骸骨想。至聚落見城避（原注：『避』疑『壁』。），作冢墓想。見男女等，作骨鏁想。乞食得餅，作人肚想。若得麨，作骨粖想。得侶（原注：『侶』疑『鹽』。），作人齒想。（謂顆鹽也。）得飯，作蛆虫想。得菜，作人髮想。得羹臛，作下汁想。（四頁上）得乳，作人腦想。得蘇蜜，作人脂想。得魚及肉，作人肉想。得飲，作人血想。得歡喜丸，作乾糞想。若僧中食，得淨帅，作死人髮想。坐床，作骨聚想。所得飲食，如前廣說。問：

『何須於飲食等，作不淨想？』答：『廣作是思，無始生死。由於不淨作淨，故輪迴五趣。今欲違彼，趣涅槃樂故。若於食等，生淨想者，增益貪心，郵礙聖道，故須生厭。既厭已，調滑身心，生死諸行，何故可欣樂也！』」（四頁下）【案】婆沙卷一六六，八四〇頁中。大集卷三三，二二七頁上～中。

〔二〕所執錫杖，作人骨想　資持卷下二：「錫杖乃乞食之具，故列食中。」（三八八頁下）

〔三〕膿　【案】底本為「濃」，據敦煌甲本、敦煌乙本、敦煌丙本、大方等大集經文改。

〔四〕汙　【案】底本為「汁」，據大正藏本及大方等大集經文改

〔五〕如是房舍，即是和合　資持卷下二：「謂土、木等所成故。」（三八八頁下）

〔六〕不可樂想　資持卷下二：「即遠離行，是解脫因。」（三八八頁下）

〔七〕如實法　資持卷下二：「『若』下，歎人。如實法者，了達貪著，是虛妄故；遠離虛妄，見淨心故。又解，貪心無我，性本空故，復知如幻相亦空故，復知無境唯一識故。由此觀察，出離聖行，是真實法。」（三八八頁下）簡正卷一六：「『若能』下，明益。謂能觀四大、五蘊俱空，便獲人空，即成阿羅漢田。有法報未除，或依大我，觀外既空，能觀內心，得四如實智法也。」（九六九頁下）

〔八〕四分　簡正卷一六：「立願增修，遮未生之苦果。」（九六九頁下）【案】四分卷六〇，一〇一一頁上～下。

〔九〕何以故　簡正卷一六：「文中卻有六段。從『何以故』下，總明其意也。夫出家者人，求沙門果。若能持戒，必獲四果，故云亦得成就。佛說此時，六十比丘沸面（原注：『面』疑『血』。）從面門出，六十比丘還家，六十比丘得解脫果等。」（九六九頁下）

〔一〇〕若非沙門、非淨行　資持卷下二：「『若』下，明非法妄受，因果之相。」（三八九頁上）

〔一一〕內空腐爛，外現完淨　資持卷下二：「心無實德，故云內空。身作威容，故云外現。」（三八九頁上）

〔一二〕長夜　扶桑記：「梵網古跡記下：通目現、未，云云。」（三四一頁下）

〔一三〕僧護中廣述五十六事　簡正卷一六：「明報也。僧護是西土僧。商人情（【案】『情』疑『請』。）入海，未至寶處，龍從海出，從商人索之，云：『若不見與，即便沈沒。』商人作念：『為護一家寧捨一人，為護一村寧捨一家，（九六九頁

下）為護一國寧捨一村，為護己身寧捨財寶。』念已，及放僧護，入水龍宮。將至宮，令教四舍：一、悶目受，（有見毒故；）一、皆面受，（有氣毒故；）一、遠坐受，（有觸毒故；）一、嘿然受，（百聲毒故。）教已送出，遇商人迴時，卻還船上，後於陸路，行至於宿處。明旦，商人同發，僧護趁之。不及乃目，遊行至一山間，聞獲（【案】『聞獲』疑『護聞』）揵搥聲。問人，云有伽藍開浴，集儒僧眾。遂尋聲往彼，見其浴具，一切如常。彼僧入中，皆成猛火。怖而問之。彼曰：『南閻浮提人，難信可歸。問佛，因乃出來，又入處，凡經五十六所。（云云）。此皆人間孤獨地獄，受苦之處，並迦葉佛時，多用俗水，睡污僧地，壁上釘橛等，今受斯報也。』」（九七〇頁上）【案】佛說因緣僧護經，大正藏第一七冊，五六六頁中。

三、明立觀有教〔一〕者

智論云：若不觀食法，嗜美心堅著，墮不淨蟲中，洋銅灌口〔二〕，噉燒鐵丸。十誦云：每食時，應生厭心，為存身命〔三〕故。摩得伽云：若得食時，當觀從倉中出地中〔四〕，以糞屎和合〔五〕，種子得生，還養糞身，云云。毗尼母云：若利根比丘得食時，口口作念；得衣時，著著作念〔六〕；若入房時，入入作念。若鈍根者，初得衣食房舍，總作一念。佛藏云〔七〕：從聚落中乞食得已，從聚而出，住至水邊可修道處，置食一面，結加趺坐。當觀其食種種可惡，及觀自身極是惡器。廣如彼說。

【校釋】

〔一〕立觀有教　資持卷下二：「欲明觀法，經論通誡，意使奉信，不可暫忘，故云立觀有教。」（三八九頁上）

〔二〕墮不淨蟲中，洋銅灌口　資持卷下二：「智論，上明結業，下示來報。蟲是別報，洋銅等是總報。」（三八九頁上）【案】智論卷一七，一八二頁上。

〔三〕為存身命　資持卷下二：「即遺教云：趣得支身，以除飢渴，無他意也。」（三八九頁上）【案】十誦卷五六，四一六頁上。

〔四〕倉中出地中　資持卷下二：「謂取種子散田內也。」（三八九頁上）【案】伽論卷六，六〇二頁中。

〔五〕以糞屎和合　資持卷下二：「謂壅田也。」（三八九頁上）

〔六〕若利根比丘得食時，口口作念；得衣時，著著作念　鈔批卷二六：「撿母論，不見此語。事出善見論，如前已引。」（五頁上）資持卷下二：「母論利根，謂攝心成熟者，故能隨事觀察，不容遺忘。鈍根反此，非力分故。今多食前作

觀,但從鈍法,不妨智士自通始終。」(三八九頁上)【案】善見卷一五,四九八頁中。

〔七〕佛藏云　資持卷下二:「佛藏中先引事儀,正取觀食。」(三八九頁上)【案】佛藏卷三,八〇二頁上。

四、明觀法

然衣、食、房、藥,四事供養,能施捨慳,受施除貪,此則能所俱淨,生福廣利〔一〕。若彼此隨情、縱逸任性者,則俱墮負,聖賢同非〔二〕。故涅槃云:或令施主果報減少,或復無報等〔三〕。

雖利養等同,發有「稀」「數」〔四〕。食為大患,時須進口,過興既數,整法亦難〔五〕。若不策其心府、改其節操〔六〕者,多陷迷醉矣。夫沙門之異俗,由立行有堅貞〔七〕;同鄙世之昏悶,餘行亦可知矣。故成論云〔八〕:現見在臭屎中生,不在磐石中者,由貪味香故也。

今故約食時立觀,以開心道,略作五門〔九〕。明了論如此分之〔一〇〕。

初,計功多少,量他來處〔一一〕

智論云,思惟此食〔一二〕:墾植耘除,收穫蹂治〔一三〕,舂〔一四〕磨洮沙,炊煮乃成,用功甚多;計一鉢之食,作夫流汗,集合量之,食少汗多,須臾變惡〔一五〕;我若貪心〔一六〕,當墮地獄噉燒鐵丸,從地獄出作諸畜生,償其宿債,或作猪狗,常噉糞除。故於食中,應生厭想。僧祇云,告諸比丘:計此一粒米,用百功乃成,奪其妻子之分,求福故施,云何棄之〔一七〕!

二、自忖己身德行〔一八〕

毗尼母云〔一九〕:若不坐禪、誦經,不營佛法僧事〔二〇〕,受人信施,為施所墮;若無三業〔二一〕,知故而施,俱為施墮。比丘強飽食施主食〔二二〕,憍慢意,或自食己食,強飽過分,為施所墮,以其食亦從施主得故。何以故?佛長夜中常嘆最後限食。謂末後減口食。施持戒者,能受能消〔二三〕。施持戒果報大,破戒果報少〔二四〕。如是呵責,如上律文〔二五〕。足食已〔二六〕,更強食者,不加色力,但增其患,故不應無度食。

三、防心離過〔二七〕

明了論疏云:律中說,出家人受食,先須觀食,後方得噉。凡食有三種:上食起貪,應離四事〔二八〕:一喜〔二九〕樂過——貪著香味,身心安樂,縱情取適〔三〇〕故;二離食醉〔三一〕過——食竟身心力強,不計於

他〔三二〕故；三離求好顏色過——食畢樂於光悅勝常，不須此心；四離求莊嚴身過——食者樂得，充滿肥圓故。二者下食，便生嫌瞋，多墮餓鬼，永不見食〔三三〕。三者中膳，不分心眼，多起癡捨〔三四〕，死墮畜生中，作諸噉糞、樂糞等蟲。初貪重故，並入地獄〔三五〕。且略如此。反此三毒，成三善根，生三善道，謂無貪故，生諸天中〔三六〕。下二可知〔三七〕。

四、正事良藥觀〔三八〕

分二〔三九〕：為除故病〔四〇〕——飢渴不治，交廢道業；不生新病——食飲減約，宿食消滅〔四一〕。又以二事為譬：初，如油膏車〔四二〕，但得轉載，焉問油之美惡；二、欲度險道，有子既死，飢窮餓急，便食子肉，必無貪味。

五、為成道業觀

三種：一、為令身久住故。欲界之身，必假搏食〔四三〕。若無，不得久住，道緣無託故。二、為相續壽命〔四四〕。假此報身假命〔四五〕，成法身慧命故。三、為修戒定慧，伏滅煩惱故。持世云：若不除我倒〔四六〕，此是外道，不聽受人一杯之水。佛藏亦爾〔四七〕。必厭我倒〔四八〕，於納衣麤食，不應生著。

【校釋】

〔一〕能施捨慳，受施除貪，此則能所俱淨，生福廣利　資持卷下二：「『能』下，示如非。上明如法之益。」（三八九頁上）【案】「明觀法」文分三：初，「然衣」下；二、「雖利養」下；三、「今故約」下。第三又分五種。

〔二〕若彼此隨情、縱逸任性者，則俱墮負，聖賢同非　資持卷下二：「『若』下，示非法之損。非，猶責也。」（三八九頁上）簡正卷一六：「彼世（【案】『世』疑『此』。）隨情者，施者，隨遂人情，於我好者與之，非捨。慳意受者，順己貪心，無有猒足，縱逸任性，偏約受人明之。賢聖問（【案】『問』疑『同』。）非者，非法求施，施非法求，聖人皆非此二也。」（九七〇頁上）

〔三〕或令施主果報減少，或復無報等　資持卷下二：「引涅槃證上同非。『減少』謂獲福不多，『無報』謂都無所獲。」（三八九頁上）【案】北本涅槃卷二三，四九八頁中。

〔四〕雖利養等同，發有「稀」「數」　鈔科卷下一：「『雖』下，別顯食過。」（一一九頁中）資持卷下二：「初二句，躡前起後。言等同者，謂上四事並資身故。

房、衣及藥，三事用『希』。食用則『數』。『發』謂對境起心。」（三八九頁上）
簡正卷一六：「利養等同者，衣、食、房、藥四事，同是利養。發有『希』（【案】
『希』鈔作『稀』。）『數』者：衣一作數年，藥有病方服，房舍一修，卒於一
世，是是（【案】次『是疑剩。』）『希』。食每日常須，為『數』。」（九七〇頁
上）鈔批卷二六：「立明：一切利養等，齊須作觀。然衣則是『希』，食既日須
進口為『數』也。由此故，今約之立觀也。」（五頁上）【案】「數」，頻繁、反
覆之義。

〔五〕**過興既數，整法亦難**　資持卷下二：「敘『過』。整，猶理也。而言『難』者，
或約今文立法，或是對境策修，二意並通。」（三八九頁上）簡正卷一六：「受
之既『數』，整理循無，貪觀法（九七〇頁上）亦難。」（九七〇頁上）

〔六〕**若不策其心府、改其節操**　資持卷下二：「『若』下，重勸。初正勸……心府
者，不使縱怠也。改節操者，革其舊習也。」（三八九頁上）

〔七〕**夫沙門之異俗，由立行有堅貞**　簡正卷一六：「謂改其貪求之志，莫令味著貪。
若起貪故，固世鄙俗無別。」（九七〇頁上）

〔八〕**成論云**　資持卷下二：「『故』下，引示策。……蟲之託生，多依穢處。（三八
九頁上）磐石淨處，少見生者。此約報處，以顯宿因。」（三八九頁中）鈔批
卷二六：「案成實論明因品中文云：一切諸受身業，皆因煩惱生。又，斷煩惱
者，不復受生，故知有身，皆因煩惱。問曰：『一切眾生，皆以無煩惱生，後
時乃起，如人生時無齒，其後乃生？』答曰：『不然。有煩惱者，隨所有相。
謂啼哭等，生時現有故，故皆與煩惱共生。』（五頁上）又現見眾生，多生廁
等中，不生磐石等中，當知貪著香味等故，於是中生，故知由煩惱生。問曰：
『地獄等中，不應得生，以無心貪樂地獄等故？』答曰：『眾生以癡力故，顛
倒心生，將命終時，遙見地獄，謂是華池，以貪著故，則於中生。如經中說：
若熱渴死者，生寒冰地獄中；若凍死者，生熱地獄中；若渴死者，生水虫中；
若貪飲食，則生為死屍中，蟲皆以食故。』」（五頁下）【案】成論卷一一，三
二五頁上。

〔九〕**今故約食時立觀，以開心道，略作五門**　資持卷下二：「上句標簡，次句顯意。
『道』即路也。『略』下，示法所出。欲明觀法，先知大綱。『五』即所觀之境，
『觀』即能思之心。『境事』是別，略列五種，心觀該通，無非厭治，以通貫
別，能所合稱，故云『五觀』。然心隨境起，境立心明，故今論觀，但分前境。
境雖有五，總束為三：初，即觀食，二、是觀身，三、並觀心。從疏至親，觀

法次第。凡臨供施，歷觀此五，妄情暫伏，可用進口。不然縱毒，即是穢因，殃墜三塗，終因一食。可不慎哉！」（三八九頁中）

〔一〇〕明了論如此分之　簡正卷一六：「明了論但明後二觀。故論疏云：出家人受食竟。欲食時，要先觀食，後方得噉。觀有三種：一、應離觀，即此第二；正事觀，（同此第四門；）三、正事功德觀，（同此第五門）。餘二，論但義論，引智、母二論明之。」（九七〇頁下）

〔一一〕計功多少，量他來處　鈔科卷下一：「初，計功量施。」（一一九頁上）資持卷下二：「初，觀食境有二，二句分之。『計』『量』二字，即觀智也。」（三八九頁中）

〔一二〕思惟此食　資持卷下二：「智論但明計功一境。初句，標能觀心。」（三八九頁中）【案】智論卷二三，二三一頁中。

〔一三〕墾植耘除，收穫蹂治　資持卷下二：「『墾』下，列所觀境。又三。初，觀功力。墾，耕也。植，種也。耘，除，謂去穢草。收穫，即刈禾；穫，音『鑊』。蹂治，即踐穀，『蹂』音『柔』，或上呼。」（三八九頁中）

〔一四〕舂　【案】「舂」，底本為「春」，據大正藏本及智論改。

〔一五〕須臾變惡　資持卷下二：「『須』下，次，觀變穢。纔入生藏，食即酸臭。次入熟藏，即成屎尿。」（三八九頁中）

〔一六〕我若貪心　資持卷下二：「『我』下，三、觀來報。」（三八九頁中）

〔一七〕計此一粒米，用百功乃成，奪其妻子之分，求福故施，云何棄之　資持卷下二：「僧祇具明二境。初句總告。『計』下示觀。上二句觀功，文舉一粒，以少況多；次二句，觀來處；末句斥損費。」（三八九頁中）鈔批卷二六：「案祇『遺落飲食戒』中，俗人呵譏云：『尊者，汝謂此食是無子（【案】『子』僧祇為『種』。）錢作耶？我奪妻子分，為福德故布施，計一粒當百功乃成，何故棄地？此壞敗人，有何道法？』」（五頁下）【案】僧祇卷二二，四〇六頁中。

〔一八〕自忖己身德行　資持卷下二：「忖者，亦即觀智，此謂量己。所修行業，即此行業，是所觀境。」（三八九頁中）

〔一九〕毗尼母云　資持卷下二：「母論具明能所二人，意彰所施，無德不堪受故。」（三八九頁中）【案】毗尼母卷二，八一〇頁中。

〔二〇〕若不坐禪、誦經，不營佛法僧事　資持卷下二：「初，簡德業，具列三種：禪誦是自行，營事即利他。」（三八九頁中）

〔二一〕若無三業　簡正卷一六：「玄云：坐禪是心業，誦經是口業，營事即身業。若

無上三，即非三業。」（九七〇頁上）資持卷下二：「三業即上三種。」（三八九頁中）

〔二二〕比丘強飽食施主食　資持卷下二：「『比丘』下，誡節量。又三：初，約後報勸，文明已食亦墮，意顯比丘無已食故。」（三八九頁中）

〔二三〕施持戒者，能受能消　資持卷下二：「『施』下，次，約破毀勸。言能受、能消，反明破戒，俱不能故。」（三八九頁中）

〔二四〕破戒果報少　資持卷下二：「果報少者，據有為言，或復無也。」（三八九頁中）

〔二五〕如是呵責，如上律文　簡正卷一六：「上引四分云內空腐爛等。」（九七〇頁下）資持卷下二：「註中初句結上，後句指前，即第二門四分文也。」（三八九頁中）

〔二六〕足食已　資持卷下二：「『足』下，三、約生患勸。」（三八九頁中）

〔二七〕防心離過　資持卷下二：「防是能觀，心即所觀。此為觀法之本。（三八九頁中）前後四觀，止為防心，故處乎中，以統前後。」（三八九頁下）

〔二八〕上食起貪，應離四事　資持卷下二：「『上』下，別示。初，示過相。……次，列貪中。四過：初是貪縱，二即貢慢，三謂著欲，四即愚癡。三取容貌光澤，四約肌體壯健，不相濫也。」（三八九頁下）

〔二九〕一喜　扶桑記：「一本『一』下有『離』字。」（三四一頁下）

〔三〇〕適　資持卷下二：「即悅也。」（三八九頁下）

〔三一〕醉　資持卷下二：「昏迷。」（三八九頁下）

〔三二〕不計於他　簡正卷一六：「身心既壯，我慢貢高，不以他人為好也。」（九七〇頁下）鈔批卷二六：「濟云：謂身心既壯，則高人我慢，不計數他，以為人數也。」（五頁下）資持卷下二：「計，猶有也。」（三八九頁下）

〔三三〕下食，便生嫌瞋，多墮餓鬼，永不見食　鈔批卷二六：「以因『三境』有起『三想』，以因『三想』（原注：『想』下疑脫『而起三受』四字。）（苦想、樂想、不苦不樂想也。）以因『三受』而起『三行』，（善行、惡行、無記行。）以因『三行』招於『三道』，意地獄、餓鬼、畜生也。賓云：像於『三種食』（顯第一識心也。）而起『三想』，（顯第二想心也。）因『三想』故而起『三受』，（顯第三受心也。）因『三受』故而生『三行』，（意顯第四行心也。）此是成實宗心、心所法，次第而起，非一時起。（五頁下）又，離心外無別心所也。多宗不爾。心王、心所，各別有度故也。今成實宗，離心無別心所，意從識後，

次生於想，意從想後，次生受等。（云云。）羯磨疏云：然食有『三種』，謂好、惡及中容也。因此『三境』，便生『三想』，次生『三受』，後生『三行』，便結集苦。如美食，樂受後，起貪行；惡食，苦受後，起瞋行；中食，捨受後，起癡行。行趣『三道』，地獄、餓鬼、畜生也。亦可轉釋云：對於好食，意起好想；好想之後，即生樂受；樂受之後，意生貪心；對於惡受，意起惡想；惡想之後，意生苦受；苦受之後，意生瞋心。對中當食，起於中當想。中當想之後，意生捨受。捨受之後，意生癡心。必要先起，觀三惡不生，行業不欺，自感善惡。故俗諺云：禍福無門，唯人所召。誠有由矣。」（六頁上）

〔三四〕**中膳，不分心眼，多起癡捨**　簡正卷一六：「不分心眼者，謂不好不惡食，起中庸心，生其癡捨，不起貪着，又不生瞋，名不分心眼也。」（九七一頁上）資持卷下二：「膳亦食之通名。凡於中食，眼不諦視、心不堅著，故云『不分』。癡屬捨受，故云癡捨。」（三八九頁下）

〔三五〕**初貪重故，並入地獄**　簡正卷一六：「玄云：對上四過，為並不同。下二，墮鬼、畜也。」（九七一頁上）資持卷下二：「『初』下，由前上食，未明果相，故此示之。末句顯略。」（三八九頁下）

〔三六〕**生三善道，謂無貪故，生諸天中**　資持卷下二：「『反』下，後明離過。」（三八九頁下）簡正卷一六：「生三善道者，天、人、修羅也。生諸天中者，玄記云：生欲界諸天也。」（九七一頁上）

〔三七〕**下二可知**　鈔批卷二六：「慈云：無瞋，生人中；無癡，生修羅中。以六道中，三是善道故。」（六頁上）簡正卷一六：「無瞋，生色界；無癡，生無色界。（恐此釋似局也。）古來釋云：無貪，生三界諸天；無瞋，生人；無痴，生修羅也。（以六道相對，前三是善道，後三是惡道故。）」（九七一頁上）

〔三八〕**正事良藥觀**　簡正卷一六：「謂種蒲闍尼，名為正事。能療飢渴，名良藥也。問：『正事須觀，餘者云何？』答：『玄云：文中且據正食以論，亦臨事興觀，何不須他也。』『若爾，餘非正食，詞句如何？』答：『若花果細磨，即云不正良藥。粥即云此粥良藥。〔或但言不囘（【案】『囘』疑『正』。），亦得。〕非時，即云非時良藥。七日等，例然。又，文偏約食論，理實一切，皆須作觀。或有釋云：不論正食、非正食，非時、七日，皆通云正事良藥。以簡四邪、五邪，所得名正事。皆能療病，多良藥也。（此亦自是一途之意。）。」（九七一頁上）資持卷下二：「正者，簡無他意。事，猶用也。正欲事同服藥，為療形苦耳。」（三八九頁下）

〔三九〕**分二** 鈔批卷二六:「論疏云:一為除『故病』,二不生『新病』。飢是『故病』(原注:插入『病』字。),若有飢渴,則妨修,為除此病,所以須食。言新病者,若不知數量,飲食過度,必致成疾,須知止足,(六頁上)故不生『新病』。」(六頁上)

〔四〇〕**為除故病** 資持卷下二:「『為』下,別釋。初,對二病。『故病』謂常有,故亦名『主病』,以常存故。」(三八九頁下)鈔批卷二六:「立謂:飢渴為故病也。」(六頁下)

〔四一〕**不生新病** 鈔批卷二六:「既得食已,不生飢渴,四大苦是也。」(六頁下)

〔四二〕**如油膏車** 鈔批卷二六:「准論疏云:初如油膏車者,論疏云:如人乘車,以油膏轂軸,於中不生貪著,但恐此轂軸燋,或澁難轉,於載致有妨,故須膏之。今養此身亦爾,於中不生貪著。」(六頁下)簡正卷一六:「但恐難轉,不簡美惡。」(九七一頁上)扶桑記:「膏,平聲,說文:戴角者脂,無角膏。去聲,彙:以脂膏潤物,曰膏,又脂膏以膏之。」(三四二頁上)

〔四三〕**搏食** 資持卷下二:「亦名段食。」(三八九頁下)標釋卷一八:「音『團』,以手圓之也。」(六六八頁上)

〔四四〕**為相續壽命** 鈔批卷二六:「論疏云:若不噉,壽命則斷。為增益壽命,令相續故,故須受食。」(六頁下)

〔四五〕**假身** 資持卷下二:「盛道器也。」(三八九頁下)

〔四六〕**若不除我倒** 鈔批卷二六:「案持世經云:佛為持世菩薩說五陰之法,是滅虛實,令五陰修出世法。若人貪著五陰者,非我弟子,我非其師,非隨我出家,但是入邪道耳。如此之人,我尚不聽出家,何況受人供養!何以故?此人是外道從黨,當來法欲滅時,於我法中出家。深著五陰,入虛妄邪見,於我法中而得出家。(六頁下)袈裟繞咽,常樂往來白衣居家。知是人與外道無異。亦以我法故,多為人所恭敬供養。如此之人,我不聽受一杯之水。」(七頁上)【案】持世經卷二,大正藏第一四冊,六五〇頁下。

〔四七〕**佛藏亦爾** 鈔批卷二六:「佛藏經云:佛告舍利弗,若有說我、人,說眾生、說假名,乃至於少法計得者,皆違逆佛,與佛共諍,皆入邪道,非我弟子。如是見人、我,則不聽出家受戒,則不聽受一飲水以自供(去聲)養(上聲)。於未來世,當有比丘,為白衣說法。好於言說,能通諸經,依止語言,樂於文飾;但悅人意,貴於名利,善巧世事,不淨說法;但能巧語,無有威德,破涅槃因,不樂禪定;晝夜常好談論諍訟,臥厚被蓐。尚無一念隨順禪定,何

況能得成沙門果？樂淺近語，於第一義，不能勸學。如此惡人，以利養故，稱讚於佛及法與僧，但求活命，為財利耳。亦多得供養衣服、飲食，於阿毗曇、修多羅中，自為議論，或說斷常，或說有作，或說無作。我法爾時多外道法，令諸眾生正見心壞，我清淨法漸漸滅盡。舍利弗，我久在生死，受諸苦惱，所成菩提。是諸惡人，爾時毀壞。上釋第四『作觀方法』義竟。下明第五『隨治雜相法』也。」（七頁上）【案】佛藏經卷一，大正藏第一五冊，七八七頁下。

〔四八〕必厭我倒　資持卷下二：「持世、佛藏，並大乘經。『我』即妄執，『倒』即四倒：無常計常，不樂謂樂，無我計我，不淨謂淨。」（三八九頁下）

五、明隨治雜相

華嚴云：若得食時，當願眾生，為法供養，志存佛道〔一〕。

五分〔二〕：若不為解脫出家者，不得受請。若坐禪、誦經、檢校僧事，並為解脫出家者，聽受僧次〔三〕。

十誦：若到食處，應默然一心，淨持威儀，生他善心，當徐入徐坐〔四〕。應觀是食難求、難得、難成辦〔五〕；當觀入口在生藏、熟藏，若後出時，唯是不淨〔六〕；由此食因緣，起種種煩惱罪業，受苦果報〔七〕。

五百問云〔八〕：昔有比丘好樂衣服，晝夜染著，因病致死。後為化生蛇〔九〕，還來纏衣。眾僧葬死比丘訖，取衣作法，蛇便延頸吐毒。僧共看之。有得道者入四等觀〔一○〕，語蛇令去。遂入草中，毒盛火出燒身，命終入地獄。

毗尼母云〔一一〕：衣作念云「為除寒熱羞恥故」；房作念言「為障風雨故」；食作念言「為除飢渴因緣故」。傳云：凡食不得過三匙〔一二〕：為斷一切惡故進初匙，為修一切善故進中匙，為度一切眾生故進後匙；乃至迴向佛道，進餘菜茹等。餘如下說〔一三〕。

四分云：量腹而食，度身而衣，趣足而已〔一四〕。又云：食知止足，故苦消滅，新苦不生，有力無事，令身安隱〔一五〕。增一云，多食五苦：一、大便數，二、小便數，三、多睡眠，四、身重不堪修業，五、多患食不消化。故佛言：「食知節量。」因說偈云：多食致病苦，少食氣力衰；處中而食者，如秤無高下。

雜寶藏中，有王試外道、比丘好惡二食，以驗知道法〔一六〕。比丘乃至說偈云：是身如車，好惡無擇，香油臭脂，等同調滑〔一七〕。

中含云〔一八〕，告諸比丘：於乞活中，下極至邊者，謂行乞食〔一九〕。世間大諱，為禿頭擎瓦鉢行。彼族姓子，為義故受〔二〇〕，以厭患生老病死諸苦惱故。若愚人出家，而行思欲，持戒慢緩，如以穢洗穢，何由可脫〔二一〕！

前具列正教，必須準用〔二二〕。臨食五觀，口口緣之。隨得隨失者，為貪等毒所奪〔二三〕。

四分律刪繁補闕行事鈔卷下之二終

【校釋】

〔一〕若得食時，當願眾生，為法供養，志存佛道　鈔科卷下一：「初，立願利生。」（一一九頁下）資持卷下二：「初，華嚴偈。初句遇境，下三句起心。『所施』是僧，『願』為佛、法，三寶具矣。」（三八九頁下）簡正卷一六：「謂法身菩薩能將一食普霑一切，皆得飢飽足。今凡夫雖未有實，食散施聖賢，且將一鉢之飯，運心通供養諸佛等。作斯供養時，名為『法供養』。如是之人，志在佛道故，謂遮簡不求人、天上福，意存涅槃也。淨名經云：以一食施佛及眾賢聖，然後乃食，與此無殊。（不同諸家約了心性空以釋也。）」（九七一頁下）【案】華嚴卷六，四三二頁中。

〔二〕五分　鈔科卷下一：「『五』下，受施得不。」（一一九頁下）【案】五分卷二二，一四九頁上。

〔三〕聽受僧次　資持卷下二：「五分：僧次必約志願，簡其可否。若涅槃云：我滅度後，多有為衣食故出家者，則不任受施也。」（三八九頁下）

〔四〕若到食處，應默然一心，淨持威儀，生他善心，當徐入徐坐　鈔科卷下一：「『十』下，對觀過患。」（一一九頁下）資持卷下二：「十誦明赴請法。初，示威儀。『默然』是口，『一心』是意，『淨持』等是身。」（三八九頁下）【案】十誦卷五七，四一九頁下。

〔五〕應觀是食難求、難得、難成辦　資持卷下二：「『應』下，明觀法有三。初，觀功力來處。」（三八九頁下）

〔六〕當觀入口在生藏、熟藏，若後出時，唯是不淨　資持卷下二：「『當』下，次觀變穢。人腸上節，食未變是『生藏』；下節，變為糞穢名『熟藏』。」（三八九頁下）

〔七〕由此食因緣，起種種煩惱罪業，受苦果報　資持卷下二：「『由』下，觀事緣。謂經營擾亂，發起三道。」（三八九頁下）

〔八〕**五百問云**　鈔科卷下一：「『五』下，引緣示報。」（一一九頁下）資持卷下二：「引論因緣。聞者，足以自照。」（三八九頁下）【案】五百問，九八二頁下。

〔九〕**後為化生蛇**　資持卷下二：「畜通四生故。」（三八九頁下）

〔一〇〕**四等觀**　資持卷下二：「『四等』即慈、悲、喜、捨，平等慈攝。毒不能加，故用此觀。」（三九〇頁上）

〔一一〕**毗尼母云**　鈔科卷下一：「『毗』下，隨事興念。」（一一九頁下）資持卷下二：「初引母論。歷事生念，以明受用，非耽世樂。」（三九〇頁上）【案】毗尼母卷四，八二三頁中。大乘本生心地觀經卷五，大正藏第三冊，三一三頁下。此種說法諸多見於不同經典，鈔將之綜合而成。如毗尼母卷二即有「佛因長者施房為說施房利益：一者能遮風雨，二者能遮寒熱，三者能遮惡獸毒蟲。」（八二三頁中）

〔一二〕**凡食不得過三匙**　鈔批卷二六：「此下，諸句，是菩提之體，以是三聚淨戒故也。」（七頁下）資持卷下二：「次引傳者，未詳何文。或可平呼，作相傳釋之。三匙及菜，即發三聚四弘，但二、四開合異耳。」（三九〇頁上）【案】參見諸經要集卷五，大正藏第五四冊，四五頁下。

〔一三〕**餘如下說**　簡正卷一六：「部請（【案】『部』疑『赴』。）中，明受食法。先湌受飯，後受羹菜，合和而食等。」（九七一頁下）

〔一四〕**量腹而食，度身而衣，趣足而已**　鈔科卷下一：「『四』下，少食身安。」（一一九頁下）資持卷下二：「四分初教節量。」（三九〇頁上）【案】四分卷五三，九六三頁上～下。

〔一五〕**食知止足，故苦消滅，新苦不生，有力無事，令身安隱**　資持卷下二：「『又』下，彰益。苦即病也。」（三九〇頁上）鈔批卷二六：「准律文，應言：故苦消滅，新苦不生，無有增減，有力無事，令身安樂。礪疏解云，准舍利弗阿毗曇云：若人飢渴能生身心苦受，是名『故受』。若食過度，即生身心苦受，是名『新受』。若知足而食，得免舊飢，名『斷故受』。無過分苦，名『不生新受』。今律文言『故苦』『新苦』者，義意應同『故受』、『新受』也。既不多不少，故言無有增減。有力者，謂以自支身也。言無事者，謂無增減多少苦事也。言令身安樂（【案】『樂』疑『隱』。）者，謂身不壞散，得修清淨梵行故也。羯磨疏云：必在擎鉢胸前，注精觀食。心悶沸湧者，知回耐也。合眼少時，待定方進。匙（原注：『匙』一作『鍉』。下同。）匙預看，然後內口。何心故？內

知貪嗜者，須臾吐之，眼不欲見，何況流寫、臭穢難堪？此不足貪，但癡不覺。若得惡食，得瞋心歇，然後噉之。若不行觀，羅剎奪去，後充飽竟，乃憶前觀。此業已成，徒悔無益，必須預覺，何事迷耶？會在臨食，方知分量是何位地也。大丈夫不能造大過，入於地獄，豈為一口食（七頁下）而滔沒耶？受苦是因，而所為極弱矣。私云：造大過者，即調達破僧，與佛競化是也，世代留名。案雜含云：佛在舍衛國時，波斯匿王身體肥大，舉體流汗，來詣佛所，稽首佛足，氣息長嚀。佛問王言：『大王，身體極肥盛。』王言：『如是患身肥大，常以此慚恥。』即說偈：『人當自繫念，每食知節量，是則諸受薄，安消而保命。』言安消者，瑜伽六十六明『四食』義，并『段食』中云：若正消變，使能長養，不正消變，乃為損減。又云：若受用已，安穩消變，增長喜樂，於消變時，乃名段食。意顯消時，內資根大，即由消故，有食欲生，聞香味觸，便欲噉食。（云云）。』時王聞此偈已，募人每至食時，為我誦之，賜金錢十萬。時有年少名鬱多羅，應王此命，每至食時，恒說此偈。其王漸至後時，身體備細，容貌端正，每於樓，遙合掌敬世尊，三稱南無敬禮世尊、如來、至真等正覺。」（八頁上）【案】雜含卷四二，三〇六頁下。瑜伽師地論卷六六，六六四頁中。成唯識論了義燈卷七，大正藏第四三冊，七三六頁中。

〔一六〕有王試外道、比丘好惡二食，以驗知道法　鈔科卷下一：「『雜』下，觀食平等。」（一一九頁下）鈔批卷二六：「案雜寶經云：佛在時，有一國王名曰惡生，為行殘暴，邪見熾盛。佛遣迦栴延往化，其迦栴延是惡生王國婆羅門種，故佛令還本國化其王也，并化人民。其王於剃髮人特生憎惡。（八頁上）見迦栴延，即欲加害。迦栴延白王：『我有何過，乃欲見害。』時王報言：『汝剃髮人，見者不吉，是以須殺。』迦栴延白王言：『今不吉者，翻在於我，不在於王，何以故？王雖見我，都無損減，我見於王，王欲見殺，以此推之，言不吉者，正在於我。』其王聰明，即便悟解，放迦栴延。密遣二人，尋逐其後，觀其住止，食何飲食。見迦旃延坐於樹下，乞食食，而食得之。時與二人，有少餘殘，寫著河中。使人報言，具以事說。王於後時，而請迦旃延，與麤飲食。遣人問言：『而今此食，稱適意不？』尊者答言：『食之，勢力便以充足。』後與上味細食，復遣人問言：『可以適不？』答言：『食之，勢分（【案】『分』疑『力』。）便以棄足。』後，王自問尊者言：『我所施食，不問麤細，皆言充足，此事何謂？』尊者答言：『夫身口者，譬如於竈，栴檀亦燒，糞穢亦燒。身口亦爾，食無麤細，飽足為限。』即說偈言：『此身猶如車，好惡無所擇，香油

及臭脂，等同於調利。」王聞此語，深起信心，知是大德，便以麤細之食與婆
羅門。婆羅門初得麤食，咸皆忿恚，作色罵詈，後得細食，歡喜讚嘆。王見是
已，於迦旃延深生信敬，輕賤外道諸婆羅門。」（八頁下）【案】雜寶藏經卷
九，大正藏第四冊，四八九頁下。

〔一七〕是身如車，好惡無擇，香油臭脂，等同調滑　資持卷下二：「偈中，初二字是
　　　法。『如』下並喻。凡車必須油塗橫軸兩頭，但取調滑轉載，不擇油脂香臭。」
　　　（三九〇頁上）

〔一八〕中含云　鈔科卷下一：「『中』下，行乞調伏。」（一一九頁下）簡正卷一六：
　　　「『中含』下，於受生位求活命中。」（九七二頁上）資持卷下二：「經文初明
　　　上行。」（三九〇頁上）【案】中含卷三四，六四七頁上。

〔一九〕下極至邊者，謂行乞食　資持卷下二：「『下極邊』者，更無過故。此望世間，故
　　　云『極下』。若於聖道，則為『最上』，故名上行，亦號聖種。」（三九〇頁上）

〔二〇〕彼族姓子，為義故受　資持卷下二：「『彼』下，次示兩根。初是上根。『族姓
　　　子』謂上姓貴族。『為義』者，即下厭患生死等，受謂信奉。」（三九〇頁上）
　　　簡正卷一六：「須菩提、迦葉等為族姓子，猶捨富榮，而行乞食，極是下事。
　　　彼經云：若比丘不能如是者，則持戒極寬，懈怠失念，不修沙門行。如以墨洗
　　　墨，以血洗血，以垢濁塗垢濁，轉增其穢，從冥入暗等。」（九七二頁上）鈔
　　　批卷二六：「同一釋種，故曰『族姓子』也。案中含經第三十四云：佛在舍衛
　　　國給孤獨園，告諸比丘：於生活中，下極至邊，謂行乞食。世間大諱，謂為秀
　　　（原注：『秀』疑『禿』。）頭，手擎鉢行。彼族姓子，為義故受。所以者何？
　　　以厭患生、老、病、愁、戚、啼、哭、憂、苦、懊、惱。汝等非如是心，出家
　　　學道耶？時比丘答曰：『我實無如是心。』佛言：『汝等愚癡，以出家學道，而
　　　更伺欲染著至重，持戒極寬，懈怠失念，不修沙門行。猶如以墨浣墨，以血除
　　　血，以垢除垢，以渴除渴，但增其穢，從冥入冥，從闇入闇。汝等持戒極寬，
　　　不修沙門行，亦復如是。』私云：為義故受者，為厭生老死苦，修出世道，故
　　　曰為義故受也。」（九頁上）

〔二一〕若愚人出家，而行思欲　資持卷下二：「『若』下，即下根。思欲者，即經『三
　　　種不善思惟』。所謂思惟五欲，思惟瞋害，思惟欺誑等。」（三九〇頁上）

〔二二〕前具列正教，必須準用　鈔科卷下一：「『前』下，結誥。」（一一九頁中）資
　　　持卷下二：「初四句勸修，下二句誡勵。」（三九〇頁上）【案】本句及下為「五、
　　　明隨治雜相」之結語。

〔二三〕**隨得隨失者，為貪等毒所奪**　簡正卷一六：「謂食若好，即為貪奪；食麤，嗔
為奪；處中，為痴奪。難得不失也。」（九七二頁上）資持卷下二：「『隨得』
謂受食，『隨失』謂忘念。『為毒奪』者，示失所以。由毒猛盛念，不能成故。
即母論云：若不爾者，羅剎所奪。『羅剎』即喻三毒。然則口腹之患，為害頗
深，適意片時，招殃累劫。應知三毒，即是三途故。當對事防心，不啻臨深履
薄。故業疏云：大丈夫既不能造大過，豈為一口之食而陷沒耶？」（三九〇頁
上）